城市管理概论

王 郁 著

上海交通大学出版社
SHANGHAI JIAO TONG UNIVERSITY PRESS

内容提要

    本书共分为城市政府管理体制、城市基础设施建设与管理、城市土地利用与管理等六章,每一章都对城市管理的关键性问题进行探讨。城市管理是有效使用城市资源实现城市生活水平持续提高和综合效益长期稳定发展的活动。本书适合公共管理本科生和研究生教学使用,也可作为城市管理干部培训教材。

图书在版编目(C I P)数据

城市管理概论 / 王郁著. —上海:上海交通大学出版
社,2020
  ISBN 978-7-313-22830-7

  Ⅰ.①城… Ⅱ.①王… Ⅲ.①城市管理-概论-高等
学校-教材 Ⅳ.①C912.81

  中国版本图书馆 CIP 数据核字(2019)第 293051 号

城市管理概论
CHENGSHI GUANLI GAILUN

著　　者:王　郁
出版发行:上海交通大学出版社　　　　地　　址:上海市番禺路 951 号
邮政编码:200030　　　　　　　　　　电　　话:021-64071208
印　　刷:上海新艺印刷有限公司　　　经　　销:全国新华书店
开　　本:710mm×1000mm　1/16　　印　　张:17.25
字　　数:290 千字
版　　次:2020 年 12 月第 1 版　　　　印　　次:2020 年 12 月第 1 次印刷
书　　号:ISBN 978-7-313-22830-7
定　　价:88.00 元

前　言

经过自 2000 年以来我国城镇化的高速发展,城镇化率的整体水平已经跨过了 50% 的平均水平,城市和区域的发展开始进入新的时期。随着中国进入城镇化发展的高峰期,城镇化已经成为推动国家经济社会发展的核心力量,城市地区不仅积聚了一半以上的国民人口,更积聚了最具创新力和竞争力的各类产业经济、科技、文化等要素。与世界上诸多发达国家相比,我国的城镇化发展仍具有较大的潜力和提升空间,尚有数亿农村人口的城镇化转移有待推进和实现。因此毋庸置疑,城市与城镇化发展作为影响国家未来发展和竞争力提升的重要因素,仍然存在巨大的发展机遇。作为城市文明发展前沿的典型代表,当代城市的快速发展表现出变化的瞬时性、服务需求的多元化以及城市问题的关联性等突出特征。与此同时,城市作为人类高密度居住的生存空间,随着现代城市快速发展而带来的不确定性显著增加,尤其是来自人类的决策和行为而导致的人为风险远远高于自然风险,治理失灵而带来的制度化风险和风险的制度化问题并存。这些特征代表了城市作为一个高度复杂的社会物质系统,随着现代性的高度发达而带来的城市治理的挑战日益突出。

随着人类社会逐步进入后工业社会的发展阶段,知识成为当今信息社会中最重要的资源,而知识的开发和利用必须调动个体的积极性和创造性。因此,后工业社会的中心是服务、合作和互惠,而不是协调和等级。随着人类社会形态的发展,服务型政府模式正在取代传统社会与工业化社会中的统治型政府与管制型政府模式,成为后工业社会的治理模式。面对城市发展的种种挑战,政府管理职能分工的日益细化和管理职能的扩大虽然在一定程度上有助于提高政府管理能力,但碎片化的部门管理和简单传统的线性管理思维难以有效满足城市快速发展中的需要,传统的粗放式、经验型管理已无法应对后工业化时代纷繁复杂的城市问题的挑战。

新公共服务理论提出，政府的角色既不是划桨者，也不是掌舵者，而是提供服务者。政府只有提供充足优质的服务，才能有效地调动个体的创造性。为了更好地应对城市发展的严峻挑战，提升城市的活力与竞争力，迫切需要推动城市管理理念和体系的转型。

城市是高度复杂化的经济社会物质系统，综合全面的认识理解城市发展的客观规律，是探讨城市问题解决之道、摸索城市治理有效路径的思维起点。本书围绕城市发展与管理的基础理论与现实问题，共分六章展开论述。第1章主要围绕城市与城市化的基础概念、城市研究的多学科基础理论、城市发展的基本规律等问题，进行经济学、社会学、地理学等多学科基础理论知识的介绍。第2章主要基于对中国城市发展的历史与现状、世界城市发展的特征与趋势等问题的梳理和分析，总结当代城市发展的机遇与挑战，进而介绍近代以来城市管理理论的发展和演变，探讨城市治理的核心内容和原则。第3章围绕城市管理体制的主题，从城市制度、城市政府职能、城市政府管理体制等方面，介绍行政学、政治学等领域的相关基础理论，梳理我国城市管理体制的发展演变的特征与趋势。第4、5、6章则针对基础设施、土地利用、住房这三个城市发展中的重点问题，从相关基础概念和理论、现实问题、体制制度和政策分析等三个方面，对城市发展和管理的理论知识、管理问题进行探讨。魏程瑞、赵一航、李凌冰、章盈参加了第3、4、5、6章部分内容的撰写。

本书适用于公共管理研究生和本科生教学使用，也可作为城市管理干部培训教材，以及其他对此主题感兴趣人员的参考读物。

CONTENTS 目 录

第1章 城市和城市化

第1节 城市的发展历史

作为人类长久性居住的生活空间,城市的出现在人类文明发展史上具有划时代的重要意义。城市的出现意味着人类在自然界中的生存能力的提高、农业经营水平的提高和相对稳定社会秩序的形成。从城市诞生之日起,城市中就不可避免地会出现各种问题、如何解决和治理城市问题、改善人类在城市中的生存环境水平、提高生活居住空间质量,成为一个伴随着城市发展而不断演变的恒久命题;在城市发展的不同阶段,不仅城市自身的结构、形态和功能均发生显著的变化,而且城市问题的表象、特征和产生机制明显改变,这进而导致城市治理的理念、方法手段和途径出现不断的演进。在这一意义上,城市治理能力、水平的提高和方法手段的创新,使得人类文明和社会进步得以不断的延续和发展。

1 城市的起源

城市作为人类聚居生存的空间具有十分悠久的历史。早在六千年之前,在自然地理条件优越、农耕文化萌发较早、原始农业生产力较为发达的地区,就已经出现了长久性的原始人类居住聚落,如我国的半坡文化等。伴随着原始人类生产活动中对大自然的畏惧和崇拜之心,在祈祷风调雨顺和安定的生产生活环境而进行的原始宗教祭祀活动中,逐步形成了原始村落的文化宗教仪式与各种生活习俗,也使得对土地的信仰和空间场所意识得以萌发和发展。随着农业生产力水平的不断发展,社会阶层分化中出现了社会统治阶层,神人合一的信仰和原始崇拜使统治阶层通过宗教权威而建立了权力的基础,宗教活动与社会经济统制活动的结合与渗透愈加明显,统治阶层占据的中心聚落就逐渐发展成为古代城市的起源。在公元四千年之前,世界四大古代文明发源地就都已经留下了古代城市文明的痕迹。原始自然崇拜与信仰而形成的礼仪、仪式、教义使得宗教权威得以发展,并借此形成了相应的政治和军事力量来统治广阔地区的人群、耕地和水源(见图1-1)。

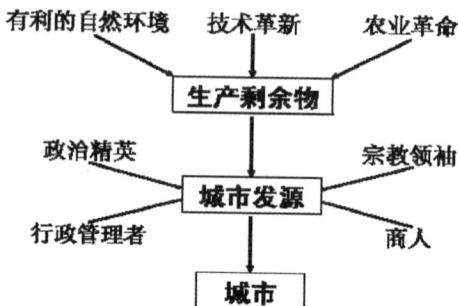

图 1-1　城市的起源

(出处:Herbert D.T.& Thomas C.J., Urban Geography: A First Approach, Wiley: New York, 1982)

1.1　黄河流域

在中国古代早期城市的发展史上,起源期的"城"是指四周围绕的城墙,是一种具有防卫意义的军事构筑物,大多位于交通要冲的地区。根据早期文献《吴越春秋》和《管子》的记载,早在夏代之前就出现了所谓"筑城以卫君,造郭以守民""内王为城,城外为郭"等关于早期城市的文字记录。这些文字具体描述了华夏文明起源时期早期城市诞生的状态。第一段文字意为,修筑"城"以守卫君王,建造"郭"(古文中同"廓")以保护平民。第二段文字则意为,君王所在的地区才能称为"城",而"城"外的地区则称为"郭"。这也就是中国早期城市史研究中所称的城郭制的起源[①]。这些古代文字记载中所描绘的早期城市的形态,在目前已发现的夏商时代的中国早期城市,如安阳殷墟、二里头遗址、郑州商城、偃师商城等古城遗址,得到了较好的印证。目前发现的夏商时期的早期城市遗址主要位于黄河中下游地区,为研究华夏文明城市的起源提供了直接的实物对象和内容。除河南安阳的殷墟之

---

① 杨宽. 中国古代都城制度史研究[M]. 上海:上海人民出版社,2006.

外,大多数夏商时期早期城市的外围都有修筑的城墙。从城市遗址内部的设施类别来看,例如作为目前已发现、并得到世界公认的中国最古老的城市,河南安阳的殷墟遗址由南部的宫殿区和北部的墓葬区两部分组成,宫殿区中以多座大型宫殿和少量手工业作坊等设施为主,并无普通百姓居住的住宅区和集市等设施和区域。这一特征在其他同期的早期城市遗址,如二里头遗址、郑州商城遗址等也是基本一致的。因此,根据文字记载和考古发掘的实物验证来看,起源时期的早期城市是以政治性功能为主的城市,不具有通常意义上的城市居住生活和经济性、宗教性的功能。

大多数学者认为,中国古代城市的经济性功能的出现相对较晚。根据对文字起源的追溯,象征着商品交易活动和地区经济功能的所谓"市",出现较"城"稍晚,指商品交易及买卖的场所,早期是与"城"分离的。正如古代文献《周易》的记载,"日中为市,致天下之民,聚天下之货,交易而退,各得其所",说明在华夏文明诞生的早期,商品交换的集市仅仅是不定期或定期地出现在交通较为便利的地点,这些地点并非人们日常居住的地点,居住空间和商业空间彼此隔离;只是随着农业社会生产力提高、剩余产品增多、交易活动日益频繁之后,"市"才开始逐渐与人类集中的居住地融合,最后"城"与"市"合为一体。根据夏商时期早期城市遗址的考古发现,起源时期的早期城市中确实并未发现集市的存在;一直到春秋战国时期的城市中,才开始出现一定规模的商品交易的集市空间。

"城"与"市"的结合意味着早期城市中居住、政治和经济功能的空间融合的实现,但这种融合仍然是以一种等级化的形式才得以完成的。《周礼》是记载周代王室职工制度的古代文献,对于历代礼制具有深远的影响。根据《周礼·考工记》中的记载,其中"匠人营国,方九里,旁三门,国中九经九纬,经涂九轨,……左祖右社,前朝后市,市朝一夫"的这段文字较为完整地记录了从周代以后王城营造制度的主要内容和基本特征。这段文字的原意为,匠人营建王城,九里见方,(王城的四边)每边三门。都城中有九条南北大道、九条东西大道,每条大道应有"九轨"的宽度。(王宫的路门外)左边是宗庙,右边是社稷坛;(王宫的路寝)前面是朝(即行政办公的官署之所),(北宫的后面)是市,而且官署和集市之间应至少保持"一夫"以上的距离。这段文字中多次出现的"九"作为古文中虚指的词语,表达了王城相对于其他城市,无论是城市规模、还是城门数量、道路宽度等,均按照最大规模、最高等级进行规划建设的礼制思想。根据这段文字记载的城市营造制度,王城营造中突出了中轴对称、规整划一的城市空间形态特征,围绕着体现和强化王权统治威严的城市建设目的,对于象征君命天授、王权合法性的宗庙、社稷坛以及行政管理功能的官署等重要设施的布局进行了严格的安排。尤其是这段文字最后的一段,特别提到了集市这一经济功能设施的布局,应安排在较为次要和隐蔽的位置,显然是为避免较为嘈杂混乱的集市交易活动可能对王城的其他政治性活动产生有碍观瞻的负面影响的目的,反映了商业经济设施相对于宫殿、官署、宗庙等政治性功能设施显然是被置于次要的地位。《周礼·考工记》中的其他章节还对王城之外的城市的规划原则进行了描述和记录,城市的等级根据被封地的贵族等级而决定,进而通过对城市规模、城墙高度、道路的宽度等影响城市空间形态的主导要素进行等级化级差尺度的规定,以期建立城市体系的整体性等级秩序,强化城市作为王权统治中自上而下的集权治理体系的地方政治中心的功能作用。

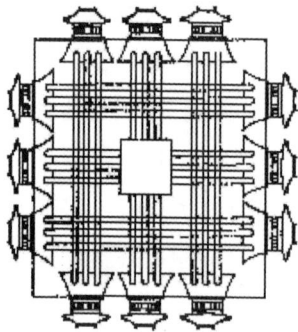

《周礼·考工记》

匠人营国,方九里,旁三门,国中九经九纬,经涂九轨,左祖右社,前朝后市,市朝一夫。

图 1-2 中国古代的理想都城

因此,《周礼·考工记》中城市营造制度的核心思想无不体现了为加强王权统治的威严而建立有序的等级化空间秩序的突出特征,反映了以政治性功能为主导的城市营造所需要遵循的礼制典范,对于之后数千年中国古代城市营造和古代城市空间结构范式的形成产生了深远的影响。不仅历朝历代的王城和都城大多以《周礼·考工记》的描述作为理想都城的范本,尽最大能力进行模仿和还原,而且在地方性城市的规划和建设中,无论城市形态、空间格局,还是官署等主要设施的布局等方面,也都基本遵循了这一王城营造理想模式的主要特征。

整体而言,夏商周作为华夏文明城市起源的时期,早期城市是以政治功能为中心的城市,虽然这一时期的城市遗址中也发现了一些手工业作坊、祭祀建筑等设施,但是祭祀、仪典、手工业等均为政治活动服务。这一时期的城市主要以王室宫殿、宗庙和礼仪中心这三类设施和建筑构成早期城市的典型形态。周代开始,君王用封邑的办法拓展领土,封邑逐渐具备了组织周围地域的特殊功能而演化为城市,并出现了不同等级的城市,但任何等级的城市中都有用于祭祀祖先的坛庙,这不仅象征了祖先崇拜的文化特征的形成,也被赋予了王权合法性标志的功能。春秋时期以后,城市经济活动才开始逐渐活跃,日常性的城市生活开始增加。此后,随着农业社会生产力的不断发展,在中国古代城市具有了相对完整的政治、居住和社会经济功能之后,城市的社会经济功能显然仍是一种次要的城市功能,而政治功能则是最重要的、对城市发展进程和形态具有绝对影响力的主导性城市功能。

1.2　世界其他地区

从公元前四千年至三千年期间,在世界上其他三大古代文明发祥地也都发现了古老的早期城市遗址,标志着人类最早期的城市文明的诞生[①]。例如在两河流域的美索不达米亚平原,乌尔城、巴比伦城市是这一地区早期古代城市的代表,城中建有高耸的圣塔、宫殿、神殿和为抵御周围游牧民族侵袭的城墙。(见图 1-3、图 1-4)

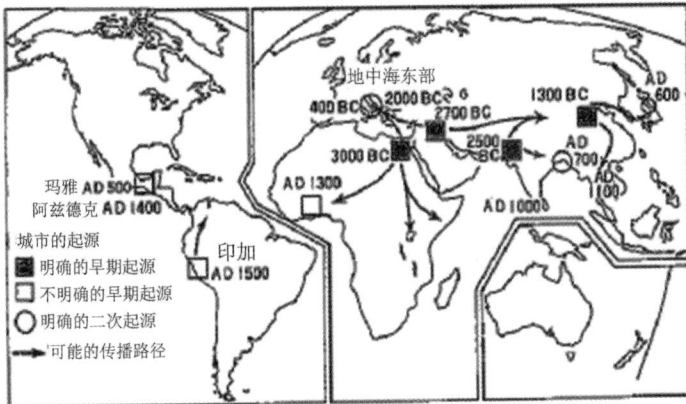

图 1-3　世界各地的城市文明起源

(出处:G. Siobereg. The origin and revolution of cities. Scientific American,1965.8)

---

①　刘易斯·芒福德. 城市发展史——起源演变和前景[M]. 北京:中国建筑工业出版社,2005.

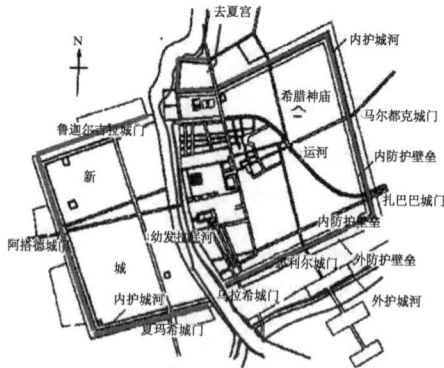

图 1 - 4　古代巴比伦城市复原图

（出处：沈玉麟．外国城市建设史．北京：中国建筑工业出版社，2007）

　　公元前三千年中期发展起来的印度河流域的城市文明有着人类最早的计划性建设的城市，哈拉芭、摩罕达罗等城市有计划地修建起居住区、道路和排水管道等城市设施，城中西北部往往有着高耸的防御性要塞，其东南则是整齐的棋盘状街区，这一保持了近十个世纪的城市格局代表了印度河流域最早期城市文明的延续。

　　在尼罗河畔的古埃及王国，早期古代城市在广袤的沙漠、茂密的森林和辽阔的大海的包围下拥有了抵御外敌的天然屏障，因此城市中并未建有防御性城墙和城壕，而更多考虑了对周期性泛滥的尼罗河洪灾的抵御方案，而且埃及古城作为国王现世的居所往往与金字塔，即国王死后的居所相邻；王位更替导致的王城频繁迁移明显影响了早期埃及城市文明和城市生活的进一步发展。此外，公元前三千年时期发展起来的爱琴海文明中也出现了由于商业贸易的发达而产生的众多城市国家。

　　在其他古代文明发源地出现的早期古代城市大都拥有相似的形制：城市由高耸的城墙城楼与宽阔的城壕所围绕以抵御抗击敌人的侵袭、保障城内的安全，城市中心最为显赫的位置由华丽威严的神殿或宫殿群占据，其他较为有利的位置则是政治和行政机构、庙宇、贵族宅第等设施，最外围地区以及低洼地带才是平民的居住区、手工业作坊区以及散落的农田等。

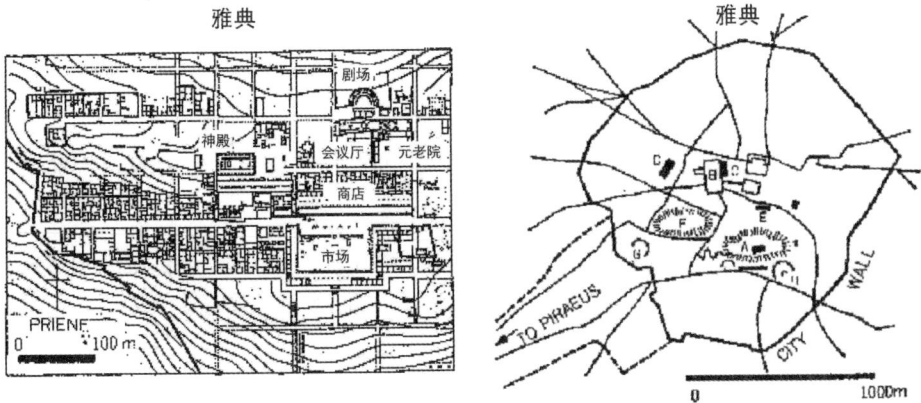

图 1-5　古希腊城市

（出处：W. Perkins，Cities of Ancient Greek and Italy. George Braziller，1965）

公元前六世纪到公元前五世纪,随着铁器的发明和普及推动下农业生产力的提高,人类历史上的第二次城市文明的发展高峰期再次来临。这段时期城市文明的繁荣从早期的四大流域古代文明发祥地拓展到了古希腊和古罗马,随着政治、经济、文化实力更为强大的帝国的出现,城市发展的空间也不再局限于狭小的局部区域而拓展到更大的国土范围中。在地中海地区,古希腊和古罗马时代的城市发展不仅是依靠对农业耕作活动和农业社会的统治,而是更多地依靠了强大的军事力量而建立起广阔的奴隶制殖民统治范围,从而为商业贸易圈的拓展及其所依托的城市的繁荣提供了强大的基础,城市繁荣的原因在于其开发自然资源、生产货物和控制贸易运输路线的能力。古希腊城市所在的地中海沿岸地区土地肥沃,海岸线长,具有丰富的黏土和银矿资源,由于土地肥沃但不适于种植主要农作物,所以发展出了发达的手工业和相关的商业贸易活动。大多的希腊城市正中或附近的天然高地上是作为商业贸易活动和城市生活的公共空间而具有其重要功能的广场,如古希腊的雅典城,广场周围有宗教建筑、浴池和王宫等公共设施,市中心附近是政治和宗教首脑、富人的居住地,其他等级阶层多按照不同职业聚居在不同地区,城墙之外居住着下等人(见图1-5)。公元前五世纪到四世纪期间的雅典城采取了奴隶制原始民主主义社会的治理模式,以言论自由、尊重个人尊严、市民的共同感、市民普遍拥有参加公共活动的机会等为其主要特征,在这样的治理模式下,雅典城中除了神殿、宫殿等设施外,还建设了大量的供市民使用的公共设施,如图书馆、剧场、公共会馆等。到公元前五世纪,雅典城已经发展成为人口规模约10到15万人的大型城市。

公元前七世纪建国的古罗马帝国通过数次战争逐渐掌握了包括非洲北部的埃及在内的地中海沿岸所有地区的控制权,并建立了发达的公路系统,控制了贸易和交通要道,形成了统一的地中海地区市场。罗马的市场规模和由公路网构成的交通线路促进了农业的专业化和大型种植园的出现,成千上万的农业人口离开土地来到罗马。到公元前四世纪,古罗马已经成为人口超过100万的大城市。与中国重农抑商的社会机制比较,古希腊、古罗马的城市居民,包括奴隶,几乎每个阶层都与工商业经营有关。各种记载反映当时城市里依靠一技之长谋生的居民是城市居民的主体,与中国古代官场手工业中的生产者不同,是私人独立经营的手工业者阶层。商品经济的发达产生了发达的社会交换关系,使得城邦居民在商品经济的契约关系中产生了一种早期的平等意识。从罗马城、庞培城等遗址中可以看到,大剧场、竞技场、公共图书馆、讲堂等大量公共设施,反映了城市公共社会生活的繁荣。文化设施为城市居民的社会交往提供了广泛的条件,教育也普及到奴隶阶层(如伊索寓言的作者),权利从为国王效忠的官员手中开始大规模地转移到市民手中。

1.3 小结

世界上其他地区的早期城市也都是以建筑规模宏大的神殿、宫庙为中心,反映早期人类社会需要对不能驾驭的自然力的神祇崇拜,祖先、生殖与守护神是最常见的崇拜祭祀的对象。以后攫取了社会集团政治权力的王公、贵族也将自己奉为神灵,摆进祭祀的神殿。无论中外,早期城市中用于王侯起居生活的宫殿建筑与专门用于祭享崇拜的神殿建筑总是结合在一起,将生者和死者放在一起的宫庙合一是早期城市的突出特征。但是,与中国早期政治性功能为主的古代城市不同的是,世界上其他地区的早期城市大多表现为宗教性、经济性和政治性等综合的多功能城市的基本特征,尤其在欧洲早期城市,经济性功能对于城市的兴起和发展具有更为突出的影响作用。此外,与中国早期城市以礼乐文化为基础的城市营造思想、严格对称的城市空间秩序和形态规划、等级化的城市制度不同,古希腊早期城市形成了以古希腊哲学思想为基础的城市规划思想,在城市规划中更为重视对自然条件的利用和几何形状的空间秩序的建立。

2　中世纪的城市

2.1　中国

随着从秦始皇统一中国、建立了中央集权的王权统治,中国的古代城市进入了王权时代的发展时期。秦始皇创立的郡县制对于地方城市、尤其是县城作为中央集权最基层的地方政治中心,得到了较大的发展。郡县制作为秦始皇统一中国后建立起来的自上而下的皇权统治的行政制度,也是所有王权时代中央集权统治制度的基础。郡设郡府,县设县城,中国的古代城市大多都是在这样的王权统治体系下建立起来的。全国设 36 郡,郡下设县,县级政权设于城市中;每座城市均设重兵守卫,每城设置负责治安的官员,如郎中令、卫尉;城市中设置司法机构,加强城市和社会的控制。“率土之滨,莫非王土”,王权统治的不断扩张也使得城市的分布地域大为扩展。众多的商业城市兴起,形成了若干城市经济区域,这一时期的主要城市均位于长江以北。与此同时,随着对外贸易的发达,河西走廊城市的发展也随之兴起。秦汉都城以宫殿为城市主体的结构很突出,宫殿与宗庙分离,都城以宫殿为城市中心,宗庙移出城外,退居次要地位。秦汉地方城市形态大多以方形轮廓。根据考古发掘,汉长安城周长 63 里(考古实测为:东墙约 6000 米,南墙约 7600 米,西墙约 4900 米,北墙约 7200 米,合计 25700 米),一般郡治所在县城为 3000～5000米周长,而普通县城则一般为 1000～3000 米周长。城墙的军事防御作用明显,但是早期城墙的功能并不仅仅着意于防御性,也是城市的标志。市民居住的间里和商业市场被正式纳入城市规划中,市场有了固定的位置,里坊制城市逐渐形成。秦汉时期的古代城市结束了商周以来以血缘政治为主体的社会结构,形成以地缘政治为主体的社会结构,直接反映了从东周到秦汉社会历史的剧烈变动。城市社会的主流是士人,城市政治、社会生活的方方面面主要都围绕着士人的情趣、喜好、风尚开展。秦汉时期的古代城市大多依托前代旧城或宫殿而建,尚没有明确的规划思想,但较为重视城市供水渠网的建设。秦汉时期伴随着郡县制地方行政体系的建立,确立了地方城市层级网络。

汉魏南北时期由于游牧民族入主中原,新的主人与等级官位的高低规定森严的等级制度;都城中皇室、贵族与平民居住区分离,官署机构与市场的分离。这是皇权至上和中央集权观念的空间表象。在北魏洛阳城中,官署、寺院、官邸、民宅混杂,行政区、居民区和商业区的区划并不规范,说明郭城的规划并没有完全实现。

街道的规划和郭城的管理也不完善,城市社会建设的重心仍然在内城及内城周边区域。主要的商业区(大市、小市)和居民区都设在外郭城(见图1-6、见图1-7)。这一时期,拥有部曲和宾客的世家大族庄园形成自给自足的自然经济单位,农民对土地占有者的人身依附很强,影响了城市经济的发展,导致城市出现封闭的坊市制形态。地方城市受等级制和移民侨置的影响,守城保境护民是城市主要职能,其他职能相对削弱。里坊制逐渐成型,外郭城逐渐成为城市发展的重要区域。

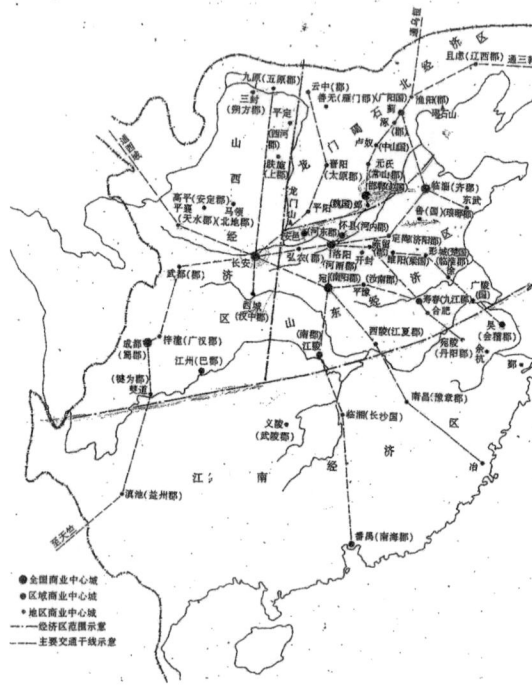

图1-6 汉代主要商业城市的分布

(出处:谭其骧.中国历史地图集.中国地图出版社,1982)

唐代以后,黄河流域的森林大量消失,逐渐变为干燥地带;而在南方的长江流域,随着水稻耕种技术的开发使得这一地区农业生产有了较大的发展,这也带来了人口的增加和城市的发展,宋代以后国家的经济文化政治中心开始向南方移动。唐代都城——长安城实行宫城、皇城与外郭城的三重城制。宫城、皇城在城市北部居中(西京长安)或偏于西北隅(东都洛阳),设计城市中轴线,有意识地采用对称配置功能建筑来表达皇权至上的象征意义。宫城之外的地区用坊墙围成一定数目的里坊和市坊,坊墙将城市约束成方形或长方形,棋盘格式的街道布局。唐长安城不

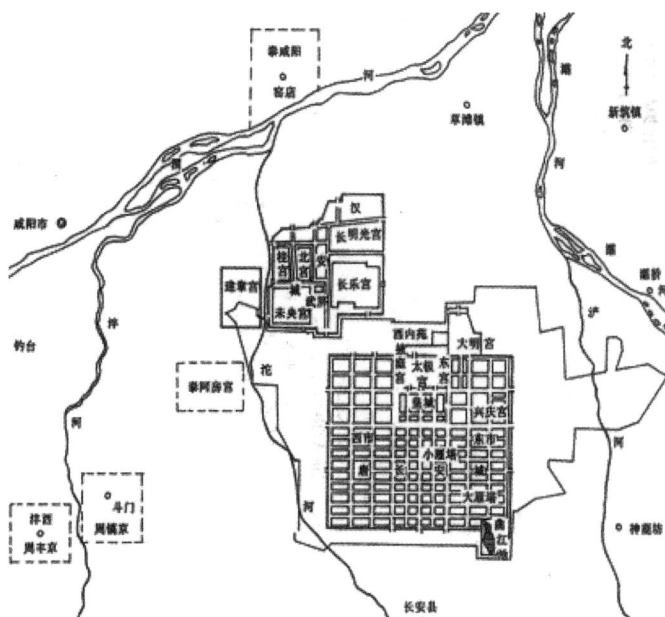

图 1-7　秦咸阳城和汉长安城遗址

(出处:中国古代城市建设史.中国建筑工业出版社,2004)

仅宫城与中央官署的皇城分开,而且与民"坊"所在的郭城隔离,官吏私第与平民住宅一律造在"坊"中,不许临街开门,长安城的空间格局达到了古代都城封闭式结构的顶峰(见图 1-9)。地方州(府)、县城市规模按等级制度,用城内里坊数目来体现城市的等级差别。地方城市盛行子城(牙城、衙城)与罗城的重城制,以体现不同的功能分区。子城往往位于罗城内地势较高的中央或一隅,对城市居民实行严格的户籍管理。地方城市即使外部形态不规则,但城内官衙署廨的建筑方位必定保持坐北朝南的定式,门外的横街与直街构成丁字型框架,这是从都城规划设计推广到一般地方州县城市在制度观念上的划一。

科举制和铨选制的兴起、商品经济的发展促使农村人口和工商业服务业人口向大中城市集中和流动。因此,大中城市的人口结构逐渐突破官府的户籍控制和管理体系,大量流动人口进入城市,加快了城市人口流动的频率,并促进了城市社会结构的变化,城市社会重心开始出现从达官士族向普通市民倾斜的转变。重大节庆活动(上元灯节、曲江会等)、宗教活动、公益活动(祈雨、赈灾、济贫、扶困等)、防水防火防盗、城市基本建设、文化娱乐活动等大型活动中,官方色彩逐渐淡化。与此同时,公共性园林的普及从汉代以后开始逐渐影响城市生活,市民倾城出动赏

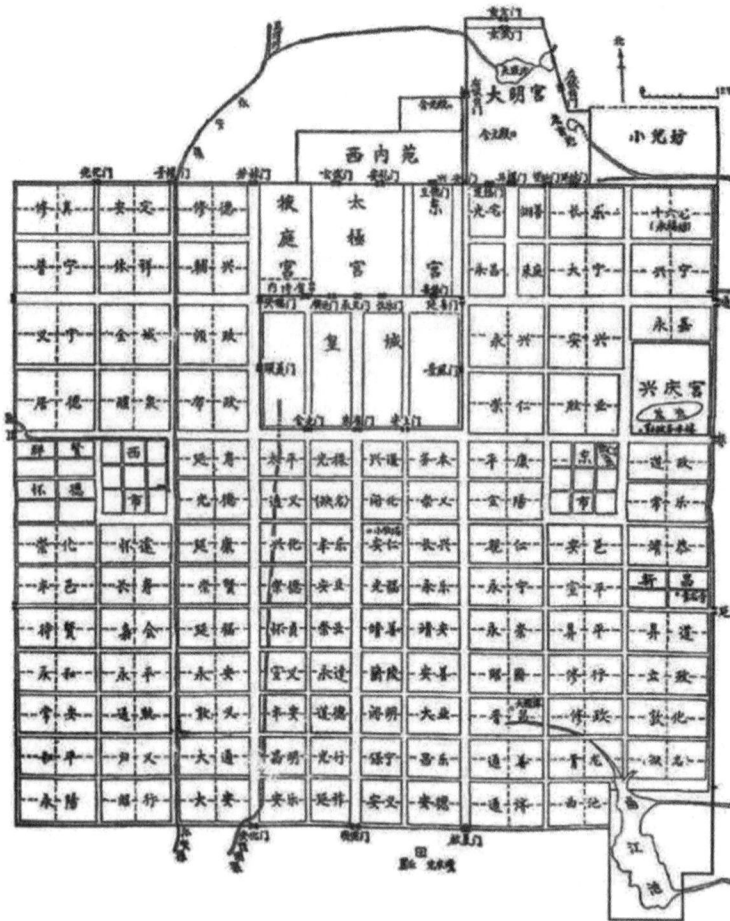

图 1 - 8 唐代长安城复原图

(出处:张全民.中国历史地理学导论.武汉:华中师范大学出版社,2006)

春踏青,雅集宴游几成时尚;唐长安城中曲江春赏、雁塔题名、杏园探春等一系列园林活动和市民文化的珠联璧合。许多寺观园林由私家官宦舍宅为寺而来,因此唐长安私家园林、尤其是王公贵胄的园林与寺舍、甚至里坊公众园林有千丝万缕的联系。寺观园林不仅是宗教活动中心,更是市民交游的中心;大型宅邸园林的公共化过程对城市文化生活和市民风尚产生了显著的影响。

宋代是王权时代中国城市发展的重要转折点。两季水稻耕种技术的出现极大的提高了农业生产力水平,随着租佃制的实行,农民有了更高的生产积极性,可以提供买卖的商品粮增多,极大促进了商品经济的快速发展。在城市经济快速发展趋势与现实政治形势双重影响下,市开始从封闭的坊市制形态走向开放式街巷制形态。贸易市场空间场所扩大的同时,交易时间也延长了,不再严格地击鼓开市,日中而散,大部分城市中已取消夜禁,也使得城市形态的不规则性增强。从晚唐开始,随着城市工商业的发展和传统坊市制度的日趋松弛,"行"的性质逐渐发生变化,由政府性工商贸易区域管理形式向行业组织转变。入宋以后,坊市制的全面瓦解,进一步改变了政府对工商业活动方式和区域的原有限制,行作组织的官方色彩也进一步减弱。各种形式的市民行业组织的大量出现,尤其工商业领域"行""团""作"等组织十分活跃。南宋时期的工商行作组织一方面承担着协助官府分摊科配和进行行业管理的职能,故得到官府的承认和支持,作为行业联合体,行作组织又有着加强同业者之间的联系、维持工商业秩序、协调市场活动等职能。局限于行业领域的自主意识虽然并没有上升到完全自觉的程度,但促使市民越来越多地以群体的方式处理与政府和社会的关系,协调彼此间的活动,发挥自身的作用和影响,因而在很大程度上是市民阶层形成群体意识的开始。随着城市经济的极大发展,都城和地方城市中出现了大量以"瓦子""勾栏"为名的商业消费和娱乐地区,不仅使得城市景观出现了较大的改变,而且促进了城市体系的多元化发展,除了政治性城市之外,尤其在南方出现了大量的商业经济性市镇(见图 1-9)。

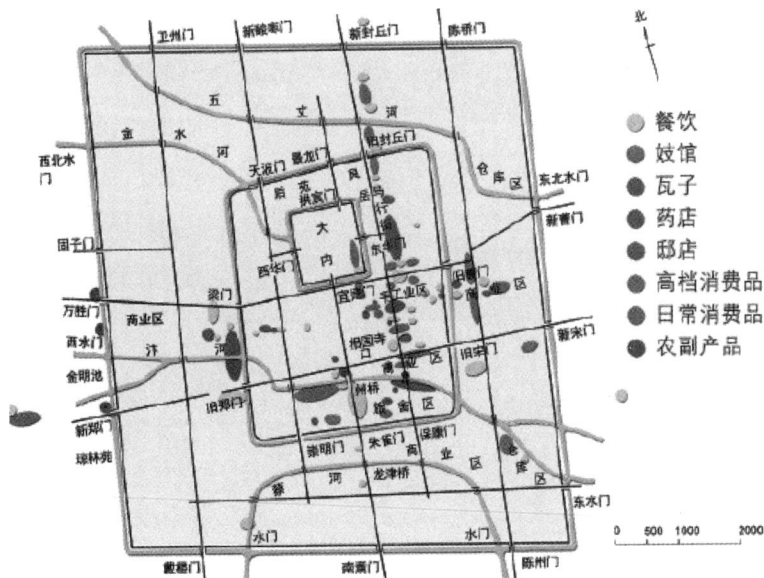

图 1-9　北宋汴京城的商业设施

(出处:朱金,潘嘉虹,朱晓峰.北宋东京城市商业空间发展特征研究——

基于对《清明上河图》的解读[J].城市规划,2013,37(05):47-53.)

　　北宋各大御苑所推行的法定公共游豫和定时游览制度,将中国园林公共性的传统发挥到更高阶段。每年春季三月至四月,金池、琼林两大御苑同时对市民开放。每至龙舟竞渡,圣驾亲临,汴京城更是万人空巷,数万军民和大宋皇帝、臣僚们欢聚一园,将儒家所提倡的"与民同乐"的思想发挥到了极致。除皇家御苑以外,遍布于乡村州县的地方政府园林、官署园林、行宫园林的公共性游览特征同样极为明显。皇家园林作为一种重要的社会文化、政治展示空间,其皇权展示意义在北宋御苑中被极大地消解了,传统皇家庆典所展示的神性或天子至尊,被公共活动的开放性所取代(见图1-10)。

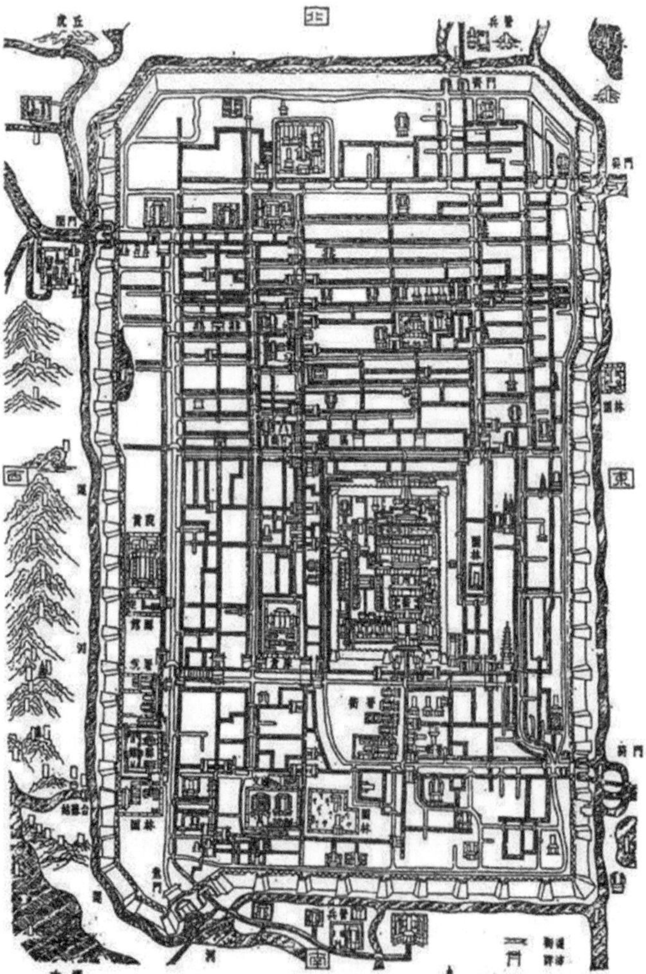

图 1-10　宋平江府图

(出处:阮仪三.旧城新录.上海:同济大学出版社,1988)

明清时期随着社会经济的不断发展,城市数量显著增多,城市类型更具多元化,除地方行政中心城市之外,手工业城市、商业城市、对外贸易城市、边塞海防城市大量涌现。商品经济发展对城市的影响日益显著,一方面城市中行会、会馆建筑、票号、典当等设施和建筑大量出现,另一方面,城市规模进一步扩大,城墙、道路、防火设施等的市政建设得到加强。尤其是随着工商业的快速发展,江南地区成为经济最发达和富裕、市镇密度和人口密度最高的地区。

明代北京城市布局恢复传统的宗法礼制思想,分京城、皇城、宫城三重,整个都城以宫城为中心,皇城前左(东)建太庙,右(西)建社稷坛,皇城北门的玄武门外,每月逢四开市,称内市(见图 1-11)。完全符合"左祖右社、前朝后市"的传统城制。在皇城四周,明代共划 37 坊。内城多住官僚、贵族、地主及商人,外城多住一般市

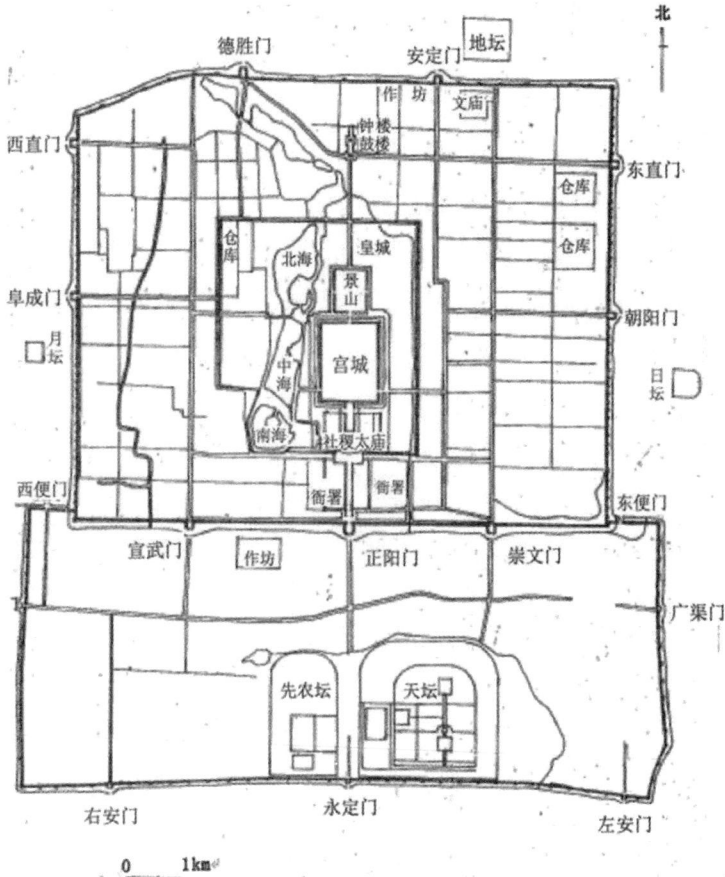

图 1-11　明代北京城

(出处:中国古代城市建设史,北京:中国建筑工业出版社,2004)

15

民。清代北京城市内城属满、蒙、汉八旗分区管辖,内门驻守八旗兵设营房。外城由迁出的汉官、商、民居住,设东、西、南、北、中五城坊管理。这种民族歧视措施至清中叶逐渐废持。西郊建著名的"三山五园"(香山、玉泉山、万寿山、圆明园、畅春园、静宜园、静明园和颐和园)的皇家园林组群。由于皇帝多住园中,皇亲贵族为便于上朝,府第多建在西城,使政治生活转移至西城。

明代城市治安保卫工作纳入了城市居民的徭役范畴。治安管理上,城市居民主要承担"总甲"和"火夫"的角色。总甲的职责是将争斗之事"呈官究治",并率众抵御寇盗袭扰,火夫则主管巡夜,防火防盗,维持治安。总甲和火夫的职责按照户等来轮派。最初需要居民本人承担,后来可通过出钱雇役来担任。总甲和火夫的职责主要在巷弄内部,大街上的治安还需要马军巡逻来保证。由于保甲制度对于城市治安有一定效力,后来得到广泛的推行。通常百户一保,十户一甲,共同防卫夜巡,并在全城的岗楼内轮流值班。但静态的管理方法限制人口流动,与城市工商业发展的要求不相符合,阻碍了城市进一步发展。

明清时期由于交通便利、商业发达、生活富裕、消费高水平、交通旅游便利性的提高等因素的影响,士人阶层开始出现的普遍流行的社交活动。士人作为社会中坚,是社会文化的创造者和担纲者。他们以城市为据点展开频繁的出游交友、文化社交等交游活动,从而交织成紧密的社交网络。一些文人同好性的社团从私下的小集团聚会转变为公开性大会,如张溥的复社与清顺治年间的虎丘大会,以此为载体的社交活动的形式化与制度化使得社成为个人角逐名利的人生活动场域。士人社交活动的兴起反映了在家长统治、强调家族伦理的乡土社会的基层之上发展出的以非血缘社会团体——社盟为代表的城市社会雏形。明清时期的城市生活中,大众游观活动日益兴盛,既有岁时节日的游景活动、庙会与进香等宗教性质的游观活动,也有大量市肆和园林为主的游观活动。尤其是城市园林成为品位与时尚的舞台,文人的筑园风气进一步带动了消费经济的发展,游人如织的园林周围往往很快出现茶肆酒楼等设施,园林周围地区成为城市消费的重要场所。与此同时,勾栏、茶馆、食肆等娱乐消费场所的园林化也反映了城市园林和士人阶层的审美喜好对城市公共生活和风尚的显著影响。

2.2 欧洲

表 1-1 中世纪末期欧洲主要城市的人口规模与面积

城市	年代	人口	面积（km²）
威尼斯	1363	77,700	3.28
巴黎	1192	59,200	3.82
佛罗伦萨	1381	54,747	1.07
米兰	1300	52,000	1.68
日内瓦	1500	37,788	2.96
罗马	1198	35,000	13.96
伦敦	1377	34,971	2.91
波罗尼亚	1371	32,000	2.05
巴塞罗那	1359	27,056	2.63
拿波里	1278	22,000	1.21
汉堡	1250	22,000	2.06
布鲁塞尔	1496	19,058	2.63
维也纳	1391	3,836	0.36
安特卫普	1437	13,760	3.56
比萨	1228	13,000	1.15
法兰克福	1410	9,844	1.29
阿姆斯特丹	1470	7,476	0.79
柏林	1450	6,000	0.88

数据来源：Russell. J.C., Late Ancient and Medieval Population，Philadelphia：American Philosophical Society，1958.

公元 467 年罗马帝国分裂后，欧洲经济社会陷入长时期的混乱状态，直到公元 11 世纪，随着威尼斯、热那亚和意大利等地贸易渠道的重新开辟，城市商业活动重新复活，城市繁荣在欧洲再次出现（见表 1-1）。在欧洲中世纪早期的城市，教会、修道院和封建领主的宅第在城中居于支配地位，中心的广场大多是商业活动的交易市场，市民被赋予了市民权（见图 1-12、图 1-13、图 1-14）。随着商人和手工业者的自治组织——行会和商业公会的出现，市中心的广场周围兴建了越来越多的公会会堂和行会会所等设施。行会作为从事特定行业手工业者的自治组织,完成对行业生产、从业人员的管理;由于它对个体手工业者的保护,使得行会不仅是一个生产性组织,同时也成为一种政治势力,代表着城市中独立的私人工商业阶层的形成。随着这些阶层的社会经济地位进一步提高,他们通过金钱赎买或武装斗争的方式从封建领主及教会手中取得一定范围内的自治权,赋予生活在城里居民以一定程度的自由,并成立市议会,选举管理者,从而产生了完全不同于封建领主和教会统治的城堡与庄园城镇的自治市。由于城市给予居民保护,从而成为农奴逃离封建领主迫害的避难所,逃亡农民向自治城市的聚集使欧洲再次进入一个城市发展的繁荣期(见图 1-12、图 1-13、图 1-14)。

图 1-12　中世纪的法国巴黎

图 1-13　典型的棱堡型城市荷兰雷顿

图 1-14　中世纪的城堡城市与教会城市

(出处:Leonardo Benevolo, The history of the Cities, MIT Press, 1980)

公元 14 世纪中后期开始的文艺复兴时期,中世纪欧洲城市中以中产阶级的市民和农民为主的较为平等的社会结构出现了明显的变化,城市市民分化为少数富裕的商人和贵族等组成的上流阶层、中产阶级的商人和手工业者以及人数最多的劳动者基层这三个社会阶层。这使得城市生活与设施也发生了重大的变化,取代中世纪的宗教建筑,商人的府邸、市政厅、行会大厦、钟塔等众多的世俗性建筑层出不穷。但是随着城市人口的增加,城市内部人口和建筑的高密度聚集使得卫生状况日益恶化,进而导致了大规模致命性瘟疫的蔓延,例如著名的黑死病曾夺去了欧洲城市人口半数的生命。直到 16 世纪英国出现了冲水厕所以及 19 世纪后公共供水设施等卫生设施的出现和普及之后,这种状况才有所改善。

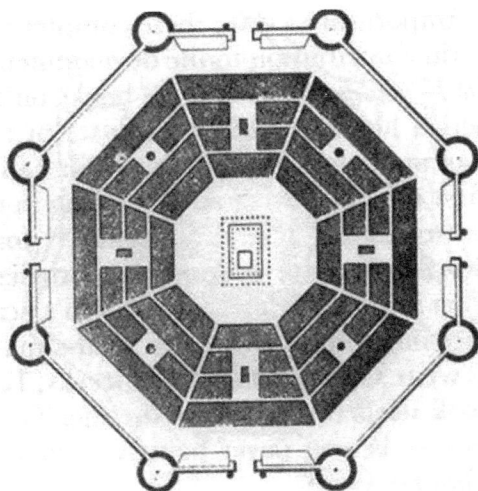

图 1−15　阿尔伯蒂的理想城市规划模式(1452)

(出处:维特鲁威著. 高履泰译. 建筑十书. 中国建筑工业出版社,1986)

正如法国路易四世所言"朕即国家",随着公元 17、18 世纪中央集权的君主国家的壮大,宏伟的首都建设和城市改造项目得以推行,但这些并不是为了解决密度过高所造成的各类城市问题,而是为了维持君主的特权地位和荣誉、作为重要的国家战略进行的。由于火药的发明和大炮等远距离攻击武器的使用使得城墙和城壕的防御功能失去存在的意义,高耸的城墙被笔直宽阔的放射线向心型道路网络所取代,遵循巴洛克美学原则设计的宏伟高大的纪念碑雕塑、广场和大型公共建筑物开始盛行,城市结构与形态出现了显著的变化。1793 年法国大革命后由总规划师奥斯曼策划主持启动了巴黎大改造,以贫民区改造、交通体系建设、治安维持和控制市民暴动等为综合目标,推进实施了新道路系统、给排水系统、公园等城市公共设施的建设,初步建立了以"土地征收法""公众卫生法""不卫生住宅法"等为主的法制化开发制度,开创性地运用了通过公共设施的开发提升土地价值、获取土地增值收益以补充公共投资项目资金的、类似于"土地增值税"的现代土地开发模式和公共项目运营方式,开启了现代市场经济体制和资本主义社会的城市开发和规划制度发展的序幕。由于项目中出现了巨额的负债和未经议会许可的公费支出等重大问题,该项目于1870年中止,奥斯曼被巴黎市政府解雇,但其后巴黎出现的地价高涨和土地投机活动猖獗,反映了该项目给市民生活造成的深刻的后续影响。

2.3 小结

如果对王权时代中国和欧洲的城市发展进行比较的话,可以发现在城市生活、城市空间和城市建设规划方面的差异和特点。

在城市生活方面,欧洲古代的城市经济生活中以独立的工商业经济为主要内容,行会商会组织较为活跃,宗教在城市生活中具有极为重要的地位。总体而言,宗教活动和商业经济活动对城市发展具有显著的影响。中国古代城市经济生活中以官手工业和官商业为主,行业与行业组织的独立性较为有限;在官方和士人阶层的推动作用下,游园游观活动自唐代开始成为城市公共生活的重要内容,随着城市商业经济的不断发展,娱乐消费活动在宋代之后显著增加。佛教在中国逐渐普及的同时,宗教的生活化成为明清之后城市生活的一大特点。总体而言,相对于经济性功能,政治性功能仍然是影响城市的主导性因素。

在城市空间方面,中世纪的欧洲城市中防御性功能的封闭空间得到强化,集市广场和教堂往往成为城市中心,城市整体形态的自由生长特征较为明显,教堂和修道院等宗教设施和建筑往往位于显著的位置。自15和16世纪的绝对君权时代之后,彰显王权和军功的纪念性广场群显著增加。王权时代的中国古代城市从封闭的里坊制城市自宋代开始转向开放街市,都城往往具有宫城居中、中轴对称的空间结构特征,宫城、官署、礼制建筑、寺庙构成城市的主要设施位于显著位置,其他地区则以里坊形式的居住区为主。

在城市规划方面,欧洲城市的规划既体现了以理性主义的几何形态建立空间秩序的特点较为显著,运用大比例模数和宏大广场群的规划设计,高耸的棱堡型城墙和核心放射的街道形态不仅强化了军事防御性的功能,也体现了城市规划的秩序思想。在中国的古代都城中宫殿居中、中轴对称的方正形态和有序的空间结构，突出反映了传统礼制宗法和王权至上的规划思想。地方城市大多继承了都城规划的基本特征，但宋代之后江南地区经济型市镇大量涌现，体现出与政治性城市的显著差异。

3 近代时期的城市转型

3.1 中国

从 19 世纪的清代末到 1949 年新中国成立之前，是中国近代城市发展转型的重要时期。在鸦片战争的战败和太平天国的冲击等内忧外患的夹击下，清代贵族和官僚基于富国强兵、维护清朝统治的目标，推动了一场以大规模引进西方先进的科学技术、兴办近代化军事工业和民用企业为主要内容的洋务运动。洋务运动在客观上刺激中国资本主义发展，一定程度上抵制了外国资本主义的经济输入，同时也极大地影响了近代中国城市的转型发展。中国近代 207 个城市中，直接受惠于洋务运动的占 1/4 以上，间接影响则遍及所有城市。在洋务运动中，34 个通商口岸城市首先得到了快速发展，例如上海、天津、广州、汉口、青岛等口岸城市都是以外贸为先导发展起来的。这些城市大多以商贸业发展为先导，金融业发展为支撑，工业化为动力，近代城市产业经济得到了快速发展。与此同时，通商口岸城市的租界地区在道路建设、城市规划、生活设施和商业设施等方面都极力追赶当时世界潮流，租界母国的任何新技术在租界内都有所反映。道路桥梁、电报局、邮政局、轮渡等大量近代城市基础设施的建设使得市政公共设施建设水平得以提高，例如 1865 年，中国近代第一家煤气公司——上海自来火公司成立，1882 年上海公共租界内首次出现了电灯；10 年后，上海建成了中国境内第一家发电厂；1883 年，上海公共租界设立中国第一家自来水公司。这些城市的华界都极力赶追租界，对中国城市的市政建设的近代化起了巨大推动作用。城市建设快速发展的同时，这些城市中近代市政制度逐渐形成。1905 年，上海绅商受到租界市政发达的启示组织了地方自治，设立上海城厢内外总工部局，1909 年，改为城乡自治公所，后改为市政厅。它们的职责就是组织城市市民进行城市市政建设和市政管理。城市自治组织不久在其他通商口岸城市也相继成立。1925 年 7 月，广州正式设立近代第一个市政府，这是我国近代市制形成的标志。

洋务运动中大力兴办工厂、发展工业,其中既有外资工厂、官办和官商合办工厂,也有民族资本主义工厂,极大推动了一批早期工业城市的发展,在这些工业城市中出现了成片的厂区和服务行业,以及工棚和相关的交通、电讯设施。在上海、天津、武汉、南京、福州、西安、广州、济南、长沙、成都、吉林、北京、杭州、昆明、太原、台北,特别是洋务运动的中心城市如上海、天津、武汉等,均成为重要的工业基地。洋务运动还推动了矿冶城市的发展。据不完全统计,洋务运动中共兴办了官办煤矿 6 处、官督商办 9 处,金属矿官办 3 处、官督商办 18 处。如唐山、安源、焦作等城市因煤而兴,此外还有湖南冷水滩(锡矿)、甘肃玉门(石油)等城市。港口城市的兴起过程中有沿江、沿海港口和水码头,也有沿铁路线的陆码头。207 个城市中,176 个城市位于水陆交通线上,还有京汉、粤汉线上的石家庄、衡阳,津浦线上的浦口、蚌埠等城市的发展得到了极大的推动。

1840 年到 1949 年的 100 多年间,全国总人口从 4.19 亿人增至 5.41 亿人,共增加 1.22 亿人。在此期间,城镇人口由 1843 年的 2070 万人,至 1893 年增至 2350 万人,从占总人口的 5.1% 上升为 6.6%。至 1949 年增至 5766 万人,从占总人口 5.1% 上升至 10.6%。近代城市发展中,逐渐形成以上海、北京为代表的近代城市体系的格局,其中包括了天津为首位城市的华北城市体系、以武汉为首位的华中城市体系、以广州为首位的华南城市体系、以重庆为首位的西南城市体系、以沈阳等为首位的东北城市体系、以兰州为首位的西北城市体系。

被迫开埠是中国城市近代化的开始。对外开放带来的对外贸易发展以及由此而来的埠际贸易、商业发展是城市近代化的主要动力。外国列强建立的租界,清末从洋务派启其端的国家对军事、民用企业的投资以及随后民族资本主义工业的发展都对城市的发展有过推动作用,租界等通商口岸城市的发展一定程度上推动了城市市政、文化、社会、制度的近代化发展。但是,由于并未经历工业革命的深刻洗礼,工业化水平较低以及长期战乱的破坏,限制了城市化的全面发展。与同时期的西方工业化国家相比,中国近代的城市化水平仍较为落后。

3.2 欧洲

18 世纪中叶欧洲城市工商业的繁荣为工业革命准备了技术、经验、市场和组织条件。1784 年英国蒸汽机的发明标志着工业革命开始,科技进步成为近代工业城市发展的关键;技术发展使得机器大工业生产代替了以前城市工场手工业生产,使城市经济活动扩大,进而使城市成为以第二第三产业为主的经济实体,城市真正具有生产功能,成为社会的政治、经济、文化中心。同时工业革命促进了城乡分离,城市不断吸引人口向城市聚集,开始了以城市为生活聚居中心的城市化时代;主要表现为城市发展速度快,城市数量大量增加、规模不断扩大,城市人口在总人口中所占比例越来越大,城市化水平越来越高(见表 1 - 2、表 1 - 3)。工业化后的城市与前期城市在经济社会政治功能、空间结构形态、制度体系和治理模式、生活方式和价值观念等方面发生了巨大的质的变化。

表 1 - 2　近代西方城市人口增长(占总人口比重)

国家	年代		
	1801	1851	1889
英国	32.1	50.1	67.9
法国	20.5	25.5	34.8
德国	——	——	41.4
美国	4.0	12.5	28.6

表 1 - 3　近代西方大城市人口增长(单位:万人)

国家	年代		
	1801	1851	1889
伦敦	86.5	236.3	453.9
巴黎	54.7	105.3	271.3
柏林	17.2	41.9	188.9
纽约	7.9	69.6	343.7

在工业化初期资本开发的无政府状态下,城市人口急剧膨胀、产业快速发展、空间规模迅速扩大。例如英国伦敦的城市人口从 1801 年的 87 万人,到一百年后的 1900 年已达到了 650 万人,增加了 6.5 倍。与此同时,城市贫困问题日益严重,城市缺乏基本的管理造成普遍的城市问题,如给排水设施缺乏、防火性能差、住房短缺、交通拥挤、环境污染等。不卫生的居住环境导致的瘟疫流行和大火蔓延不仅在贫民区,而且已经影响到包括上流社会居住的街区在内的整个城市。为维持社

会的稳定,缓解劳动者阶层对社会不满情绪的爆发,进而为提供健康的卫生条件,保障充足的兵力和强健的劳动力在世界各地拓展殖民地以保持国力,英国政府于20世纪中后期率先开始了城市治理与改造的政策实践和探索。为提高贫困劳动者的居住条件、改善其恶劣的生活状况,英国政府于1848年颁布实施了"公共卫生法",1851年颁布实施了"工人阶层住宅法",规定政府具有改建贫民区和提供新建住宅的义务,并禁止继续建造旧式公用住宅,新建住宅中必须确保最低限度的日照通风条件,禁止利用地下室作为居室,限定一室内平均居住人口数[①]。与此同时,随着公共卫生等政策理念的建立,上水道与公用水管的设置、排水管的修缮、防止垃圾堆放措施等作为城市的社会政策得以实施和推广。

面对产业革命后城市发展的混乱局面以及其中出现的严重的社会问题,众多的社会改良主义者开始了理想城市的理论和实践探索,引发了19世纪英国的贫困救助运动等一系列社会运动。霍华德、佩里等人为代表提出了田园城市(Garden City)[②]、邻里单位理论[③]等,罗伯特·欧文等人在欧美等国开展了建设理想城市和社区的各种实践探索。这些工业化初期社会改良主义者的理论和实践探索不仅是为了解决公共卫生等物质环境层面的问题,更是为了城市社会的精神重建和社区认同感的再造,建设工业化城市所必需的新的社会规范。这些理论和实践经验对20世纪现代城市规划制度的建立和发展产生了深远的影响。

工业革命不仅使城市在规模速度上变化空前,而且使工业化后的城市与前期城市在空间结构、经济社会政治等功能、社会结构、生态结构等方面发生了质的巨大变异。不同于古代城市多具有政治、宗教、居住等消费功能,缺少生产功能,工业化革命使得城市成为以第二、三产业为主的经济实体,城市才真正具有生产功能,成为社会的政治、经济、文化中心。工业革命同时使得城乡关系发生了质的变化,城市形成一系列完全不同于农村的社会结构、制度体系、价值观念和生活方式,工业革命促进城乡分离,城市不断吸引人口向城市聚集,开始了以城市为生活聚居中心的城市化时代。

---

① Paul Balchin. Housing Policies. London:Routledge,1997.
② 埃比尼泽·霍华德. 明日的田园城市. 北京:商务印书馆,2010.
③ Perry, C.A. The Neighborhood Unit. Regional plan of New York and its environs. 1929.

第 2 节　城市与城市化的概念

1　城市的概念和定义

1.1　基本概念

城市的出现是人类走向成熟和文明的标志,也是人类群居生活的高级形式。

对于城市的研究,是多个学科领域的共同主题。作为一般性的语义解释,《辞源》一书中城市被解释为"人口密集、工商业发达的地方"。但在不同的学科领域,对于城市这一复杂的研究对象都有着不同的概念定义和分析研究视角。在经济学领域,英国经济学家 K. J. Button 认为,城市是一个坐落在有限空间地区内的各种经济市场——住房、劳动力、土地、运输等等——相互交织在一起的网络系统[①]。另一位经济学家 Hirsh 认为,城市是具有相当面积、经济活动和住户集中,以致在私人企业和公共部门产生规模经济的连片地理区域[②]。在社会学领域,美国城市社会学者 R.E.帕克认为,城市不仅仅是个体的集合体,也是各种基础设施的聚合体,它是一种心理状态,是各种礼俗和传统构成的整体,是这些礼俗中所包含、并随传统而流传的那些统一思想和情感所构成的整体[③]。大多数社会学家认为,城市是一种社会组织形式,是各种政治、经济、社会、文化活动在一定地域内的集合。在地理学领域,城市的概念大多是指地处交通方便环境的,且覆盖有一定面积的人群和房屋的密集结合体[④]。

现代意义上的城市,作为有别于农村的一种相对永久性的大型居住聚落,是以非农业活动为主体,人口、经济、政治、文化高度集聚的社会物质系统。它与农村在产业经济结构、社会结构、空间结构和治理方式等方面存在着本质的差别。城市往往具有以下的特征:具有较高人口密度的人类群体;运用自身的优势聚集了不同文化、职业、语言背景的居民;城市生活方式多样化,时间观念强,相互间竞争激烈;作为文化载体和传播体,是一个地区的经济、政治、文化、服务等领域的中心;聚集了

---

① K.J.巴顿. 城市经济学:理论和政策 (上海社会科学院部门经济研究所城市经济研究室译)[M]. 北京:商务印书馆,1984.

② Hirsh. W.Z. 城市经济学(刘世庆等译)[M]. 北京:中国社会科学出版社,1987.

③ 帕克,伯吉斯. 城市社会学:芝加哥学派城市研究宋峻岭等译[M]. 北京:商务印书馆,2012.

④ 曾昭璇等译. 人类地理学概论[M]. 北京:科学出版社,1999.

各种社团、企业和机构的社会组织,人们的活动趋于专业化,居民的知识水平和专业技能较农村居民高;城市的社会契约的基础主要是法律、法规。

以农村作为参照物,可以发现在空间结构、产业经济结构、社会结构和治理结构等方面,作为人类生活空间的城市与农村存在着显著的差异,从而明确城市的本质特征。首先在产业经济结构方面,城市以第二和第三产业为主,第一产业不占主导地位。在社会结构方面,城市与农村的差异在微观层面和宏观层面都有所体现;在微观层面表现为城市社会中个体的异质性突出,在宏观层面表现为城市社会的阶层分化更为明显、且变化快速,与个体异质性和社会阶层分化程度都较低的农村有着显著的区别。在空间结构方面,城市与农村的差异主要表现为人口、建筑以及经济社会活动的高度聚集、空间利用集约化的特征,而农村则是集聚密度较低的空间单位。在社会运行基本规则和治理方式方面,城市与农村的差异主要表现在城市的治理以法律法规和制度等明文化的社会契约为基础,而在农村社会,不成文的乡规民约和以血缘、地缘关系为纽带的宗族社会体系中约定俗成的潜规则往往是维持社会稳定运行的重要因素和社会规范的形成基础。

1.2 城市规模的测量指标

人口是最通用的城市规模测量指标,但在不同国家和地区,城市和城市化的人口特征往往具有较大的差异。从城市规模来看,不同的国家对于最小城市单位的人口规模的标准设定具有较大的差异,基本找不到统一的标准。从表1-4中可以看出,不同国家的城市人口规模差别较大,在瑞典和丹麦200人以上就可以成为城市,而在西班牙和土耳其1万人才是城市的最低门槛,比利时是5千人,法国是2千人。这主要是由于各国人口密度的差异造成的结果。例如,在印度这样人口密度较高而城市化程度较低的国家,最小城市人口规模的标准往往较高,相反,在北欧国家由于人口密度较低而经济较为发达,人口规模很小的聚落单位往往也已具备了城市的基本特征。

表1-4 城市最低人口规模标准和全国平均人口密度

国家	最低城市人口规模(人)	人口密度(人/平方公里)
瑞典	200	18
丹麦	200	119

（续表）

国家	最低城市人口规模（人）	人口密度（人/平方公里）
南非	500	23
澳大利亚	1000	2
加拿大	1000	2
捷克斯洛伐克	2000	119
以色列	2000	182
法国	2000	98
古巴	2000	85
美国	2000	24
墨西哥	2000	35
比利时	5000	322
伊朗	5000	22
印度	5000	198
西班牙	10000	74
土耳其	10000	57
日本	30000	312

数据来源：United Nations，Department of Economic and Social Affairs，Patterns of Urban and Rural Population Growth. No.68，1968，pp.81 – 84.

　　如果说最低城市人口规模指标的设定是为了将城市与非城市地区区别开的话，为了对不同的城市及城市地区进行比较研究和分析，在一些国家对城市人口进行了更为严密的标准设定。例如，美国于 1959 年开始，根据城市的规模、向心性和功能设定了标准大都市统计地区（SMSA，Standard Metropolitan Statistical Area）的空间范围的界定：人口在万人以上的单一城市，或两个城市组成的城市地区，且每个城市人口在 1.5 万以上，相邻县域非农业人口比例达到 75% 以上，在符合以上前提的条件下，同时达到以下三个条件的其中之一：其一是居住人口的 50% 以上的地区人口密度达到每平方英里 150 人以上；其二是按就业地点统计的非农业人口占中心城市非农业人口的 10% 以上，或总数超过 1 万人；其三是按居住地点统计的非农业人口占中心城市非农业人口的 10% 以上或总数超过 1 万人。与美国相似，加拿大也按照类似的标准设定了人口统计大都市区（CMA，Census

Metropolitan Area)作为全国人口统计的城市单位标准。此外,英国设定了标准都市劳动力地区(SMLA,Standard Metropolitan Labour Area),其标准条件是:中心地区就业人口达到 2 万人以上且人口密度达到 1.24 人/平方米,中心地区及其周边地区的总人口达到 7 万人以上等。SMSA 和 SMLA 的共同点在于将中心城市或中心区域其周边城市作为一体化的城市地区来统一考虑。日本在 1960 年的国情调查中提出了人口密集区(DID,Densely Inhabitant District)的新概念,是指人口密度达到每平方公里 4000 人以上的国情调查地区数个相邻,且总人口达到 5000 人以上的城市化地区。到 1985 年为止,全国总人口中的 60.6%均居住在人口密集区内[①]。

    1949 年新中国成立以来,为符合城市化发展的发展实际,我国对城市规模划分标准进行过多次调整。根据 1955 年国家建委《关于当前城市建设工作的情况和几个问题的报告》首次提出的大中小城市的划分标准,"五十万人口以上为大城市,五十万人以下、二十万人以上为中等城市,二十万人口以下的为小城市"。1980 年国家建委制定和颁布了修订的《城市规划定额指标暂行规定》,其中对城市划定标准进行了一定的调整,重点将城市人口 100 万人以上的命名为特大城市。1984 年国务院颁布的《城市规划条例》与 1955 年的标准相近,1989 年颁布的《城市规划法》在明确 1984 年标准的基础上,指出城市规模按照市区和近郊区非农业人口计算。但 2008 年该法废止。取而代之的《城乡规划法》并没有对城市规模加以界定。2014 年,国务院印发《关于调整城市规模划分标准的通知》对原有城市规模划分标准进行了调整,明确了新的城市规模划分标准。根据新标准,新的城市规模划分标准以城区常住人口为统计口径,将城市划分为五类七档。城区常住人口 50 万以下的城市为小城市,其中 20 万以上 50 万以下的城市为Ⅰ型小城市,20 万以下的城市为Ⅱ型小城市;城区常住人口 50 万以上 100 万以下的城市为中等城市;城区常住人口 100 万以上 500 万以下的城市为大城市,其中 300 万以上 500 万以下的城市为Ⅰ型大城市,100 万以上 300 万以下的城市为Ⅱ型大城市;城区常住人口 500 万以上 1000 万以下的城市为特大城市;城区常住人口 1000 万以上的城市为超大城市。其中,城区是指在市辖区和不设区的市,区、市政府驻地的实际建设连接到的居民委员会所辖区域和其他区域。常住人口包括居住在本乡镇街道,且户口在本

---

① 日本建设省监修,日本的都市——1985 年版,东京:第一法规,1986.

乡镇街道或户口待定的人;居住在本乡镇街道,且离开户口登记地所在的乡镇街道半年以上的人;户口在本乡镇街道,且外出不满半年或在境外工作学习的人。

2　城市化的概念和定义

2.1　基本概念

城市化,简而言之就是农村变成城市的一种复杂过程,它是一种影响极为深广的社会经济变化过程。城市化的基本前提是农业生产发展到足以提供城市人口生活需要的农产品和经济作物以及工业生产所需的原料;城市化的根本动力则在于工业化。在城市化过程中,随着人口、产业在城市地区的聚集,城市规模不断扩大,城市数量不断增加,该地区的生产与生活方式不断发生变化,从而形成城市特有的生产和生活方式,最后,产业经济结构、社会结构、空间结构和治理方式都将发生质的变化。城市化既有人口和非农业活动向城市的转型、集中、强化和分异,以及城市景观的转化等看得见的实体的变化过程,也包括了城市的经济、社会、技术变革在城市体系中的扩散并进入农村地区,包含城市文化、生活方式、价值观念等向农村地区扩散的抽象的精神层面的变化过程(见图 1-16)。

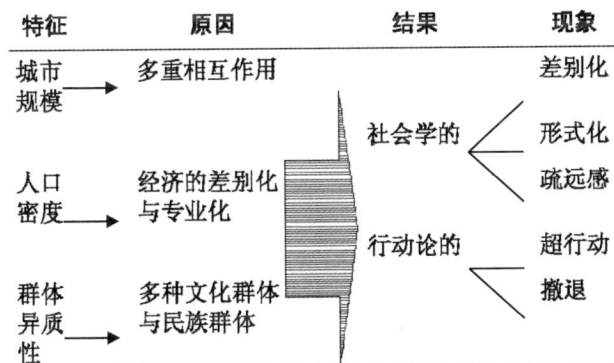

图 1-16　城市化的特征、现象和原因

(出处:Louis Wirth:Urbanism as a Way of Life. The American Journal of Sociology,1938(44))

在不同的学科领域,对城市化的研究有着不同的视角和内容。在社会学领域,城市和城市化的研究以对城市生活方式基本特征的变化和发展过程的研究为基础,揭示城市社会结构、城市社会分层与流动以及城市社会空间结构的基本特征和发展规律。例如著名社会学家 L. Worth 认为,城市化过程中最为重要的是生活方式的变化,而人口的移动并非城市化的必要条件,城市的定义中最为重要的是人口规模、密度和异质性这三个因素[①]。在地理学领域,城市和城市化的研究则以对城市空间组织规律性的研究为基础,以对城市形成发展的地理条件、职能分类和性质、城市体系的规模分布和空间网络结构、城市体系规划等的研究为主要内容[②]。在经济学领域[③],城市和城市化的研究关注人口和经济活动在城市和农村之间的流动过程、趋势,研究城市经济活动的时间和空间的变化特征和土地、劳动力和资本的资源配置模式,通过对于城市增长和发展、空间结构、房地产、土地使用区位、财产与投资、城市规划及城市环境等问题的深刻研究,揭示城市社会的生产和分配过程的规律性特征和发展趋势。在政治学领域[④],城市和城市化的研究主要从政治、政权、行政、政策这四个层面,以对市政管理的主体、目标、过程、手段的研究为主要内容,揭示城市公共事务及其管理活动的发展规律和趋势。

2.2 城市化的测量指标

人口、产业、社会、空间是测量一个地区与国家的城市化水平的主要指标。城市人口占地区总人口的比重、各行业部门的劳动力构成、三类产业经济部门的产值构成、收入水平、消费水平、教育水平等都可以在一定程度上反映一个地区或国家城市化水平的指标。其中,城市人口占地区总人口的比重是最被普遍接受、最为通用的一种城市化水平的测量指标。由于在某些情况下城市人口绝对量的增长并不能说明一个地区城市化水平的提高,因此,这一指标能直观地反映出地区内城市人口增长速度与地区总人口增长速度之间的差异,从而较为准确地掌握地区农村人口向城市迁移的实际状况,即城市化水平的提高状况。但是,以这一指标测量城市化水平仍存在一定的局限性。一是城镇的定义不同将直接影响城镇人口数量的统计,进而影响城市化水平的计算和比较。在我国的地方行政体制中,镇是除了具有行政建制的城市之外、已经实现城市化的区域;如果仅以城市人口比重衡量城市化

---

① 顾朝林,城市社会学,南京:东南大学出版社,2002.

② 周一星,城市地理学,北京:商务印书馆,1995.

③ Paul. N. Balchin, David Isaac and Jean Chen. Urban Economics: A Global Perspective. Palgrave Publishers Ltd. 2001.

④ 夏书章,市政学,北京:高等教育出版社,1995.

水平,显然难以真实反映我国城市化发展的实际状况。二是城市人口的定义不同也将影响城市化水平的计算。由于我国一直以来实行的户籍制度,长期工作生活在城市的常住人口与拥有城市户籍的户籍人口之间存在较大差距,经济发达的东部沿海地区以及大城市中常住人口与户籍人口之间的差距更为显著,因此,采用城市常住人口和城市户籍人口两种不同口径计算得到的城市人口比重的结果具有较大差异。三是以城市人口比重衡量城市化水平只是测度了农村人口向城市集中的数量过程,并不能反映城市化的其他性质。四是城市人口比重只是反映了城市化发展的相对水平,不能反映城市化发展的总体规模。

第 3 节　城市研究的基础理论

1　经济学科基础理论

1.1　规模效应与集聚效应理论

规模效应(scale effect)又称规模经济,是一个经济学上研究的课题,即生产要达到或超过盈亏平衡点,因规模增大带来的经济效益提高。经济学中的规模效应是根据边际成本递减推导出来的;因为任何生产都是有成本的,一般包括固定成本和可变成本,在生产规模扩大后,可变成本同比例增加而固定成本不变,所以生产的越多,分摊到单个产品中的固定成本就越少,企业的销售利润率就会上升。因此,规模经济(economies of scale)是当企业的产量规模达到一定水平后,由于各生产要素的有机结合产生了 1+1＞2 的效应。平均成本呈现下降的趋势。但是与规模经济相对应,当企业产量达到一定规模后,规模过大可能出现各要素相互制约,产生信息传递速度慢且造成信息失真、管理官僚化等弊端,平均成本上升的效应,从而产生"规模不经济"。

集聚效应(combined effect)是指由于经济的相关或互补性,各种产业和经济活动在空间上集中产生的经济效果以及吸引经济活动向一定地区靠近的向心力。集聚效应是一种常见的经济现象,特定产业的众多具有分工合作关系的不同规模等级的企业与其发展有关的各种机构、组织等行为主体趋向于在一定区域内聚集集中,进而往往会紧密联系成为纵横交错的网络关系。集聚效应可以为集聚区的企业带来由于规模经济与范围经济效应带来的成本优势,有利于促进分工与合作,以及享有区域与品牌优势。

在经济学领域,规模效应和集聚效应被认为是导致城市形成和不断扩大的基本因素。这主要是因为城市的建设经营和运行的成本在技术等其他条件不变的条件下,会随着城市规模的扩大而实现平均成本不断下降的趋势,因此,规模越大的城市整体经济社会效益越高。与此同时,城市中各类经济社会要素的流动也存在类似于经济现象的集聚效应,出现不断向各类极点集聚的趋势。因此,在规模效应和集聚效应的共同作用下的良性循环形成了推动城市规模不断扩大的向心力和推动力。

1.2 城市化发展中的产业结构转型理论

二十世纪五六十年代在产业经济学领域,城市化研究的焦点主要在于工业化对城市化的推动作用,侧重于从工业化水平与中产阶级的形成来判断城市化水平。1980年代后,随着发达国家城市产业经济结构的整体转型,从产业结构转型的视角开展对城市化发展的研究开始明显增加,并成为其中的主流观点。弗拉斯基从产业结构的角度研究城市化发展的变化过程,其观点具有一定的代表性[①]。他提出,城市化发展可以分为三个时间阶段,即以第一产业及农业为基础的文明发展过程,以第二产业即工业为基础的文明发展过程,以第三产业及商业与服务业为基础的文明发展过程。所谓城市化,是以工业化为动力基础的文明发展的渐进过程,这一渐进过程可以细分为起飞、扩大和完成的三个阶段。而雅科布森等人进一步指出,在这三个文明发展的不同阶段,城市发展的区位条件特征也有所不同[②]。在第一阶段,城市发展对于资源的依赖性极为明显,资源的空间布局特征对于城市化发展格局的形成具有突出的影响;在第二阶段,城市发展对资源的依赖性开始降低,资源空间布局的限制条件也在减弱;进入第三阶段,市场区位的重要性明显提高,城市化发展格局更多地受到市场位置的影响。因此,在起飞到完成的城市化渐进发展过程中,城市的发展形态也从点状逐渐向星云状转变。雅科布森同时指出,从前工业化社会相后工业化社会的发展过程中,天然资源、地域及人口规模、孤岛特征以及与世界市场的联系、人种的同质性和价值观体系等这四个因素,对城市化发展进程起到了突出的影响作用。

---

① Fourasite, Le Grand Espoir Du XX Siecle, Paris: Gallimard, 1963.

② Jakobson, L & Prakash, V., Urbanization and National Development, Beverly Hills: Sage, 1971.

1.3　新国际劳动分工理论与世界城市体系

后工业社会的转型,预示着都市工业资本主义的结构和逻辑发生了根本性变化。福特主义的大规模生产、完整装配线与它的巨大公司在当时已经达到了规模经济的极限,而世界石油危机造成的战后繁荣的结束,也直接引发了对资本主义工业的重构。后福特模式的生产也被称为"弹性生产"或"弹性专业化"(flexible specialization),传统的生产过程可以拆散为不同的步骤,在不同的地区进行,以分散的生产方式逐步取代传统的大规模生产。这种经济的转型与生产空间的重组,产生了空间发展的新形式。后福特方式的产业化重组产生的新产业集聚体离开传统的"大烟囱"城市一定距离而布局,形成了新产业空间和后福特城市,如硅谷、橙县、128 公路、"第三意大利"等。后福特方式的产业化重组浪潮如今已经席卷全球,使全球化进程不断加快,新国际劳动分工模式随之出现,即跨国公司在全球范围内合理配置资源,寻找满意的生产地,将一些常规的、技术含量低的生产过程转移到欠发达国家,改变了以往只在这些国家进行原料生产或初级加工、而在发达国家进行最终产品生产的国际劳动分工格局。

生产的全球化和全球化的生产使得跨越地区界限的世界城市体系理论随之出现。1986 年弗里德曼(J. Friedman)发表了《世界城市的假设》。依据各个世界城市的一级与二级地位,以及它们在核心国家与半边陲国家的位置,建构世界城市的层级与网络关系。他提出,在 1990 年代后期以来的全球化进程中,世界城市体系不仅具有等级化(hierarchy)而且表现出区域化(regionalism)的趋向,即以国际大都市为核心的城镇密集区域在全球经济中的影响越来越显著,被称为全球城市区域(global city-regions)。

2　社会学科的基础理论

2.1　城市社会结构的转变

城市化发展中社会形态和社会结构的演化是社会学中城市研究的重要视角。西方国家从近代社会向现代社会的发展转型过程中,中产阶级的形成和壮大是影响城市化发展的重要因素。中产阶级(middle class)不是马克思主义就所有制关系意义上说的阶级,而是指具有相近的自我评价、生活方式、价值取向、心理特征的一个群体或一个社会阶层。1951年,美国著名的社会学家赖特米尔斯《白领——美国的中产阶级》一书第一次提出了作为"中产阶级"的白领阶级的概念,其中出现包括政府部门的中级行政官员,国营和私营垄断企业中的中级管理人员和工作人员以及其他领域中的专业技术人员等所组成的新的群体。他认为中产阶级具有四个方面的特点,一是依附于庞大机构,专事非直接生产性的行政管理工作与技术服务。二是无固定私产,不对服务机构拥有财产分配权,较难以资产论之。三是靠知识与技术谋生,领取较稳定且丰厚的年薪或月俸。四是思想保守,生活机械单调,缺乏革命热情,但为维持其体面与其地位相称的形象而拒绝流俗和粗鄙的大众趣味。

随着社会的不断发展,"中产阶级"呈现出由弱变强的趋势。在工业革命和市场经济兴起之前的传统社会,主要表现为两头大、中间小的金字塔型社会,金字塔型社会的顶端是少数的王室贵族和宗教人士等权贵,底层则是广大的农民、手工业者和普通的商人等大众阶层,居于其间的"中产阶级"人数少、地位低、影响小。随着工业革命和市场经济的兴起,中产阶级队伍逐步壮大,对社会的影响也越来越大,社会逐步演变为两头小、中间大的"橄榄型社会"。金字塔型社会由于存在上等阶层与下等阶层的鲜明对立,因而充满着战乱和社会动荡,而到了"橄榄型社会"后,由于相当一部分下等阶层升为"中产阶级",且上等阶层在整个社会中的比重变小,因而社会变得相对稳定了。人类从工业革命后经济社会矛盾极为尖锐的近代社会向现代社会转型的过程中,中产阶级在社会变革或改革中发挥着非常积极重要的作用。主要原因在于,一是中产阶级对于只能依靠特权才能获得富贵的传统社会强烈不满,具有推动社会变革的内在动力;二是中产阶级具有知识和专业特长等相对较强的技能,他们对依靠个人努力和专业特长可以取得成功的公平竞争的现代社会充满向往,因而他们会积极参与新社会和新制度的设计和建设;三是"中产阶级"往往倾向于改革和改良,而不太倾向于采取对社会破坏较大的激烈暴力行动,他们是天生的"改革派"。相对而言,下等阶层和无产阶级往往因贫穷而缺乏专业特长和教育知识,他们对上等阶层的奢华生活和优越社会地位充满嫉妒、愤恨和向往,因此他们一般倾向于采取激烈的暴力行动,推翻上等阶层的统治。这是由于中产阶级的形成和不断壮大,西方国家在经历了工业革命后经济社会矛盾极为尖锐的时期后,得以通过社会改良和现代国家制度建设的路径,实现了以市民社会为基础的现代转型。

2.2　城市社会空间结构模型

1925 年,美国芝加哥学派的社会学家们提出将生态学原理(竞争、淘汰、替代和优势)引入城市研究,从人口与地域空间的互动关系入手研究城市发展。他们认为,城市的区位布局、空间组织是通过竞争谋求适应和生存的结果。

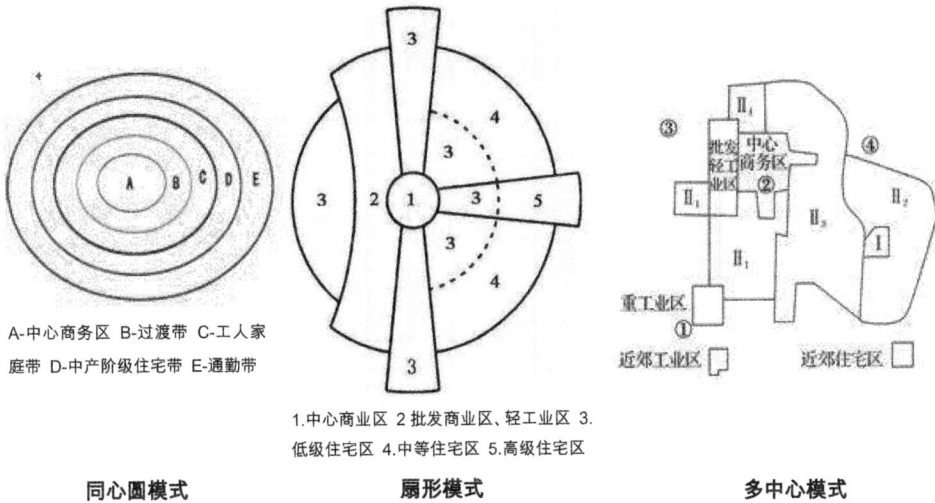

A-中心商务区　B-过渡带　C-工人家庭带　D-中产阶级住宅带　E-通勤带

1.中心商业区　2 批发商业区、轻工业区 3.低级住宅区　4.中等住宅区　5.高级住宅区

同心圆模式　　　　　　**扇形模式**　　　　　　**多中心模式**

图 1-17　城市社会空间结构的理论模型

1925 年,伯吉斯(W. Burgess)发表论文 *The Growth of the City: An Introduction to a Research Project*。在文中,伯吉斯分析了社会空间发展与城市物质空间发展的关系,认为即使没有正规的规划,城市形态也具有它自身的生长逻辑,并提出了著名的同心圆模式,这被普遍认为是"城市社会生态学"研究的开始。在伯吉斯提出同心圆模式以后,同心圆模型得到进一步的延伸和发展,如霍伊特(H. Hoyt)的扇形模式(1939)以及哈里斯(C. Harris)与乌尔曼(E. Urman)的多核心模式(1945)。这两种模型与同心圆模式被并称为城市社会空间结构的三大经典模型。

伯吉斯的同心圆模式认为,城市的中心是商业会聚之地,农民初进城时,为了找工作方便,便居住在中心商业区附近,后来以零售和服务为主的商业中心区向外膨胀,市民也向外迁移。商业中心的外围是早期建造的旧房子,其中一部分被零售商业所侵占,一部分为低级住宅、小型工厂、批发商业及一些货仓的过渡地带,这一带也是新来移民居住地区。再外围的第三带,是原来较大工厂的工人住宅区。再向外第四带是较富有的中产阶级住宅区。最外围地带是富人居住区,散布着高级住宅,密度低,房舍宽敞。由于他们需要驾车入市工作,故又称通勤人员住宅区。

霍伊特的扇形模式是对同心圆模式的修正,他提出城市住宅区由市中心沿交通线向外作扇形辐射。住宅区和高级住宅区沿交通线延伸;高房租住宅在高地、湖岸、海岸、河岸分布较广;高房租住宅地有不断向城市外侧扩展的倾向;高级住宅地多集聚在社会领袖和名流住宅地周围;事务所、银行、商店的移动对高级住宅有吸引作用;高房租住宅随在高级宅地后面延伸;高房租公寓多件建在市中心附近;不动产业者与住宅地的发展关系密切。不同的租赁区不是一成不变的,高级的邻里向城市的边缘扩展。

1945年哈里斯和乌尔曼共同提出多中心模式,认为由于地理位置和自然条件的有利性等的影响,城市的地域发展呈多元结构,互利的活动将彼此聚集在一起,互碍、互斥的设施使彼此分离;除市中心外,城市不同地域还存在各自的支配中心,每一中心都有其独特的功能。

2.3 新马克思主义城市社会学理论

新马克思主义城市社会学兴起于二十世纪六七十年代,由四个主题所建构,即空间的生产(production of space)、对城市的权利(the right to the city)、集体消费(collective consumption)和都市社会运动(urban social movements)。该学说由法国社会学家列斐伏尔(Lefebvre)提出了"空间是社会的产物"的理论,将人们的关注点从空间中事物的生产"转向空间本身的生产"。他主张通过三种主要维度检验社会的空间特征:"空间实践"、特定社会的"空间的表征"和"表征的空间"①。列斐伏尔创立的分析广义空间和狭义城市的对应框架,为许多重视空间概念学者的研究提供了一个崭新的视角。

1960年代,曼纽尔·卡斯特尔(Manuel Castells)继承了传统马克思主义者的社会冲突论和社会运动论来解释城市过程,卡斯特尔创造性地把列斐伏尔关于空间的思想、杜兰的社会运动社会学和阿尔都塞的结构主义综合起来。围绕着"集体消费"问题产生的社会运动的实践和理论意义,认为集体消费过程更适合于成为城

---

① 卡斯特.21世纪的都市社会学(刘益诚译)[J].国际城市规划,2006(5).

市过程的主导力量,提供这种服务可以被看作是一种政治动员,它会引发旨在对集体消费的现存模式进行抗议来改善都市条件的都市社会运动、抗议团体等,成为人民与国家的主要关系。他先后讨论了西班牙、美国旧金山的社区运动,环绕着集体消费,环绕着文化认同,以行动者的角度分析都市社会运动(urban social movement)——关注社区生活的控制和集体消费的需求—作为一种面对社会冲突和政治权力的新行动者(new actors)而出现。

3　地理学科的基础理论

空间结构的转变,聚集与扩散(初期的聚集、中期的郊区化,后期的逆城市化,世界城市体系理论)。

地理学领域的城市研究主要关注其空间结构和形态的发展演变特征与机制。在地理学领域倾向于将城市化发展过程解释为人口、各类经济社会要素以及城市功能向心(centralization)与离心(decentralization)、聚集(concentration)与扩散(deconcentration)的现象。在城市化发展初期,工业化大生产使得人口由农村向城市快速聚集,是一个明显的向心发展阶段,而在郊区化阶段则是以向心与离心现象并存的发展为主,到了逆城市化阶段则是人口与城市功能的离心倾向大于向心的发展阶段。

3.1　引力模式与空间扩散理论

任何一个城市都不可能孤立存在,为了保障城市生产生活等各项活动的正常运行,城市之间、城市与区域之间总是不断地进行着物质、能量、人员和信息的交换。地理学中的空间相互作用理论认为,正是这种相互作用把空间上彼此分离的城市结合为具有一定结构和功能的有机整体。城市间的相互作用主要表现为三种形式,货物和人口的移动、财政金融上的往来联系、信息的流动。互补性、中介机会和可运输性是空间相互作用的产生条件。

各种空间相互作用模式的产生旨在寻求空间组织中相互作用的特点和规律,其中引力模式和潜力模式最为著名。引力模式是根据牛顿万有引力定律推导而来,该模式认为两个城市间的相互作用与这两个城市的人口规模(表示城市的质量)成正比,与它们之间的距离成反比。

空间扩散是指在特定的时间和空间中从源生地产生,经过若干时间后扩散到承受者的过程和现象。空间扩散的三种类型分别是传染扩散、等级扩散和重新区位扩散。现象从一个源生点向外做空间扩散,如果是渐进和联系的过程即称之为传染扩散,其特征如同一块石子落入水中引起的涟漪波纹。城市对周围农村的影响,城市化在周边地区的推进都是以传染扩散的形式发生的。但是,人文现象的空间扩散中完美的传染扩散较为少有,因为现象的扩散过程中地理距离并不总是起着强大的影响作用,社会等级、城市规模等级等有时也起着十分明显的作用。一些新思想、新技术在城市中的传播往往常动紧邻的小城市,在距离较远但属同级规模的城市中首先被接受,然后向次一级的城市扩散,这种现象即称之为等级扩散。等级扩散的产生在于某些新事物在最初被接受时具有较高的门槛,妨碍了他们的迅速传播,只能采取逐级向下扩散的过程。

3.2 中心地理论

1933 年德国地理学家克里斯塔勒出版了《南德的中心地》一书,成为城市区位论的代表性著作。克里斯塔勒的中心地理论深受杜能和韦伯区位论的影响。该理论的主要内容是雷诺数一定区域内城镇等级、规模、职能之间的关系及其空间结构的规律性,并用六边形图式对城镇等级与规模关系加以概括。他认为每一点均有接受一个中心地的同等机会,一点与其他任一点的相对通达性只与距离成正比,而不管方向如何,均有一个统一的交通面。中心地是向居住在周围地域的居民提供各种货物和服务的地方,一个地点的中心性是一个地点对围绕它周围地区的相对意义的总和,或所起的中心职能作用的大小。中心地提供的每一种货物和服务都有其可变的服务范围,范围的上限是消费者愿意去一个中心地得到货物或服务的最远距离,超过这一距离他便可能去另一个较近的中心地。服务范围的下限是保持一项中心地职能经营所必需的腹地的最短距离。

克里斯塔勒认为,市场原则、交通原则和行政原则是支配中心地体系形成的主要条件。在不同的原则支配下,中心地网络呈现不同的结构,而且中心地和市场区大小的等级顺序有着严格的规定。按照市场原则,低一级的中心地应位于高一级的三个中心地所形成的等边三角形的中央,这样最有利于低一级的中心地与高一级的中心地展开竞争,由此形成 K=3 的系统。由市场原则形成的中心地等级体系的交通系统,是以高等级中心地为中心,有六条放射状的主干道连接次一级中心地。由于此种运输系统联系两个高一等级中心地的道路不通过次一级中心地,因此运输系统的效率不高是其明显的弱点。和 K＝3 的系统相比,在交通原则支配下的六边形网络的方向被改变。高级市场区的边界仍然通过 6 个次一级中心地,分属两个较高级中心地的腹地内。而对较高级的中心地来说,除包含一个次级中心地的完整市场区之外,还包括 6 个次级中心地的市场区的一半,即 4 个次级市场区,由此形成 K＝4 的系统。依交通原则形成的交通网,因一级中心地位于联系较高一级中心地的主要道路上,被认为是效率最高的交通网。在 K＝3 或 4 的系统内,除高级中心地自身所辖的一个次级辖区之外,其余的辖区都是割裂的,显然不便于行政管理。为此,克里斯塔勒提出按照行政原则组织的 K＝7 的系统。在这一系统中,六边形的规模被扩大,以使周围六个次级中心地完全处于高级中心地的管辖之下,这样中心地体系的行政从属关系的界线和供应关系的界线相吻合(见图 1－18)。

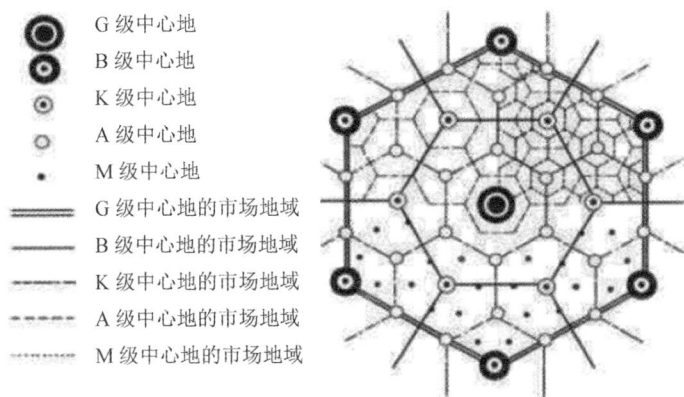

G 级中心地
B 级中心地
K 级中心地
A 级中心地
M 级中心地

G 级中心地的市场地域
B 级中心地的市场地域
K 级中心地的市场地域
A 级中心地的市场地域
M 级中心地的市场地域

图 1－18　中心地理论的六边形模型

(出处:李小建.经济地理学.高等教育出版社,2018)

克里斯塔勒的中心地理论是现代城市地理学发展的基础,其中关于城市等级划分的研究、关于都市与农村区域相互作用的研究、关于城市内和城市间的社会经济空间模型的研究、关于城市区位和规模、关于零售业和服务业的趣味布局、规模和空间模型的研究,这五个方面的内容成为城市地理学和商业地理学的重要理论基础。

第4节 城市发展的基本规律和动力机制

1 城市发展的阶段特征

1.1 郊区化

郊区化作为城市化发展的一个阶段,是在经历了城市化初期人口从农村向城市集中的向心聚集型发展阶段之后出现的、居住人口与工商业等各类设施从城市中心向郊区迁移的、具有城市功能离心化发展特征的过程。西方工业化国家的城市郊区化现象最早出现于 1920 年代,随着有轨电车、私人小汽车等新型交通工具的出现,城市中心与郊区的交通联系有所改善,一部分中高收入阶层为追求居住环境的改善开始从城市中心向郊区迁移,而城市中心地价高涨也导致产业设施开始向用地成本较低的郊区迁移。但工业化国家城市郊区化的高潮则是在 1960—1970 年代才真正来临,在 1940—1950 年代经历了"二战"后的经济复兴并进入经济高速增长时期的同时,在区域性基础设施建设的推进和区域交通条件的改善、家庭小汽车的普及、建筑工业化发展影响下,在住宅成本和价格的降低以及郊区房地产开发的繁荣等一系列因素的影响下,居住人口和工业设施郊区迁移的规模、速度和范围都进入了前所未有的高潮期。

在居住人口和工业的郊区化经历了十到二十年的发展和积累之后,商业设施的郊区化于 1970 年代后半期才出现,在郊区发达的高速公路网络枢纽附近开始出现一些大型的郊区商业设施。不同于城市中心小规模零散布局、与居住区紧密相邻、经营业态细分明显等设施特征,郊区商业设施往往拥有大型的停车场与室内购物空间,布局于高速公路枢纽附近、但远离郊区居住区,涵盖日常购物、消费和娱乐等多种功能,往往采取多样化经营的形态①。商业设施郊区迁移后出现的商业形态的变化背后反映出的是郊区居住区以中等收入阶层为主、较为单一的社会空间的形成以及生活方式、价值观的转变。与此同时,商业设施的郊区迁移使得郊区从单一的居住功能开始向具有综合功能的城市地区转变。

进入 1980 年代,随着工业化国家产业结构的转型和知识经济、服务经济的兴

---

① J. Cullingworth. Planning in the USA: Policies, Issues, and Processes [M]. New York: Routledge, 2014(4).

起以及信息通信等高新技术的飞速发展,商务办公设施也出现了郊区化发展的趋势。首先,1980年代兴起的、中小规模的高新科技企业就明显表现出这样的布局特征和倾向,其后越来越多的企业也开始倾向于将人事管理、培训、后勤等后台服务部门从城市中心向郊区迁移。可以说,城市中心商务成本的上升、信息通信技术的广泛使用及其对企业管理模式变革的推动、商业经营形态和模式的改变、新一代就业者就业观的转变是推动商务办公设施郊区迁移的主要原因。商务办公设施的郊区化不仅增加了郊区的就业机会,彻底改变了郊区原有的作为居住区的单一功能结构,更为重要的是它最终使得郊区成为具有居住和就业等综合性功能的、新的城市中心。

郊区化过程中居住、工业、商业以及商务办公等主要城市功能的迁移一方面使得城市总体功能布局出现了结构性转型,城市中心从原来的综合性功能区逐渐转变为以商务办公为主、功能较为单一的地区。另一方面,郊区化也使得城市交通拥挤、生态环境破坏等问题日益突出,更为严重的是在1970年代后期到1980年代郊区化的高潮期,随着中高收入居住人口、商业、商务办公设施的迁出而导致了城市中心经济社会发展环境的恶化,一些大城市普遍出现了严重的城市中心空洞化现象。由于市中心低收入阶层的聚集导致贫民区的蔓延,房屋建筑和基础设施老化、居住环境恶劣、社会治安混乱影响了投资、税收、房产价值等经济发展环境,进而导致了富裕的郊区和贫困的市中心之间在财政税收分配和公共投资决策等方面产生了突出的地区性政治矛盾。可以说,城市中心空洞化现象集中反映了西方工业化国家城市郊区化过程中形成的社会空间隔离问题及其所引发的经济社会政治矛盾。从这一时期开始,北美一些城市地区出现了以“成长管理(growth management)”为基本理念的城市公共政策的理论和实践探索,通过对土地开发活动的有效控制和引导,以对城市增长的速度、规模、时序的管理为基础,实现城市经济、社会、空间、环境问题的综合解决以及城市增长质量的提高。成长管理政策理论研究和实践探索不仅推动了城市公共政策在内容方面从单一性向各专业领域联动型的发展,也在公众参与、政策过程、城市治理形态等方面开拓了城市公共政策的新领域。

中国城市郊区化起步于1980年代后期,与西方工业化国家的郊区化相比,在动力机制、形态、过程及其影响等方面均存在明显差异。正如有些学者指出的,在我国导致城市郊区化出现的最初动力是1980年代开始的城市中心大规模改造、市政拆迁以及土地使用收费制度的实施,而且城市中心在公共服务设施条件、生活居住环境等方面仍具有较强的吸引力,郊区的交通设施和公共服务设施建设等条件则较为滞后,因此郊区化中的人口迁移在很大程度上是一种被动的、有组织的迁移,而不是随着收入提高、小汽车普及、郊区交通条件改善后为追求郊区良好居住环境而出现的主动的选择。从郊区化造成的社会空间分化现象来看,也与西方国家相反,中高收入阶层有能力承受市中心的高房价,而迁向郊区的主要是中低收入阶层。与此同时,商业设施的郊区化已经开始,而商务办公设施仍处在向市中心聚集的发展阶段,郊区化的趋势还不太明显。在现阶段,中国城市郊区化造成的影响效果主要体现为,在宏观层面出现了城市无序扩张造成的土地资源浪费、生态环境破坏、城市空间结构失衡、城乡发展不协调等问题,在微观层面交通拥挤问题日益严重、城市中心开发过密、城市空间结构不合理、社会空间分化加剧等问题也日益突出。整体来看,中国城市郊区化仍将有一段较长的发展过程,能否制定合理有效的城市化发展管理政策体系,对城市郊区化的快速发展进行有效调控和引导,将对中国城市空间结构转型、新型城市问题的解决造成持续性的深远影响。

1.2 逆城市化

逆城市化是相对于城市化而言的,是人口从大城市和主要的大都市区,向小的都市区、小城镇甚至非城市区迁移的分散化过程。芝加哥大学的社会学家 B. J. L. 贝里最早提出了逆城市化的概念。由于交通拥挤、犯罪增长、污染严重等城市问题的压力日渐增大,城市人口开始向郊区乃至农村流动,城市中心出现空洞化问题,以人口集中为主要特征的城市化由此发生逆转。真正意义的逆城市化是 1990 年以后在发达国家发生的。其主要特征是大城市人口停止增长甚至减少,人口和其他资源的流向开始转向中小城市、大城市周围的郊区小城镇,甚至农村地区。这种现象首先在美国出现并被命名为逆城市化,然后在欧洲、日本的发达国家出现。例如,在 1990 年代初期,美国和日本的国家人口统计中,在部分年份都曾经出现了大都市区人口负增长的现象。

发达国家逆城市化现象的出现,一方面是由于后福特主义影响下,更为灵活和分散化的生产组织方式的出现使得产业化开始重组,信息通信技术的快速发展的背景下,空间距离对企业运营和生产组织的影响显著下降,大城市产业更倾向于向外寻求更为低廉的土地和劳动力。这也使得产业的分散化得到加速,产生了离开大城市一定距离而布局的新产业集聚体,形成了新产业空间和后福特城市,如硅谷、橙县、128 公路、"第三意大利"等。另一方面,交通拥挤、犯罪增长、污染严重等城市病的压力,以及新时代价值观转变的背景下对自由灵活的就业和生活方式的追求,也使得人口的分散化和离心化日益显著。

需要强调指出的是,逆城市化不意味着国家城市化水平的下降,它只证明城市发展新的区域再分配,它是人们对居住环境偏好变化、交通通信高度发达、生产地理格局变化等因素综合作用的结果。事实上,逆城市化正在推动城市化更广泛地传播。

2　城市发展的动力机制

伽利略·夏伯认为,19 世纪后城市化的主要动力是家庭型工业向工厂型工业进化的所谓工业革命以及马车交通向铁路和小汽车交通进化的交通革命这两个因素。耶茨和加纳(M. Yeates & B. J. Garner)则认为 19 世纪后期到 20 世纪初期美国快速城市化的主要动力在于运输系统的统一、大量移民的涌入、流程化作业的工厂生产系统、农业机械化和劳动力的集约、财阀的出现等五个因素[1]。在经济学领域,关于人口城市化的动力因素的理论例如有贝迪理论,该理论认为制造业的生产利润远高于农业,而商业的生产利润又远高于制造业。在这一动力推动下,随着经济发展,劳动力必然由农业部门向制造业,进而由制造业向商业和服务业转移[2]。

美国地理学家弗莱德曼提出,在伴随着工业化的城市增长和发展的复杂的变化过程中,同时包含了技术的普及、人口的移动、资本的移动和决策管理的集中这四个要素的变化过程,在这些要素的变化过程中,各自伴随了权力的分布、经济社会活动的区位、现代化的渗透拓展、居住聚落的空间布局这四个空间变化的过程[3]。这一理论开创性地提出了技术、人口、资本以及决策与管理这四个推动城市发展的核心动力要素。

2.1　技术

技术革新的普及,是由新技术的发明以及新技术应用的商品化这两个因素推

---

①　Yeates,M.H. & Garner,B.J.,The North American City (Third Edition),Harper and Row:New York,1980.

②　Berry,B.L.J.,The Human Consequences of Urbanization,Macmillan:London,1976.

③　Friedmann,J.R.,Urbanization,Planning and National Development,Sage:Beverly Hills,1973.

动完成的。科学技术领域的新发现和新发明不断涌现,但并不是所有的技术发明都能最终实现并完成其商品化的过程,只有符合市场需要、生产成本预算合理的商品才能投入生产并供应给市场。资本主义市场经济的基本特征之一就是有目的的拉动和引导市场对新产品的需求,进而促进产品生产规模的扩大,以满足广泛的消费需求。随着新产品的生产与消费市场的不断扩大,城市经济活动日益活跃,城市型消费方式、生活方式和价值观日益渗透,从而推动了城市化的发展进程。历史同样可以说明,从19世纪的工业革命到20世纪末的信息技术革命,科学技术的发明和普及对城市化发展的推动作用,在现代城市的发展历程中其本质没有改变。

进一步分析这一过程可以看到,新的生产技术的发明和应用往往首先在一些功能中心型城市产生,并通过这类城市向其周边地区扩散。随着新技术的传播与扩散,位于传播中心的城市与扩散范围内的周边城市之间的影响与被影响的关系也随之形成,这种关系在不断重复的传播扩散中日益加强,从而形成不同功能等级的城市体系。因此,新技术的传播扩散过程,一般包括了在城市体系中由高向低的等级式传播(hierarchical diffusion)和由中心向周边相邻地区扩散(contagious diffusion)的两种模式。

2.2 人口

人口作为组成城市的一大要素,它对城市发展的推动主要通过人口在城市内、城市间以及农村与城市的地区间的流动过程体现出来。在工业化大生产的推动下,人口从农村向城市的大规模、快速移动使得城市规模迅速扩大,因此,人口的移动是推动城市发展的根本动力之一。城市发展过程中的人口移动,往往是以农村以及周边地区向城市地区的人口流入为主的。直到19世纪后期为止,城市中死亡人口往往大于出生人口,因此,城市人口的增加主要是由农村地区人口的流入带来的。但是当现代城市中死亡率大大降低后,城市中出生人口的增加成为导致城市总人口增长的主要原因之一,而且,流入人口中来自小城市的流入人口的增长速度也开始大于来自农村的流入人口。在一般意义上,认为以城市为中心人口流入的主要原因有就业机会和较高的收入这两个经济因素,但除此之外,城市本身所具有的魅力也是吸引人口不断流入的不可忽视的重要因素。城市中文化艺术、教育医疗设施等公共服务设施的种类和数量繁多,这使得城市生活更丰富多彩、舒适便利,使其具有独特的魅力。

随着人口源源不断流入城市，它同时也为城市带来了不同的技术、文化、社会习俗，城市社会、经济、文化的组成也因之更加多样化、多元化，这使得城市发展的可能性和潜力得到了进一步的提高。

2.3　资本

与人口的流动相比，资本的流动是无形的、不可见的，但是其作用和影响却绝不能因此被忽视。作为剩余价值生产的积累，资本的转移不仅出现在城市内部，同时也在出现在城市以外的其他地方乃至于异国，以实现在经济、社会、文化等各种领域的投资。在资本的流动过程中，对于城市来说最为重要的是，如何能在吸引外部投资的竞争中获胜，如何能保持并不断提高管理资本流动的能力。只有在吸引投资和资本流动管理的竞争中获胜的城市，才可能拥有更大的发展空间和更远的发展前景；金融中心城市的出现很好地说明了资本流动及其管理资本的能力对于城市发展的重要性。

历史证明，成为金融中心的并不只有一个城市，这就说明城市间竞争力的格局并不是一成不变的，资本流动管理能力的形成并不仅仅依靠城市的地理位置和资源禀赋等天然具备的条件或一时获得的发展机遇，而需要在发展过程中随着环境条件的变化，进行有针对性和有目的的不断培养、强化和提炼。

2.4　管理

决策和管理的集中意味着政治、经济、社会活动的管理功能集中在某些特定的城市。其中最具代表性的是大型跨国公司，这些企业的生产和经营活动广泛分布于世界各地，直接影响着全球范围内的生产、流通、消费和就业的机会。最具代表性的如麦当劳、肯德基等大型跨国企业，一次全球性的产品营销活动的启动和实施，从发达国家的国际化大都市到发展中国家偏远落后的小镇，营销产品的生产、销售、流通搅动着世界范围内的经济社会文化活动，其影响的时空范围和领域范畴不亚于国家政府的一项政策或法律制度；同时，这种跨国企业的决策行为，又直接受到了该企业决策中心总部所在的城市提供的经济、社会、政治等各类信息的影响。换言之，这些跨国公司集中的城市，往往也就具有了对世界范围内社会经济活动的重要影响力。决策与管理的集中往往由于技术的普及、人口与资本的流动而得到加强；以特定的城市为舞台，这些因素和发展过程对城市化发展发挥着综合的作用,其效能的复合与积累最终对这些城市发展产生了直接的贡献。

弗里德曼进一步提出了"中心－边缘理论模型"以解释城市化发展的动力机制[①]。首先,各种新的技术发明由中心地区向周边地区扩散,这一扩散过程通过人口与资本的流动和决策管理的集中进一步得到补充和完善;管理的加强会吸引更多的投资流入该地区,并促进经济活动更加繁荣,进而吸引更多的人口流入。在这一过程中,技术的扩散、人口与资本的流动以及决策管理的集中都伴随着空间结构的转变;技术革新使得社会文化环境发生改变,决策管理的集中改变了权利分布的空间结构,人口与资本的流动使得居住空间结构和生产的空间布局结构逐步改变。这一系列的变化,都发生在以工业化为原动力、以城市化为舞台的空间组织化过程之中。

城市化发展的中心—边缘理论对于解释西方发达国家市场经济体制下城市发展的过程与动力机制,具有一定的说服力和解释力。因为在这些国家,大城市作为国家的经济中心,对于产业化和城市化的进展具有非常重要的作用;但是在亚洲及非洲的大多数发展中国家,国民经济中农业部门占主导地位,产业部门相对不发达,城市的发展对于国民经济以及社会民生的影响作用与发达国家相比有着明显的差异。在这种背景条件下,城市化发展进程也与发达国家的城市化有着显著的不同。

人文地理学家贝里提出,城市化研究必须重视城市化发展的时间、地域、文化等背景条件;在这一思路下,世界范围内的城市化现象可以总结为四种类型[②]。其一是经济发达、市场经济体制较为健全,以西方发达国家为代表的市场导向型城市化模式;其二是以大多数发展中国家为代表的城市化模式,其中传统农业社会的遗留与现代城市社会和产业体系并存,农业经济占主导地位,产业化程度较低,人均收入较低;这些因素使得发展中国家的城市化发展进程以及城市发展格局与发达国家相比有着明显的不同。其三是以欧洲福利型国家为代表的城市化模式,通过大量的社会福利与税收政策,对自由竞争的市场经济进行了大幅度的调整,缩小了阶层间和地区间的贫富差距,从而形成了与市场主导型所不同的城市化进程和发展的空间格局。其四是以东欧各国和中国为代表的社会主义国家的城市化模式,通过直接的干预,政府控制着城市发展的速度、规模和范围,具有鲜明的政府主导

---

① Friedmann, J. R. & Wulff, R., The Urban Transition, Comparative Studies of Newly Industrializing Societies, Progress in Geography, Edward Arnold: London, Vol.8, 1976.

② Berry, B.L.J., The Human Consequences of Urbanization, Macmillan: London, 1976.

的特征。

总而言之,在不同的国家与地区,先天形成的国土空间结构、不同的产业经济结构、相互各异的社会人文环境以及政治社会体制与政策等各种因素,都会对城市化发展产生影响,从而形成各自不同的城市化发展的形态和结果。因此,城市化发展研究在重视发现各国各地区城市发展中的共同规律的同时,也必须重视对各种经济社会地理人文因素和环境条件在城市化发展中的影响机制和特征的研究。

复习思考题

(1)什么是城市的基本功能?

(2)中国郊区化的内在机制与 1950－60 年代的发达国家有何差异?

(3)城市化发展的动力机制是什么?

参考文献

[1] A. E. Morris. History of Urban Form:Before the Industrial Revolution. London:Longman Press,1994.

[2] E. L. Owens. The City in the Greek and Roman World[M]. London:Rureg Press,1991.

[3] Henri Pirenne. Medieval Cities:Their Origins and the Revival of Trade [M]. Princeton:Press of Princeton University,1925.

[4] J.B. Ward Perkins. Cities of Ancient Greece and Italy:Planning Classical Antiquity[M]. New York:Blanche R. Brown,1974.

[5] John E. Stambaugh. The Ancient City[M]. Baltimore:Press of Hopkins University,1988.

[6] Mason Hammond. The City in the Ancient World[M]. Massachusetts:Press of Harvard University,1972.

[7] Numa Denis Fustel de Coulanges. The Ancient City:A Study on the Religion,Laws and Institutions of Greece and Rome[M]. Baltimore:Press of Hopkins University,1980.

[8] Peter Hall. Cities in Civilization[M]. New York:Pantheon,1998.

[9] Tertius Chandler,Gerald Fox. Four Thousand Years of Urban Growth[M].

New York：Edwin Mellen Press，1974.

［10］贝纳沃罗.世界城市史［M］.北京：科学出版社,2000.

［11］陈志华.外国建筑史［M］.北京：中国建筑工业出版社,2004.

［12］董鉴泓.中国城市建设史.北京：中国建筑工业出版社,2004.

［13］樊树志.江南市镇：传统的变革［M］.上海：复旦大学出版社,2005.

［14］(法)柯南.城市与园林［M］.武汉：武汉大学出版社,2006.

［15］韩光辉,林玉军,魏丹.论中国古代城市管理制度的演变和建制城市的形成［J］.清华大学学报(哲学社会科学版),2011,26(04)：58-65.

［16］贺业钜.中国古代城市规划史［M］.北京：中国建筑工业出版社,1996.

［17］科特金.全球城市史［M］.北京：社会科学文献出版社,2010.

［18］刘森林.中国古代民居建筑等级制度［J］.上海大学学报(社会科学版),2003(01)：101-103.

［19］刘易斯·芒福德.城市史——起源、演变和前景［M］.北京：中国建筑工业出版社,2005.

［20］罗筠筠.从宋代城市审美文化的产生看士大夫与市民艺术的不同［J］.文史哲,1997(02)：26-30.

［21］沈玉麟.外国城市建设史［M］.北京：中国建筑工业出版社,2007.

［22］(宋)孟元老.东京梦华录［M］.郑州：中州古籍出版社,2010.

［23］王劲韬.中国古代园林的公共性特征及其对城市生活的影响——以宋代园林为例［J］.中国园林,2011,27(05)：68-72.

［24］吴铮强.中国古代市民史研究述评［J］.云南社会科学,2003(01)：96-100.

［25］杨宽.中国古代都城制度史研究［M］.上海：上海古籍出版社,1993.

［26］张冠增.西方城市建设史纲［M］.北京：中国建筑工业出版社,2011.

［27］张海英.明清江南商品流通与市场体系［M］.上海：华东师范大学出版社,2002.

［28］周蜀秦.西方城市社会学研究的范式演进［J］.南京师大学报(社会科学版),2010(06)：38-44.

第2章 城市发展与城市管理

第1节 城市发展趋势与城市管理的挑战

1 中国城市发展的历史与现状

1.1 中国城市发展的历程

新中国成立以后,随着社会经济发展状况的变化,中国城市发展走过了一段艰难曲折的历程,也取得了显著的成就。这段历史过程大致可分为以下五个阶段。

第一个阶段是从 1949 年到 1957 年,随着战争创伤的修复和国民经济的复兴,城市人口逐步上升,很快就进入了我国第一个五年计划时期;大规模的工业化建设和城市建设中开展了 694 项重点建设项目,采取了"重点建设,稳步前进"的城市发展方针。这八年时间内城市化水平由 9.05% 上升到 13.08%,年均增长 0.50%。

第二个阶段是 1958 年到 1960 年的时期,由于"大跃进"等运动影响,城市人口剧增,农村人口流入城市的疏导严重失控,农业生产力水平有限的条件下城市人口的增长已经超出了商品粮所能负担的能力。这三年时间内,城市人口年均增长率高达 9%,城市化水平由 1957 年的 13.08% 猛增到 1960 年的 16.61%。

第三个阶段是 1961 年到 1977 年的时期,由于自然灾害、中苏关系恶化等因素影响,1960 年后国民经济进入困难时期。从这一时期开始实行了紧缩城市的策略,精简职工、动员职员下乡,在有计划的调整下城市人口比重下降到 1965 年的 14.02%。随着 1965 年"文革"的开始,大批知识分子和干部下放劳动、知识青年上山下乡,城市人口急剧下降。控制大城市规模、发展小城镇的思想作为城市建设政策的导向开始建立。在这段时期城市化水平进一步下降到 1971 年的最低点

12.08%,并多年徘徊在12.2%左右。从1958年到1977年长达19年的时间被认为是我国城市化不正常发展的阶段。

第四个阶段是1978年到2000年的时期,随着"文革"的结束,大批下乡人口开始返城,城市人口快速回升;在城市建设和公共物品供应长期停滞的状况下,住房、交通、环境等各类城市问题日益突出。1980年代开始,经济体制的改革开放政策首先在农村地区推行,广大的乡镇企业得以快速发展壮大,极大提升了农村地区的经济实力和社会发展基础;改革开放的前沿向沿海的城市化地区转移,经济特区的设立、浦东开发等一系列优惠政策的倾斜使沿海地区得以优先快速地发展,但同时也使得东部沿海与中西部地区在经济社会发展等方面的差距不断拉大。到1999年为止全国城市化水平达到30.9%,城市数量增加到667个,其中大城市的增长较中小城市速度更快,其规模效益及辐射作用开始明显优于小城市和县镇;从地区分布来看,东部、中部和西部地区的城市数量比例各占45%、37%和18%,地区差距明显。世界城市化水平在1999年已达到47%,我国要低16个百分点,严重滞后于世界整体城市化进程。

第五个阶段是2000年至今,城市发展的经济社会环境和全球格局发生显著变化的同时,随着工业化进程步伐的加快,经济发展动力逐步由农业向工业和服务业转移,在国民经济长期高速发展和户籍制度改革等政策的带动下,城市化进程进一步加快。随着城市化发展高峰期的到来,城市无序扩张的问题日益突出,区域性城市问题开始突出。到2006年为止,全国城市化水平已经达到43.9%,东、中、西部城市化水平分别为54.6%、40.4%和35.7%,城市化水平最高的上海已达到88.7%。2006年世界城市化水平达到约49%,我国与世界平均水平的差距明显缩小。

1.2 城镇化发展历程的特点与主要问题

从新中国成立后的历程来看,我国城镇化发展具有以下五个特点。

1)城镇数量和城镇人口规模有了巨大的发展

城市的增长首先表现在城市数量、城市人口、城市面积的显著增长。据历史资料统计,1949年底我国仅有城市136个,建制镇2000多个,城市人口4900万人,城市化水平仅为10%左右。到2016年为止,我国城市661座,其中有4个直辖市、15个计划单列市、283个地级市、374个县级市;2018年城镇化水平为59.58%。

与此同时,城镇化发展还体现在城市对国民经济的贡献越来越大,城市吸收国内外投资能力稳定增长。据统计,到 2016 年我国已有的 661 个设市城市面积约为 81.3 万平方公里,约占国土总面积的 8.5%。但却容纳了近 60% 的全国人口,创造了超过 70% 的 GDP,集中了约 90% 以上的科技力量和高等教育。城市已经成为全国政治、经济、文化、科技和对外交流的中心。

2)1980 年代之前城镇化的反复性和曲折性明显,发展速度相对较慢

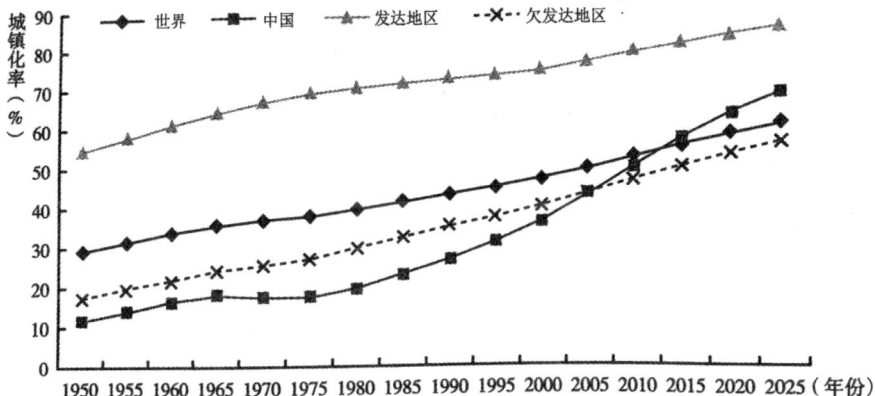

图 2-1　1950—2025 年中国与世界城镇化率比较

(出处:魏后凯.走中国特色的新型城镇化道路.社会科学文献出版社,2014)

自新中国成立到 1980 年代,我国城镇化水平的增长速度,与世界其他国家和地区相比,较为缓慢,直到 1980 年代改革开放后城镇化水平的增长速度才开始明显提高。其主要原因在于 1980 年代之前城镇化发展的反复性和曲折性。自新中国成立之后到 1960 年代,城镇化水平经过了十多年的快速发展之后,自 1960 年代开始,随着"文革"的开始,中国城镇化发展经历了较长时间的历史性倒退和停滞时期,城镇人口在长达近 20 年时间里逐渐减少,城镇化发展的反复性和曲折性在世界其他国家是极为少见的。大起大落是我新中国成立后到 1980 年代期间城镇化发展历程的显著特征,也是今后发展中需要吸取的教训。从 1950 年代末大跃进中的城市增长过热,到 1960 年代起长达 19 年的城镇化发展倒退和停滞时期,再到 1980 年代改革开放政策实施之后又数次出现了城市开发建设的过热现象。可以看到,城镇化发展过程中的每次大起大落,都和国家政治经济社会的发展进程基本一致,与国家宏观政策调整和发展环境的变化密切相关。

我国城镇化发展的反复性和曲折性主要受到政府主导的城镇化模式的直接影

响。在推进城镇化过程中,土地和人口这两大影响城镇化进程的关键要素直接受到强有力的制度性约束,政府的作用和政策影响在城镇化发展机制和影响因素中居于领导和支配地位。政府是城市化战略的制定者,政府也是城镇化制度的供给者,政府又是城镇化进程的执行者,政府还是城镇化绩效的评定者①。政府主导型的城镇化模式一方面在避免出现城市人口过度膨胀和严重的城市贫困问题方面发挥了显著的作用,另一方面也出现了一些政策性问题和制度矛盾。长期的户籍制度控制使得城镇化发展进程缓慢,并形成了城乡之间相互隔离和相互封闭的"二元社会"结构问题,城乡二元化管理体制使得人口城镇化的实现被大大延缓,成为影响城镇化发展的制度性问题。1990年代后,将城镇化的推进纳入计划模式的调控之下,甚至与地方政府政绩考核相关联,导致出现了不计成本地推进土地城镇化以及盲目城镇化,土地财政问题日益凸显,引发房地产经济泡沫的危险倾向。

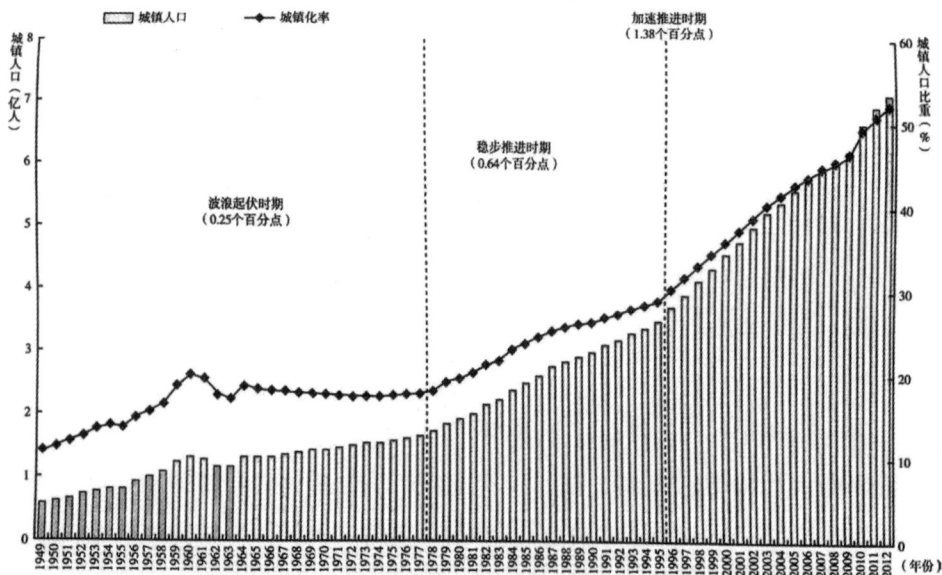

图 2 - 2　我国城市化率的年度变化(1949—2012 年)

(出处:魏后凯. 走中国特色的新型城镇化道路. 社会科学文献出版社,2014)

---

① 李强,陈宇琳,刘精明.中国城镇化"推进模式"研究[J].中国社会科学,2012(07):82-100.

3）缓慢的城市化过程没有出现大城市人口过度膨胀现象,避免了严重的城市贫困

世界上许多发达国家与发展中国家在工业化和城市化发展初期,都曾经历过城市人口急剧膨胀、造成严重的城市贫困等经济社会问题,虽然大多数西方发达国家已通过发展经济、改善民生以及完善社会福利政策和社会保障体系等制度改良的路径,实现了城市贫困问题的显著改善,但在许多发展中国家这些问题至今仍难以解决。例如,在东南亚的发展中国家,首都作为全国的第一大城市,其城市人口往往占全国城市人口总数的一半以上,城市人口快速膨胀问题十分突出;而第二等级的其他城市规模则与首位城市相距甚远,也难以形成合理的城市体系和功能互补的区域结构。与此同时,这些发展中国家首位城市大多拥有极高的贫困人口比例,例如泰国曼谷、菲律宾的马尼拉、印度尼西亚的雅加达,在国民经济发展高峰期的 1990 年代,曾经出现城市贫困人口比例高达 1∶5—6 的时期。这些首位城市(primary city)问题的出现当然与这些国家在 20 世纪七八十年代的绿色革命(green revolution)[①]推动下的城市化发展机制有着密切的关系。因为大多数发展中国家的农村土地平权问题尚未解决,绿色革命虽然提高了农业生产力水平,但也刺激了农业的大规模经营方式的快速普及,导致大量底层农民失去生计,不得不离乡背井来到大城市谋生,沦为城市贫民。

在我国,由于从新中国成立以来较长时期内,通过对土地和人口流动的严格调控,加强对城镇化发展进程的宏观调控和政策引导,在城市化发展过程中没有出现世界其他许多国家都曾经历的大城市人口膨胀现象和严重的城市贫困问题。从城市人口年均增长速度的指标来看,大城市并非是增长最快的城市,相反规模等级最小的城镇反而是人口增长速度最快的城市,这与政府主导的城镇化模式中小城市的公共资源保障和公共服务的有效运营有着密切的关系。同时,在农村人口向城市流动速度加快的 1990 年代以来,在国民经济高速增长的带动下,大量农村流动人口在城市中获得了充分的就业机会和收入增长的机会,收入水平显著增长、生活状况得到显著改善,虽然他们在城市的就业和生活状况上仍存在诸多问题,但并未出现如其他国家曾经出现的严重的城市贫困现象。

[①]　绿色革命是发达国家在第三世界国家开展的农业生产技术改革活动。这个活动的主要内容是培育和推广高产粮食品种,增加化肥施用量,加强灌溉和管理,使用农药和农业机械,以提高单位面积产量,增加粮食总产量。

4)未带来农村经济的破产和城乡关系的尖锐对立

新中国成立初期的土地改革基本解决了农村土地制度问题之后,1980年代农村经济体制改革中包产到户等政策使得农村劳动生产率得到了极大的提高,乡镇企业的快速发展更使得农村地区的经济基础得到了进一步的加强。在此基础上,1980年代后期开始的快速城市化过程中,虽然农村劳动力人口的大量转移和乡镇企业发展停滞使得农村经济受到了明显影响,但并没有出现农村经济破产和城乡关系尖锐对立的局面。然而必须看到的是,随着城市化发展高峰期的来临,城市发展无序和宏观规划失控导致的土地资源浪费、环境破坏和城乡发展失衡的问题有所加重。因此,如何在城市化有序发展过程中保持城乡发展的平衡关系,仍然是我国城市化发展管理中需要关注的重点政策课题和方向。城乡关系和城市化是一种相互影响的正向关系,当城市与农村之间形成协调平衡、融合的分工协作、共同发展的关系时,社会经济就能以较快的速度健康发展,并推动城市化的快速发展,反之亦然。

5)东中西部地区间的发展差距较大

我国不同区域间发展差距经历了一个由扩大到缩小的过程。改革开放之初,沿海地区率先发展战略使东部地区一马当先,保持领先地位。从1982年到2000年,东部城市化率上升了22个百分点,西部只上升了12个百分点。城市化水平的地区间差距还集中地反映在大中型城市不足。在我国,规模在50万人口以上的城市(按市区非农业人口计)只有92座,只容纳了全国9.6%的人口。在东部,50万人口以上的城市有42座,人口有6500万,占东部人口的13.3%;而西部只有14座,人口还不到2000万,只占西部人口5.6%。进入2000年后,随着西部大开发、中部崛起、东北振兴等区域发展战略的实施,区域发展差距不断缩小。2017年,东部、中部、西部、东北地区四区域城镇化率分别为67.0%、54.3%、51.6%和62.0%,最高区域和最低区域之间的差距,由2000年的峰值23.4个百分点下降到15.4个百分点,各区域城镇化率差距明显缩小。从人均地区生产总值看,各区域经济发展的相对差距也有所缩小。2017年,四个区域人均地区生产总值分别为84595元、48747元、45522元和50890元,人均最高的东部和最低的西部之间的相对差值由2003年的2.5倍缩小到1.9倍。2012—2017年,按不变价格计算,四个区域人均地区生产总值年均增速分别为7.2%、8.0%、8.2%和5.4%,中西部地区的发展速度领先于东部地区,改变了长期以来区域经济发展中东部地区"唱主角"的传统格局。

　　造成地区差距的原因是多方面的,既有自然地理和资源等方面的客观因素,也有发展战略和政策选择等方面的主观因素。地区差距既是长期以来区域经济发展历史过程的综合反映,也是现实的内外部环境条件差异综合影响的结果,同时也与经济社会发展水平及其所处的阶段有关。区域发展差异过大将导致一国总体城市化水平的滞后。这是由于经济发展对城市化的边际带动作用递减规律,特别是对于大国而言,相对较大的区域差异将对整体城市化产生滞后效应。这一认识将有利于更为全面地理解我国的城市化水平滞后的成因以及制定相应的战略。城市化战略的制定也不能搞"一刀切",需要基于不同区域的发展阶段、发展特点,制定相应的、差别化的城市化目标与战略,形成一个复合的战略体系。尽管在经济发展的过程中区域差异是不可避免的,在发展的较低级阶段需要以效率优先为原则配置资源,但过大的差异终将损害总体的发展。

　　6)人口城镇化与土地城镇化的不协调

　　人口与土地是影响城镇化发展的关键要素。人口城镇化是指农业人口向城镇集聚并转化为非农业人口。土地城镇化是一个土地条件由农村形态向城市形态转化的过程,以城市空间规模和城镇建设用地的增长为主要特征。由于一直以来户籍制度和土地制度的影响,我国城镇化发展中人口城镇化与土地城镇化的不协调问题较为显著①。据统计,2006—2016 年期间中国人口与土地的城镇化率逐年提升,分别由 2006 年的 44.34%、0.35%增长至 2016 年的 57.35%、0.57%,年均增长率分别为 2.61%、4.81%,最大增长率分别达到 3.50%、8.85%。其中人口城镇化与土地城镇化的现状水平和增长速度有着较大的差距,人口城镇化明显落后于土地城镇化。造成这一问题的主要原因一方面在一直以来的户籍制度及其与城市公共服务供给政策的捆绑性实施严格限制了农村转移人口和流动人口的城市落户条件,使得人口城镇化率的增长受到极大的影响;另一方面,在二元化土地制度和地方政府政绩导向影响下,土地开发过热导致土地城镇化率突飞猛进。

　　土地城镇化与人口城镇化的发展失衡,土地城镇化明显快于人口城镇化,引发了诸多经济社会问题。首先,导致社会不公平问题的恶化。据统计,每年大约有300 多万农民失去土地,强拆强征引发了大量群体性事件。非永久性的城市移民不利于内需的拉动和城市服务业水平的提升,不协调的土地城镇化与人口城镇化

---

　　①　陆大道等.关于遏制冒进式城镇化和空间失控的建议[R].中国科学院院士咨询报告,2007.

已经成为扩大内需的重要障碍。其次,加重了经济对土地财政的依赖,越是经济发达的地区,某些年份地方政府的财政收入中土地出让的收入甚至超过了50%①。第三,不利于资源的集约利用。自1997—2005年,全国城镇建设累计占用农用地和未利用地61.53公顷,占地、圈地、毁地现象严重。过快的土地城镇化引发城市快速扩张,造成城市远距离通勤和交通拥堵问题日益严重,消耗了大量的能源和资源②。另外,大量农村劳动力外流,他们既不能在城市落户又不愿放弃农地的耕作权,粗放经营和土地抛荒现象日趋严重,危及我国的粮食安全。

1.3 城镇化发展的制约条件

1.3.1 产业支撑

产业是经济发展的基础,更是城镇化的支撑,产业结构升级与城镇化水平提升是相辅相成、相互促进的。城镇人口的数量扩张和比例增长依赖非农产业的成长壮大,以吸纳更多的农村富余劳动力在城镇落户、就业、定居。据统计,2017年我国三次产业产值结构为8.1∶35.4∶62.8,但三次产业就业结构为2∶36∶59。在一些发达国家,第一产业在经济中的比重一般只有5%左右、甚至低于5%,第二产业一般占30%左右,第三产业超过了60%;在发展中国家,第三产业一般也超过了40%甚至50%。从以上指标来看,我国的产业结构初步实现了从“二、三、一”向“三、二、一”的转型升级,但是,第二产业吸纳劳动力的就业能力仍显偏低,第三产业发展规模和承载就业的空间仍需提升。从产业结构转型的角度看,第一产业在产值和就业比例上均呈现显著下降趋势,符合产业结构升级规律,产值比例由2001年的14.4%下降到2017年的8.1%,就业比例由2001年的50%下降到2017年的1.7%。第二产业则处于产值比例下降、而就业比例上升的状态,产值比例由2001年的45.2%变化为2017年的35.4%,就业比例由2000年的22.5%提升到2017年的35.8%,表明第二产业仍是我国经济增长的主要支撑,但是现阶段工业化对于人口城镇化的吸纳作用有限,最终导致人口城镇化滞后于土地城镇化③,因

---

① “地方财政依赖土地财政 专家呼吁财政转型”. http://www.chinairn.com/news/20140421/102627342.shtml(2014.4.21)
② 严思齐,吴群.土地城镇化与人口城镇化的非协调性和互动关系[J].中国人口·资源与环境,2016(11):28-36.
③ 李子联.人口城镇化滞后于土地城镇化之谜——来自中国省际面板数据的解释[J].中国人口·资源与环境,2013,(11):94-101.

此,第二产业的就业空间仍存在一定的提升潜力。第三产业在这段时期明显提升,但就业比例与产值比例相比仍有不足,产值比例由 2001 年的 40.4% 提升到 2017 年的 62.8%,就业比例由 2000 年的 27.5% 提升到 2017 年的 59.3%,表明第三产业尽管还在成长壮大,但正在成为支撑经济增长的主体力量和拉动就业的强劲趋势。

在新中国成立初期以及 1990 年代,宏观经济政策的投资导向一直以来倾向于向资本密集型行业倾斜,而"资本排斥劳动"的内在机制使得这些行业在快速增长的同时对于就业增长的贡献却十分有限。例如,"一五计划"时期国家投资重工业、轻工业、农业的比重分别为 36%、6% 和 7%。据统计,每亿元投入轻工业可吸收 1.8 万人就业,而重工业仅能吸收 6 千人就业。在国家工业化的 1952 年到 1977 年间,工业净产值占国民收入的份额上升了 30 个百分点,而工业就业份额只上升 10 个百分点,就业结构滞后于产业结构的差距十分明显。我国早期的结构不合理的工业化没有为农村的城市化提供必要的条件。其后的政府投资又不断向资本密集的重工业倾斜,使得工业部门吸收劳动力的能力不断减弱。而且,随着科技的进步及市场竞争的加剧、产业结构必须不断进行调整升级,对劳动者素质的要求提高。资本及技术演化出来的制度力量,使受教育水平低的农村劳动力在城市就业市场变小。因此,这些因素都使城市经济在一些经济增长时期未能创造充分的有效就业机会,难以吸收大量的农村剩余劳动力,难以形成产业化推动城市化发展的动力机制。

提高城市各种产业与农业服务业的发展水平,提供充分的有效就业岗位,吸收大量的农村剩余劳动力,是促进城镇化高质量发展的重要因素。如果城市吸纳农村剩余劳动力的能力和劳动者的适应能力得不到改善,会从根本上影响城镇化的发展进程。因此,如何创造更多就业机会、提高劳动者素质,是城镇化发展中面临的严峻挑战。

1.3.2　人口流动与公共服务

人口红利是 2000 年以来推动我国城镇化快速发展的主要动力之一。但是近年来,表征人口红利的低扶养比自 2010 年起快速上升,老龄化的到来,使得曾经的人口条件正在失去。每年约 2000 万农村剩余劳动力无限制转往城市工业生产领域的速度在迅速放缓,"民工荒"和农民工工资上升速度超过城镇职工,导致塑造我国比较优势的低成本在迅速退去。0—14 岁人口是未来一段时间新增劳动力的主力。根据 2005 年和 2010 年两次全国人口统计的数据来看,0—14 岁人口占比

20%及以上的地区已经从五普时期(2005年)的全国性分布,显著缩减为六普时期(2010年)以中西部为主的格局,特别是江淮、江西、成渝及其周边地区将成为未来我国为数不多的主要人口红利区。

过去30年,虽然有2.6亿农村剩余劳动力转移到了城镇,但人口红利其实并没有完全发挥出来。农村剩余劳动力进了城市,但积聚效应没有发挥出来,原因在于这些人群并没有真正融入城市,无法获得户籍所承载的城市公共服务。由于农民工无法融入城市,其消费潜力不可能主要在城市释放,城市人口增加了,但服务业增加并不明显,而且一直在低端层面徘徊;出于养老的考虑,农民工的储蓄基本上都汇回到农村,用于子女的教育和建房,无法缓解老龄化后储蓄下降对于资本形成的冲击,城镇基础服务设施建设的规模效应和成本分摊效应无法发挥;由于一直停留在低端制造业,高达75%是初中及以下学历的农民工无法承担制造业升级重任,更无法以高素质来延长人口红利。因此,推动城镇化的持续高质量发展,就在于充分释放人口红利,不仅包括新增人口红利,更在于将被禁锢的人口红利释放出来。人口红利的第二次释放,不仅能缓解资本形成过快下滑,避免增长源泉真空和失速,而且能充分发挥人口红利释放对于产业转型的倒逼机制,清退低端过剩产能,促进制造业高端化,将城市积聚效应充分发挥出来,让第三产业成为新的增长源泉。

城镇化的核心是人的城镇化。人口红利的有效释放很大程度上取决于公共服务有效供给。人口在城镇的聚集需要完善的公共服务来保障城镇居民的生活质量和便捷程度,以公共服务的完善来实现人的全面发展。而目前我国公共服务存在区域差别、不同等级城市间的差别、城乡差别等多重差别,有悖于基本公共服务均等化的原则,既造成了区域发展差距的扩大,也束缚了城镇化的顺畅推进和质量提高。随着城镇人口数量的增长,对城市公共服务的需求在数量和质量上均提出了更多和更高的要求。大量流动人口在城镇的聚集,对公共服务供给紧张的城市产生了更大的冲击,公共服务供给的财源保障和精细化管理对于人口导入地的城市政府造成了显著的压力。在人口迁徙日益自由的今天,城市公共服务的供给短缺和质量下降直接影响城镇化的科学发展和质量提高。例如当前2.6亿的农民工和他们的家属长期居住在城市,但在子女义务教育、基本医疗服务、社会保障、住房保障等方面均不能获得市民化的均等待遇,该群体与城市居民形成城市内的二元结构,加剧了社会阶层矛盾,也束缚了城镇化对扩大内需、拉动消费的贡献效应[①]。

1.3.3　城乡差距的变化

在中国经济发展中,为了保证工业部门能够从农业部门获得资本来源,我国实行了一系列将城乡割裂开来的政策:一是限制人民公社内部非农产业的发展(如1962年国家规定公社内的非农产业不得超过5%);二是实行城乡分割的户籍制度,严格限制农村人口向城市的自由流动;三是在城乡实行完全不同的社会保障体系,通过粮油供应制度、劳动用工制度等限制城市规模的扩大。这些政府行为在城乡之间构筑了一道屏障,使城市不能按照其自身的规律发展,这些制度现实地造成了人们对农村居民的歧视,扩大了城乡之间的鸿沟,形成了城乡分割的二元结构的基本体制矛盾。

城乡差距是发展中国家面临的普遍问题,缩小差距、实现城乡协调发展需要城镇化的引领。其作用机制表现为城镇化通过转移农村富余劳动力,促进农业产业化经营、提高农民收入,并且随着城镇基础设施向农村延伸、城镇文明向农村辐射来改善农村的生产生活条件,提高农村自身发展能力。纵观我国城镇化演进与城乡收入差距的变化,城镇化率从1990年的26.4%提高到2016年的59.6%,但城乡收入差距也在不断扩大。从1978年到2014年,我国城乡居民收入比由2.57:1上升到2.92:1,全国居民收入基尼系数由0.18上升到0.469,2008年更是达到0.491。这表明我国目前推进城镇化对缩小城乡差距的效应微弱,人口向城镇逐步集中。与之相伴随的是农村的青壮年劳动力、资金、技术等生产要素的流失,且城镇对农村的反哺与支持对提高农业现代化水平和农民收入的贡献有限。

城乡二元化管理体制的差异体现在不同的户籍、不同的土地制度、公共服务、税制结构等诸多方面,不仅极大地限制了人口和产业经济要素在城乡间的自由流动,同时也对交通、教育、医疗等公共投资的分配和公共服务的提供产生影响。不仅在地区之间,甚至在同一行政区划单位内的市中心和郊区之间,城市与农村的经济社会发展差距都十分明显。城乡分割的管理体制并未加速城市工业的发展,相反农村地区经济社会发展的落后使得城市经济社会发展缺乏有效的支撑,进而导致城市化发展进程整体性滞后。近年来随着改革开放的不断深入和市场经济体系的初步建立,城乡二元管理体制的基础已经开始松动,户籍制度对人口流动的限制

---

① 宁光杰,李瑞.城乡一体化进程中农民工流动范围与市民化差异[J].中国人口科学,2016(04):37 - 47.

作用已经大大削弱,但由于体制性障碍根深蒂固,制度改革难以一步到位。因此,唯有彻底消除城乡分割管理体制的障碍,才能形成城乡平衡协调发展的格局,加快城市化整体有序持续的发展。

1.3.4 环境资源约束

1990 年代以来我国的快速城镇化过程中,在世界产业格局中更多地承担生产加工职能,支撑城镇化的经济发展方式粗放,主要依托廉价的劳动力和自然资源吸引国际投资,依靠增加生产要素的投入,即增加投资、扩大厂房、增加劳动投入,来增加产量和实现经济增长。但是,单位产品消耗资源大,结构工艺落后,生产要素的质量和利用效率的不高,经济效益水平较低,尤其是造成环境污染严重和资源的严重浪费,对生态环境可持续发展造成严重威胁。这种靠能源资源的高投入、高消耗来拉动,甚至是以牺牲环境为代价的增长的可持续性已经面临着巨大的危机和极限的到来。

随着城市和区域经济的快速发展,对水、电、煤等能源的消耗迅速增加,自水资源危机之后,供电、供煤等各种能源危机也日益显著。能源危机的出现,一方面是由于城市和经济发展对能源供应能力提出的新的要求,另一方面也反映出消耗大量能源的快餐式城市消费生活和生产方式造成的,能源利用率低、能源结构不合理等能源利用和管理方面的问题。随着各类城市活动规模和范围的扩大,同时也带来了严重的环境污染和环境危机。建成区面积快速扩张直接导致城镇化对生态环境的冲击和破坏,城市的生态环境状况不容乐观。随着城市机动车交通的增加,近年来城市建设项目开工数量的居高不下和城市废弃物的增加,城市内的大气污染、水域污染、酸雨现象等各种环境污染,存在着日益严重的发展趋势。地下水的过度开采、酸雨侵蚀、江河湖泊水的污染、工业废气和机动车尾气造成的大气污染等,直接影响城乡居民的健康水平与幸福指数。城市环境污染所造成的影响也在向区域范围日益扩散,2013 年年初的全国大面积雾霾再次给人们敲响警钟。

产业结构、能源结构、技术水平、公民环保意识等因素是导致城镇化进程与生态环境矛盾的因素。例如我国单位 GDP 的能耗水平远高于世界平均水平数倍,煤炭占一次性能源消费的比重极高,清洁生产工艺、循环经济模式尚未全面建立,公民的环保意识仍需提高。高成本的运动式环境治理效果十分有限,有效的城市环境管理机制还有待建立。

1.4　城市管理的现状问题

在我国经济社会发展的不同时期和不同阶段,城市发展与管理所面临的主要问题也有所不同。从新中国成立到 1980 年代,为推动工业化优先快速发展,城市建设必须解决为工业生产提供物质资源、人力资源和空间资源的保障问题。因此,这一时期面临的主要问题是在保证城市人口的基本生活条件和公共服务的基础上,最大限度地为工业生产提供基础设施、用地等条件保障和生产服务。这就导致了长期的城市生活性服务设施和基础设施建设的落后和公共产品的供应不足。到 1980 年代至 1990 年代初期,随着城市人口的回升,长期的城市建设落后所造成的住房、交通、环境等积压已久的量的不足问题暴露出来。此外,"文化大革命"时期经济发展长期停滞后财政力量薄弱导致城市建设资金不足问题十分严重,计划经济体制下的城市建设投资开发模式单一化,又使得资金问题的解决缺乏有效的渠道和途径。

1980 年代城市建设中表现出来的住房、道路、公共交通等公共物品和服务的缺乏,在 1990 年代虽然得到了一定程度的缓解;但是,数次的城市开发热和城市快速发展中出现的宏观失控、微观管理水平较低等问题十分明显,大规模的城市开发建设中城市规划、建设和管理的脱节和缺乏协调越来越突出。这些问题都反映了城市综合管理的缺乏,从而成为影响城市进一步发展的制约因素。

从 1990 年代后期开始,城市化发展开始加速,但是,过快的城市发展同时也带来了许多负面的影响。城市人口和城市面积的快速增长,给土地资源、住房、交通、基础设施、生态环境、医疗保障、就业机会等带来了巨大的压力,而计划经济体制下建立起来的管理体制,面对着市场经济社会转型的过程中产生的种种问题,却日益显得无能为力。

2000 年之后,随着各大城市的空间规模和人口规模快速扩大,给排水、供电、供气、道路交通设施、垃圾处理、信息通信、港口、机场等各项市政基础设施的容量,越来越不能满足城市高速发展的需要。从城市基础设施的规模、服务能力、服务范围来看,各大城市与其他国际大城市的差距还十分明显。不仅现有基础设施的容量和服务能力急需扩大,同时,新的城市基础设施,如地铁、轻轨等轨道交通、电子通信光缆、废弃物处理设施、新型能源利用设施等的建设推进也是这一时期的主要任务。在大多数的水、电、气、热等城市市政公用事业的经营管理中,存在着管网设备的改造和管理不善、成本管理和价格制定不合理、用户服务质量差、经营效益低等种种问题。随着市政公用事业市场化改革的进一步深入,初步形成了多元化的投融资模式,但如何保证市政公用事业的社会效益、经济效益和环境效益相平衡,切实提高市政资产经营运作的效率和质量,建立新型的市政公用事业经营管理模式,成为这一时期的重要课题。

2010年之后,随着北京、上海、广州等区域中心城市功能聚集和辐射能力的持续增强,在这些经济发达地区,经济社会发展水平相近、城市活动联系密切的城镇密集区、或都市圈正在形成,城市群的形成和区域性协调问题日益凸显。但是,从我国各大都市圈的发展现状来看,在产业发展、大型基础设施建设、城市开发、资源利用等方面,都出现了不同程度的无序竞争的现象。而区域性协调合作机制的缺乏,是导致这些问题出现的重要因素。

随着我国城市发展进入新的发展时期,当前仍面临着诸多城市管理问题,主要包括以下四个方面的内容[①]。

1.4.1 法规体系有待健全

城市管理法规体系的主要问题既包括结构性问题,也包括内容性问题。

在结构性问题方面,首先,地方立法滞后,与上位法之间的纵向衔接缺乏。地方法规体系的健全是实现高质量的城市管理的重要条件。城市管理要求有完善的法律法规体系提供坚实的制度基础,以实现其合法性和规范性的基本要求。城市管理中涉及的各类公共事务问题具有显著的地方性特点,因此,在国家层面法律制度的宏观性和原则性内容的基础上,地方法规体系的建立和完善需要解决国家法律实施过程中的"最后一公里"问题[②],推进城市管理的地方立法特色和精细化要求。从各主要城市在城市管理领域地方立法的整体状况来看,地方立法滞后、专项法规缺乏的问题仍较为突出。其次,现有地方性法规互不联系,缺乏较强的完整性和内在逻辑性,尚未形成全面而相对独立的法治系统。已有相关法规之间缺乏衔接,甚至相互矛盾;有些法规规定还存在事权交叉和重复、责任主体不明、执法没有统一性等问题,大大降低了执法的效力。由于城市管理领域的地方立法中仍广泛采用部门立法的模式,由主管职能部门直接负责起草,甚至还承担着制定实施细则

---

① 王郁,李凌冰,魏程瑞.超大城市精细化管理的概念内涵与实现路径——以上海为例[J].上海交通大学学报(哲学社会科学版),2019,27(02):41-49.

② 成都市人大常委会法工委课题组等.城市管理与地方立法规制——以成都市地方立法的实际需求为视角[J].地方立法研究,2017.1:32-38.

的职能;职能的条线分割造成各部门在立法中缺乏动力和能力,充分关注法规间的协调衔接问题,从而导致了各专业领域的法规之间缺乏衔接甚至相互矛盾的突出问题。

在内容性问题方面,首先,现有法律法规中对公权与私权的边界界定仍不清晰,影响政府行为的规范化和社会参与力量的发挥,更影响着城市管理多元协同机制的建立。地方立法的首要任务应该是为城市管理活动提供明确的法律依据,用立法引导和约束公权力的行使,规范社会公众参与的行为,保证各方权力与权利的平衡。近年来,各级政府部门积极推广权力清单、责任清单和服务清单制度,为厘清政府的权力边界、规范行政行为、加强公众监督提供了制度基础。但在一些地方法规中,仍存在权力与权利的边界不清晰、法律依据不明确等问题,极大影响了城市管理多元协同机制的培育,精细化管理水平难以提高。现有法规未能对行政管理方和产权人的权责边界进行明确的划分,从而造成管理行为中往往会出现管理部门越位、产权人责任不清、业主利益缺乏合理的救济和补偿、或是后续管理隐患增加等多重问题。其次,对管理部门间的职权关系界定较为混乱,不同法规条例之间相互矛盾的现象较为普遍。再者,程序性内容较为粗糙,缺乏可操作性。往往对实施方案、技术规范、操作程序做出进一步的解释和说明。在专业法规未能对程序性内容进行明确规定,又缺乏实施细则作为补充的情况下,不仅影响法规实施的可操作性,往往也会造成管理规范性的缺失和不足。

1.4.2　管理体制有待完善

城市管理的体制性问题主要体现在两个方面,一是部门职能划分过细、协调难度和成本提高,二是不同层级政府间责权利分配不合理。

随着超大城市的快速发展,城市管理与公共服务的需求快速增长,与此同时相关职能部门的设置也呈现明显增长的趋势。但是,因事设岗导致城市管理相关部门庞杂繁多、条线分割严重,难以应对综合性、协调性要求越来越高的城市管理工作。一方面,职能划分过细还带来部门机构的权责边界模糊,一些原本统一的城市管理事务在执行过程中被肢解,增加了过多的协调成本,形成沟通困局,需要综合应对的各类城市问题难以得到及时有效的解决。另一方面,管理职责交叉和多元,多头管理、分散管理情况严重,统一管理和分级管理不能有机结合,各部门之间缺乏内在一致性和相互协调性,由此带来相互推诿、扯皮的现象,从而影响管理效率的提升。如果某些市政管理事项多由不同部门共同管辖,经常会出现管理机构意见相互对立、职能部门见利相互争夺、遇责相互推诿的状况。在缺乏有效的跨部门协调配合机制的现状下,多头管理的体制弊端往往造成不作为和相互推诿。城市管理必然需要政府相关部门间紧密协作,提升政府机构的整体性绩效。在城市快速发展和综合治理的现实背景下,迫切需要通过大部制改革整合城市治理相关部门设置,提高机构职能的复合性,以降低政府内部的管理协调成本,提高管理效率和综合化程度。

完善城市管理体制不仅需要部门间职能的合理划分,还需要不同层级政府间责任权利的合理分配。随着城市规模的快速发展以及城市管理与服务需求的快速增长,城市中各级政府往往被赋予了不同的职责。具体而言,市政府的主要职责是处理中央与地方的关系、宏观调控、市级层面公共物品的供给和行政立法,区级政府的职责在于结合区域实际,落实市政府决策、加强社会管理和公共服务方面职责,街道则主要是具体负责公共事务、社区管理事务和执行事务。为应对城市管理的复杂局面,2000年以来的体制改革极大推动了市级政府的财力、物力和人力向区级下放,区县又把具体的管理工作和服务下放到街道,最终呈现出两头大、中间小的"哑铃"型结构[①]。镇、街道和社区作为与公众互动最为频繁的基层组织,在实现公共意见的收集和反馈上有着先天的优势,但是由于镇、街道过多承担了执行上级部门分派的项目执行职能,又缺少专业人才和管理能力,事权财权不配套,疲于应付上级部门的检查和工作指派,公众意见难以反馈,自下而上的需求反馈机制难以形成,从而严重影响城市政策制定和执行的精准化水平。

1.4.3 政策体系有待优化

首先,政策理念和手段难以准确体现城市发展目标的需要。城市发展战略和政策的顶层设计中,仍然以传统的供给主导、自上而下的决策思路为主,缺乏需求导向的决策理念。在各主要城市近年来新一轮城市总体规划,大多仍然根据人口调控目标确定规划内容和资源供给总量的政策思路,与纽约[②]、伦敦[③]、东京[④]等其他全球城市的总体规划中,以人口变化预测为依据确定公共服务供给方案的思路形成鲜明对照。作为城市总体规划的核心目标,经济性目标仍然高于服务性治理目标的内容。国内城市更侧重于勾勒城市建设和经济发展的"宏伟蓝图",包括对

---

① 李友梅. 我国特大城市基层社会治理创新分析[J]. 中共中央党校学报,2016.4.1:12-19.
② New York City. One New York:The Plan for a Strong and Just City [M]. 2015,p.58-67.
③ The Great London City. The London Plan:. 2015 [M],p.72-80.
④ Tokyo City. Creating the Future:The Long Term Vision For Tokyo. 2014 [M],p,81-90.

区域及城市空间结构、拓展方向、重点平台建设、重大交通基础设施布局、经济规模等宏观指标和目标进行谋划。而国外城市则强调更多元、细致和务实的"人文关怀",包括"人的发展需求"、公共服务设施的供给、就业机会、社区治理、多元文化的共融、对妇女儿童安全的关注等,对市民广泛关注的问题和需求做出回应;不仅关注城市规划,更对城市建设、管理、运营和治理进行了全面的谋划,政策重点具有从生产到生活的综合性特点。

其次,政策内容的精准化、细致化不足。国外大城市政策中,借助日趋完善的大数据、互联网等技术,为近期建设重点和大事件制定了全面、细致和定量的目标体系,以翔实的规划指标分解和落实长远战略,从而促进规划的有序实施。例如,纽约城市总体规划对就业岗位、产业技能培训人数、高速宽带服务、每日食用蔬果供应量、居民接受心理治疗比例、交通事故死亡人数等指标进行了详细的规定。《东京都长期愿景》对女性就业率、特殊养老院床位数、阿尔兹海默症老人之家床位数等指标进行了规定。而我国各主要城市在发展政策制定中,仍缺乏对不同区域中微观空间单位中各类服务需求的及时准确的把握,对设施建设使用状况的动态评估和及时反馈有所不足,导致政策目标制定的精准性、细致化和层次性有待提高。政策制定的粗放导致了诸多发展问题的显现,例如人口显著变动区域各类公共服务供给不足和供需错配的现象较为突出,尤其是近郊区的人口导入区、远郊区的大型居住社区中的公共服务供给问题较为突出。此外,与国外城市的同类政策相比,对于实施机制、规制程序等方面缺乏细致、具有可操作性的内容。例如,作为城市公共空间设计的指导性政策,上海市近年来出台的《街道设计导则》具有较强的技术指导作用,但缺乏具有可操作性的实施程序,难以落地,从而导致其政策调控和规制作用难以有效发挥。

再者,基础信息缺乏,从而影响政策的需求响应能力难以提高。高质量的城市管理需要详细精准的人口与经济社会、城市设施等各类庞大的基础信息,为科学准确的政策制定提供强有力的支撑。但是,目前在城市各类软硬件要素的基础信息的收集、管理、共享的基础条件方面,与其他全球城市仍存在较大差距。尤其是在城市人口流动性不断加强的现实背景下,城市管理中最为基础的常住人口信息的数据收集、管理和跨部门分享等仍存在种种难题和障碍,各类城市市政设施和公共服务资源的相关信息严重缺乏,从而影响各类公共服务供需匹配和供给的有效性,影响政策的需求回应能力的提高。例如近年来,在主要城市普遍出现的基础教育设施的不足问题,养老设施布局与老龄人口服务需求的空间错配等问题的形成,均在不同程度上,与政策制定中人口信息和服务需求预测的不准确以及信息反馈不及时有着密切的关系。

1.4.4 运行机制有待加强

第一,是追求项目推进的短期效果而忽视长效机制建设。随着城市管理任务的项目化日益普遍,工具主义和技术治理的思路和观念较为显著,追求项目推进中的短期效果,但缺乏对管理长效机制建设的关注,使得更多深层次问题缺乏整体性对策。例如,近年来一些主要城市从防灾和景观优化等目的出发,积极推动城市架空线落地工程,并陆续取得了一些局部性的效果,但对于该项工作中涉及的管线产权明晰化、管线信息数据库的建立、后续新增管线管理程序等问题,均未能得到应有的重视,也未能纳入议事日程,这必将为后续管理带来各种难题。此外,在户外广告和店招店牌整治项目中也存在类似问题,管理者往往注重立竿见影的短期可视效果,对于街区景观建设的标准、方法、管理流程等整体性长效机制建设问题难以顾及,从而导致政府管理成本高、效果难以持续。

第二,是公众参与流于形式,缺乏自下而上的需求反馈机制。广泛深入的公众参与是提高城市管理水平不可缺少的途径和方法。实现管理目标的精准定位、管理手段精细全面、管理过程的高效响应,都离不开以公众参与为基础的自下而上的多元协同机制的建设。一直以来,一些城市在公共决策与社区治理等领域,积极探索公众参与机制建设的方法和路径,但仍存在着公众参与流于形式,社会自治能力培育不足等问题。由于缺乏系统性的制度设计,形式化的公众参与只能形成碎片化的意见表达。例如较为常见的社区居民意见听取、政府项目的公众满意度评估、总体规划中的公众问卷调查等活动,往往只起到政策宣传和社会动员的效果,而非整体自下而上的政策议题形成机制的建立和社区自治能力的提升,极大地影响了城市管理水平的提升。

第三,是城市管理中多元协同机制仍有待建立。有效的多元协同机制有助于推动服务型政府的职能转型,提高城市管理的回应性和协同性,是提高城市管理水平的重要条件之一。北京、上海等超大城市虽然在社区治理中,对社区共治的有效模式进行了长期的探索性实践,但是,政府、企业、社区的多元协同机制尚未形成,城市管理中的社会参与和自治能力尚未得到有效的扶植和培育,依靠行政力量强势推进的治理惯性方式仍居主导地位。在群租房整治、小区违章违建治理、垃圾分类回收等领域,由于相关法律依据的缺失和制度性程序的不足,相关产权人、业主委员会、企业等的参与力量未能充分发挥,过度依靠行政力量的整治往往造成行政成本和社会成本的提高,而后续效果难以保证。

2　世界城市发展的主要特征和趋势

2.1　世界城市体系的形成和变化

20 世纪的城市化发展一直是在经济发展的推动下前进的,新技术的普及与市场的扩大、人口的流动、资本的流动、决策与管理的集中,成为其中的主要因素。随着城市化的日益发展,城市已经成为国家和地区经济社会发展的引擎和主要动力;城市的大小与密度极大地影响了区域经济活动的规模与范围,决定了经济增长的可能性与社会发展的主要方向。

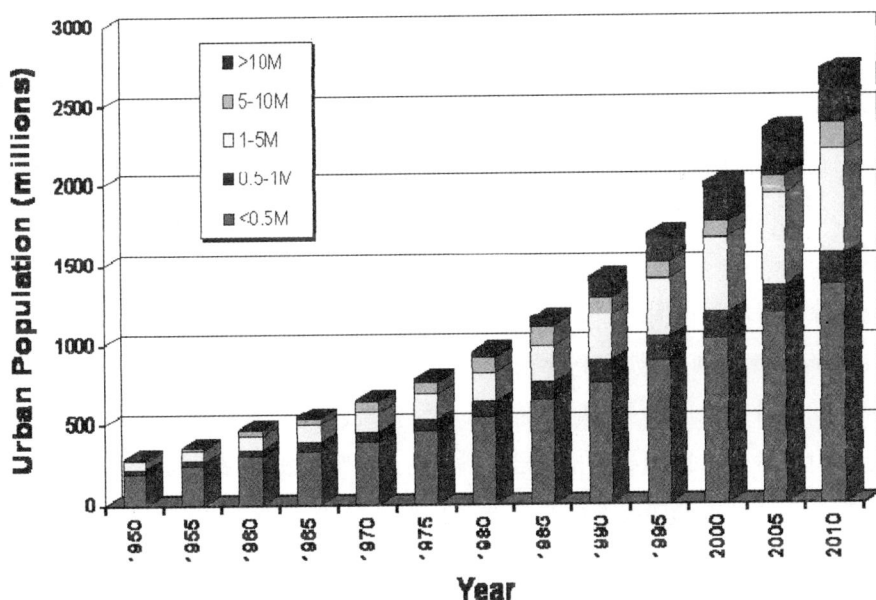

图 2-3　1950—2010 年世界城市人口规模的变化

（出处：World Development Report 2010）

世界城市发展主要具有以下三个特征①。

(1)城市化的增长势头猛烈而迅速。从 19 世纪初到 20 世纪末,世界人口增加了 3.5 倍,而城市人口增加了 35 倍多,也就是说,在整个 20 世纪里,世界范围内城市人口以十倍于人口增长的速度高速增长。

(2)城市化发展的主流从发达国家转移到发展中国家。从 20 世纪的中期开始,世界上的发展中国家开始了前所未有的快速城市化发展历程。其中,发展中国家的城市数量与规模,都有了极大的增长。短短的五十年时间,到 20 世纪末发展中国家已经拥有了世界上人口规模最大的 15 座城市中的大多数。从 1990 年代中期开始,发展中国家的城市化增长速度已经明显高于发达国家。

(3)人口向大城市迅速集中,使大城市在现代社会中居于支配地位。这主要表现为 10 万以上城市的人口占世界城市人口比重不断提高,城市规模越高人口发展速度越快,大城市在区域空间的不断扩展形成了许多巨大城市聚集体或称大都市区。大城市在现代世界的地位和作用不仅在于人口数量,更在于积聚的技术与组织水平。

近 10 年来伴随全球化的发展,经济全球化产生了新的国际劳动分工,世界城市在全球范围内功能分化日益明显,凭借现代化的信息网和航空网,城市间相互作用明显加强,作用内容更加丰富,作用形式更加多样化,形成了以全球为尺度的新的城市等级体系。

最初,城市在地理和社会空间里是作为离散因子来分析的。单个城市的影响不再局限于某个地方,并且具有贸易、商业、工业和交通等多方面的职能时,城市间接相互依赖增加,由城市、城镇联结成的城市体系在职能上得以实现。综观 19、20 世纪,西方社会的城市体系在职能和形式上越来越复杂,总人口和城市总人口都急剧增加。单个的城市在职能上不断整合到较大的城市体系中;通过物质形态的不断扩大,在城市内部产生了整合的和较大的经济和社会系统。城市体系和城市系统都成为对城市发展的准确描述②。

传统的城市体系基于国家的框架,分为首都、区域中心等级别,但随着城市更直接地参与到世界生产、流通、交换系统之中,传统的城市体系的框架的立论基础

---

① World Bank, World Development Report 2000, Washington D.C.

② Herbert, D.T.and Thomas, C.J. Cities in Space, City as Place (3re edition). London: David Fulton Publishers, 1997.

正在改变。城市作为城市系统的一部分,不是按照传统理论的领土的连续性,而是建构在功能节点(中心城市)以及节点间的轴(商品流、人流、资金流、信息流)之上。在全球化的背景下,城市融入了一个更广阔的空间范围,已经不仅仅是地方性的城市,而是国际人口和经济活动的集中点。各个城市之间通过空间网络的连接和生产要素的流动,组成一个全球化的城市网络体系。

按照沃勒斯汀(1974)研究,世界体系具有核心—边缘劳动分工的特征,形成核心国和边缘国间关系日益明显的不对称结构。在这一体系中,发展的重心在核心国,边缘国帮助核心国发展,其结果是核心国成为发达国家,边缘国成为不发达国家。受制于这种发展体系,形成了一种梯级不平衡的世界城市体系,核心区的城市参与全球化的程度较高,边缘区则较低。核心区的城市正成为协调和管理全球化过程的中枢和文化、经济、市场中心。但是,核心与边缘的位置并不是固定的。当核心区知识、技术、资金等传到边缘,边缘区获得实质效果,会促进边缘发展并有可能逐渐进入核心地区。与之相伴随的,世界城市体系格局也会发生调整。

弗里德曼(Friedmann,1986)将诸如伦敦和纽约的城市描述为世界城市,它们是全球经济控制和管理中心,资本集聚的主要场所,在这里跨国公司总部高度集中(控制系统);第二层次的城市则是区域性金融、管理和服务中心(组织系统),其作用是协调上下级城市的关系,大部分位于亚太地区,在世界城市与实际进行工业生产的城市之间扮演中间人的角色;第三级是大量具体进行生产和装备工序的城市(生产系统)。此三级城市,通过各城市互动依赖,通过控制系统、组织系统以及生产系统和网络系统形成世界城市体系[①]。

2.2　全球化的影响与挑战

城市是全球经济活动、政治生活和文化发展的重要结点。在全球化激烈竞争的新时代,城市变得更加举足轻重,世界各地的城市都处于前所未有的激烈竞争环境之中,国际空间领域的竞争主要体现为城市之间的竞争。全球化导致人口、工业和资本在大城市集中,因为大城市具有积累人口、资本和投资的能力。全球化强化了大城市中的"城市化经济",因为在生产资源的获得和更有效利用等方面,大城市比小城市具有优势。"城市化经济"产生"增值利润",而"城市化经济"和"增值利

---

① Friedmenn,J.,The World City Hypothesis. Development and Change,Vol.17,69 - 83,1986.

润"又进一步可以增强大城市的"竞争优势"。最后,这些因素的共同作用导致了人口、企业和资金的集中。随着全球化成为驱动经济增长与发展的强劲动力,城市为获得流动性强的投资展开竞争,从而为日益增长的城市劳动力提供就业机会,并且必须为日益增长的城市人口提供安全保障、服务以及城市基础设施,这些都对地方政府提出了严峻的挑战。这些因素迫使城市政府重新定向,从注重福利和服务转向注意促进和鼓励地方增长和经济发展。通过与私人部门的合作,地方政府吸收了一些典型的商业特性,包括风险承担、创造力、宣传、利益趋动等。因此,许多学者指出,跨国公司与企业家的城市出现了。地方政治家和行政官员日益肯定采用企业家的立场,从而有利于资本在城市里的积聚。

全球化对城市经济活动领域造成的影响集中表现在以下四个方面:

(1)城市间在吸引投资等方面的竞争日益激烈,城市政府包括官员的活动更倾向于企业化;

(2)全球文化趋同的过程中,各个城市挖掘自身独特的地方文化,因为文化越来越多地和旅游、内部投资联系起来;

(3)城市和国家中央政府之间的关系日渐疏远,因为在发展经济、吸引投资方面中央政府能够提供的帮助越来越有限;

(4)城市越来越多地通过跨国合作和国际性网络等方式活跃在国际舞台上。

然而,全球化在推动城市政治结构的分权化的同时也导致城市内部社区间差距加大[①]。从世界范围来看,城市内部的极化有增无减,社会不平等非但没有减少,反而增加。从"企业家城市"的特征到发展中国家首位城市这一特征,就是程度不同的社会极化的反映。随着全球化的日益深入,城市社会结构的复杂化和价值观多元化的局面日益明显,这也使得城市管理的难度进一步加大。

正如 Batten(1993)所指出的,未来世界城市的发展潜力将取决于以下几个方面:第一,能否把所有有形的实体网络(即基础设施)的节点、密度和效率连接到世界各地;第二,能否在世界无形的网络体系中发挥人口、知识、资金、货物和服务的全球性交换作用;第三,能否创新性和适应性地不断发挥网络中固有的协同作用,并起到超前示范导向作用[②]。全球化过程中发达国家的经济重构产生了新的国际

① Saskia Sassen. The Global City: New York, London and Tokyo. Princeton: Princeton University, 2001.

② BattenD.F. Network Cities Versus Central Place Cities: Building a Cosmocreative Constellation. The Cosmocreative Society, Heidelberg: Springer, pp.137 - 150, 1993.

劳动分工,一方面使生产性服务业向大都市集聚,产生所谓"世界城市";另一方面,制造业的转移也为发展中国家提供了发展的机会,一部分国家和地区凭借这个机遇迅速崛起,如亚洲四小龙的崛起,相应的城市化进程也大大加快。全球化对中国大城市主导地位的影响直接表现为国外资本,特别是外商直接投资,在中国的经济中正扮演越来越重要的角色,甚至占据了重要地位。中国的外商直接投资总量占第三世界总量的1/3,全球总量的10%,及所有亚洲国家总量的50%以上。在国家经济中,它占国内生产总值的37%,工业总产量的18.9%和国家就业岗位总量的13.2%[①]。同时,外商直接投资的绝大多数集中在东部沿海地区,特别是人口集中的城市带。这些地区可以提供大量的就业岗位,产业和贸易也日益繁盛。

3　城市发展与管理的趋势与挑战

3.1　城市化发展的不可逆

随着人类社会逐步进入后工业社会的发展阶段,知识成为当今信息社会中最重要的资源;而知识的开发和利用必须调动个体的积极性和创造性。因此,后工业社会的中心是服务、合作和互惠,而不是协调和等级。新公共服务理论提出,政府的角色既不是划桨,也不是掌舵,而是提供服务。政府只有提供充足优质的服务,才能有效调动个体的创造性。随着人类社会形态的发展,服务型政府正在取代传统社会与工业化社会中的统治型政府与管制型政府模式,成为后工业社会的治理模式。超大城市发展的巨大规模以及经济社会活动的多元化特征,决定了传统的自上而下的管控型城市治理必然面临低效、甚至失控的无奈结局,而通过各类公共服务和公共产品的有效供给,激发和提高城市发展的活力,建立服务导向的城市治理新范式,是适应超大城市发展趋势的必然选择。

3.2　城市问题的复杂化

作为城市文明发展前沿的典型代表,当前城市的快速发展表现出三个方面的突出特征,即变化的瞬时性、管理和服务需求的多元化以及城市问题的关联性。这些特征代表了城市作为一个高度复杂的社会物质系统,随着现代性的高度发达而

---

① 赵晓斌、陈振光、薛德敖,全球化和当代中国大城市发展趋势,国外城市规划,2002.5,pp.7-15.

带来的城市治理的挑战。

城市问题的复杂性不仅在于其影响范围的广泛程度,还在于其形成机制和背景因素的综合性和多重性。例如,随着家庭汽车消费热的出现,城市机动车交通快速增长,我国的各大城市开始步入"机动车时代"。这一方面使得城市交通拥挤问题日益严重,同时,道路红线过宽、为拓宽机动车道而取消或占用人行道等现象,都反映出重视车行、而轻视人行交通的安全性、便利性的问题;道路交通系统规划设计中的非人性化,交通混乱和交通管理的不完善,导致基本的交通安全问题难以保障,交通安全问题也日益严重。因此,我国许多大城市所面临的交通问题不仅是由于交通量增加和道路建设不足所引起的,更加本质性的问题是由于城市结构形态的不合理、大型设施布局的不合理、交通管理的不完善等规划和管理中的问题所造成的,而汽车产业发展的政策定位和家庭汽车消费的扩大,又使得解决城市交通问题的难度进一步增加;另一方面,交通拥挤对城市大气污染成生了极大的影响,造成了社会经济成本的浪费。在城市环境管理和能源消耗问题中,也存在着产业经济发展、城市开发、消费方式和环境管理之间的连带关系和连锁反应。城市持续、稳定的发展,必须建立在各项城市功能综合协调和配合的基础之上,而在交通、环境等城市政策的制定中,往往只重视一个领域或部门的问题,却忽略了对与其相关问题的考虑和联动应对机制的建立,使得城市管理的整体效益难以发挥。

面对这些挑战,政府管理职能分工的日益细化和管理职能的扩大虽然在一定程度上有助于提高政府管理能力,但碎片化的部门管理和简单化的传统管理思维难以有效满足超大城市快速发展中的需要,传统的粗放式、经验型管理已无法应对纷繁复杂的城市问题的挑战。为更好地应对各种纷繁复杂的城市问题,提升城市的活力与竞争力,迫切需要推动城市管理理念和体系的转型。

3.3 系统风险不断提升[①]

作为一个时代和社会的特征,风险社会已经来临。社会学家吉登斯认为,当今社会所面临的主要风险来自人类的决策和行为,人为风险远远高于自然风险,治理失灵而带来的制度化风险和风险的制度化问题并存。城市作为人类高密度居住的生存空间,随着现代城市快速发展而带来的不确定性和风险程度显著增加。作为

---

① 王郁.风险社会中的城市居住生活安全及其制度性根源[J].城市发展研究,2017,24(01):109-116.

人口主要生存空间的城市的基本功能,居住生活所面临的系统性风险,具有典型的代表性。

　　安居乐业是城市生活的基础性条件。进入后工业化时代,居住功能与城市所具有的其他经济社会功能之间的关系日益复杂化,在权力冲动和资本逐利的驱动下,城市的土地、住房作为商品的经济价值被过度开发和消费,甚至影响了其作为基本生存功能的发挥,使得城市居住生活的安全问题面临着极大的风险。基于现代化系统性风险的角度,城市居住生活的安全性,既包括了基本的生存安全问题,也包括了经济安全和社会安全等问题。城市居住生活的内涵,既包括了安全的生活空间的获得,也包括了有尊严的生活环境的保障、稳定安宁和谐的生活秩序的建立。三者之中任何一个因素的缺失都会降低城市居住生活的基本质量,成为一种影响其安全性、进而引发系统性风险的重大问题。居住生活安全问题的风险根源,一方面来自经济全球化与城市快速发展中经济转型和社会结构复杂化所产生的压力和张力,同时也来自土地制度、户籍制度等基础性制度和城市更新等核心政策的偏差。

　　整体上看,城市居住生活安全问题具有隐蔽性、传导性、叠加累积性和系统性的特点。第一,隐蔽性主要表现在城市居住生活安全问题往往隐蔽在城市表面的繁荣发展背后,往往在初期并未引起人们的关注和重视,直到某些问题集中爆发才引起人们的警觉。第二,问题的传导性在于居住生活与其他各类城市产业经济、社会和政治等活动之间具有极为密切的关联,居住生活的安全问题很快传导到其他的经济社会领域、其他城市与地区。人口和经济要素的高流动性更加速了这一过程。第三,叠加累积性表现为城市居住生活中包含的不同类别、不同领域的安全问题相互累积叠加,经过量变到质变的变化将产生极强的放大效应,从而成为直接威胁社会安定和谐的重大事故和社会风险。第四,当前城市中面临的居住生活安全问题显然不是偶发性、局部性的问题,而已经成为系统性的问题。其系统性不仅表现在安全问题存在于城市生活的方方面面而非局部,也表现在其影响波及之广,已涉及城市经济社会体系的整体安全。

第 2 节　城市管理相关理论的发展历程

1　城市规划理论的诞生和制度发展

　　现代城市管理理论与实践的发展,起步于对工业化初期各类城市经济社会问题的思考和解决方案的探索过程之中。工业化初期城市人口急剧膨胀、工业污染严重、基础设施和公共服务匮乏等不断进展的过程中,严重的城市贫困问题、居住环境恶化问题以及瘟疫蔓延等公共卫生问题等日益恶化。从 18 世纪到 19 世纪,欧美各国的社会改良主义者进行了各类理想城市理论探讨和实践尝试,其中最具代表性的是英国学者霍华德提出的田园城市理论。英国学者 E·霍华德作为现代城市科学史上一位划时代的人物,他于 1898 年发表的《明日的田园城市》开创性地提出了田园城市体系的设想①。霍华德提出的田园城市理论主要有六个方面的核心内容。

(1)城市与农村的优势结合:农业用地是城市不可缺少的构成要素,作为公共开放空间还可以起到限制城市扩张的作用;

(2)城市土地的公有化:城市的经营主体应将城市土地公有化以有利于城市政策的实施,禁止土地私有化,并对土地使用权转让进行限制;

(3)人口规模的限制:理想状态下田园城市的人口规模须控制在约三万两千人以内,当人口规模扩大时,可以建设另一个田园城市并用铁路将之相连,形成城市功能局部集中、整体分散的城市网络;

(4)开发利益的公共还原:城市发展中创造出的开发收益是社会全体努力的结果,开发利益中的一部分应作为社会发展基金予以保留;

(5)城市的自给能力:城市应培养出能抚养大部分城市人口的产业功能,以保证城市经济的自给自足;

(6)自由与合作:市民应享有最大限度的自由结社的权利。

霍华德的田园城市理论开创了近代城市管理科学的先河,为现代城市发展管理政策和城市规划理论的建立和发展奠定了重要的基石。

进入 20 世纪之后,随着现代城市社会运动的兴起和对城市社会问题、社区问题的日益关注,城市科学的发展焦点开始从城市空间环境的规划设计向社会问题和社区建设转型,其中美国学者克拉伦斯·佩里提出的邻里单位理论②最具代表性和影响力。贝里提出的适宜居住的邻里单位的六个条件是:

(1)邻里单位的规模相当于一个小学校的服务范围和支撑人口,其空间规模因人口密度的不同而有不同;

① [英]埃比尼泽·霍华德. 明日的田园城市(金经元译)[M]. 北京:中国建筑工业出版社,2010.
② Clarence Perry. The Neighborhood Unit [J]. Neighborhood and Community Planning. 1974(7)

（2）邻里单位应以干线道路为边界，以避免过境交通的直接穿过，以避免影响社区内部交通安全和环境；

（3）邻里单位内部需要配置能满足居民生活需求的公园以及其他休闲娱乐设施；

（4）邻里单位内的公共设施的服务半径应与社区规模基本接近，比功能设置在社区中心的位置为宜；

（5）邻里单位周围应配置一定的商业设施，位置在社区周边的道路交叉口以及相邻社区的店铺区附近为宜；

（6）邻里单位内的交通系统设计应尽量满足循环型交通的要求，避免直接穿过型道路以减少过境交通。

佩里的邻里单位理论以居住的安全性、便利性和舒适性为原则，首次建立了城市空间环境规划设计的技术标准和原则，开创性地建立了现代城市规划设计的技术理念，以城市社会改造为目的的规划性居住空间设计对城市社区重建产生了重要的社会影响。

与此同时，随着现代城市管理从早期的以保证城市卫生、安全等基本环境条件为目的，逐渐向追求舒适、便利、高效和景观优美等更高的环境质量要求的转变，早期针对公共卫生和城市扩张等的建筑规制、开发管制等管理手法和内容开始出现明显变化。区划制，通过对城市内的不同地区的建筑高度、容积率、用途、土地利用和人口密度等进行规划限制，作为实现城市环境和开发秩序有效管理的技术工具应运而生。1920 年代，随着美国最高联邦法院对欧几里得村区划诉讼案件做出了合法性的判决[①]，城市规划的公共性和对私有产权的限制得到了社会的基本认可，以区划制为核心的现代城市规划管理制度得以建立和发展。

2　城市市政管理的改革和发展

19 世纪到 20 世纪是西方国家从自由资本主义向垄断资本主义、从农业国家向工业国家过渡转化的时期，亟需建立高效、负责的市政管理机构以适应社会经济高速发展。这一时期城市科学的发展不仅在物质空间环境的规划设计方面有了突破性进展，在城市的社会政治改革方面也出现了重大变革。随着城市工业化的发

---

① 　J. Cullingworth. Planning in the USA：Policies，Issues，and Processes［M］. New York：Routledge，2014（4）.

展,人口爆炸性增长,交通、卫生、防火、治安对市政管理提出了巨大挑战。贫民窟无论从人口还是从面积上都不断扩大,工人拥挤在缺乏基本健康设施的区域,它们是各种犯罪、疾病和劳工动乱的发源地,这些都使城市变得不适宜居住。而自由放任的市政管理导致了城市腐败更极大地动摇了人们对城市的信赖。20世纪初期北美各地兴起的城市美化运动开始呼吁改善城市形象和物质环境,并借此提高社会秩序和道德水平,进而将社会改革与政治改革相结合,解决严重的城市治理问题。

与此同时,十九世纪七八十年代美国兴起的市政改良运动更注重于市政体制的根本变革,主张采用科学化管理原则,即"按企业管理的模式进行市政管理",加强城市行政部门的权力,增强市政机构的效能,以遏制黑社会势力等通过市议会干预市政。改革者们主张效仿企业管理模式的思想,来源于对当时企业管理方面成功经验的认识。大企业在体制上实行董事会经理制,既强调决策的经济与效能,又注重发挥训练有素的管理人员的中心作用。此即后来弗雷德里克·泰勒所总结出的科学化管理原则的主要部分之一。市政体制改革者还提出了很多改革措施,较为重要的有考绩制、短票选举(short ballot)、超党派普选等,以期建立由企业家管理的有效能城市政府。自此,以"泰勒制"而闻名的企业科学化管理思想也得以广泛传播,崇尚效率成为一股强大的社会风气。随着改革的逐步发展,涌现出大批论著,探讨如何将企业管理模式合理地移植到市政体制中,从而推动了城市科学从空间设计学向与现代管理科学相结合的方向进一步发展。

20世纪50年代以来,不论是工业化较发达的国家还是发展中国家,研究城市管理问题的专家学者越来越多。城市学者们纷纷将20世纪以来的城市规划、设计以及经济学理论与新兴的行为理论和管理科学相结合,深入研究现代城市发展中的各类具体问题。美国加州大学的城市社会学教授H·孔兹在《城市社会学理论和方法》一书中曾将之归纳为六大学派:①管理方法学派认为,城市管理是靠各种科学管理的方法,作为管理的工具,而发挥管理的效能。②管理经验学派认为,城市管理是籍着管理者经验的累积。经验愈多,管理愈好。③行为学派认为,城市管理应着重人性的因素,如何激励管理人员和市民自动自发,发挥潜力,乃是成功的要素。④社会学派认为,城市是社会体系的一环,亦即城市社区,是整个人类社会组织的重要部份,其管理制度与社会制度密不可分,管理应考虑城市与社会的关系。⑤决策学派认为,城市管理的关键,在于管理者所做的决策,决策做得好,管理就好;决策做得坏,城市管理就坏。⑥数量学派认为,城市管理可以用数学的方法,将管理资料作最佳的处理。

3　治理理论的影响

自 20 世纪 80 年代开始,由于官僚制公共行政中权力结构和政府管理的僵化和碎片化导致了严重的政府管理危机,西方各国政府陆续掀起了治道变革的浪潮,新公共管理和治理理论开始兴起。作为新公共管理理论的主要学术支持之一,管理主义倡导把私人部门的管理手段引入公共部门,强调直接的职业管理、明确的绩效标准和评估标准、根据结果进行管理,以及更晚些时候提出的接近消费者——公民的观念。与此同时,新制度经济学则是把交易成本分析和激励结构引入公共服务中,通过新的激励制度安排削减官僚机构,通过承包和准市场的运作方式实现更有效的竞争以及消费者选择。而最具代表性的口号是用企业家精神的政府来代替受统治结构羁绊的官僚政府,以企业家精神的政府推动服务提供者之间的竞争。

新公共管理理论要解决的问题是,在过度规范化、法制化和过多控制的情形下,如何提升政府的管理能力和改善政府的管理绩效。新公共管理理论指导下的西方发达资本主义国家的政府改革取得了巨大成效:政府规模缩小,财政危机缓解,信任危机改善,政府管理和公共服务的能力普遍提升。

新公共管理和治理理论的兴起与实践的成功极大地推动了城市管理领域的理论发展,一种全新的城市管理的理念和模式开始形成;它以提供良好服务为主线,以政府-市场、政府-公民的双重伙伴关系为基础,以实现城市人类发展为最终目标。随着面向发展的服务型城市管理逐渐取代了以控制为手段的指令型管理和物质导向的营销型管理,新的城市治理(urban governance)理论①逐渐取代了早期的城市管理(urban management)理论。传统的城市管理(urban management)更多的强调控制(control,charge)和管理过程的规范化,但在新的城市治理理论中,其目的并不是要重新获得控制,而是要在存在差异化的环境中管理、引导,从而使城市变得活跃。治理的含义正在从等级制和官僚制度的语义向自我管理、自我组织的语义转变。这些变化首先意味着经济社会环境的变化其中出现的新问题已经无法通过过去的政府规划或市场的手段来解决,更多地需要政府与社会的合作。其

---

① 埃莉诺·奥斯特罗姆. 公共事物的治理之道[M]. 上海:上海译文出版社,2000.

次,也意味着资本积累和城市竞争力的增强变得不仅依靠生产效率的提高,而更多地依靠经济体制政策所产生的经济附加值。因此,组织间的合作与协调变得越来越重要,政府和企业之间越来越相互需要[①]。

4 城市管理理论的发展趋势

在一个全球化和不确定性日益增加的大变革时代,各个发达国家和发展中国家都在寻找一种更好地适应环境的新的治理形式,以便在经济的竞争中赢得优势并让社会获得有质量的增长,治理理论正成为回应这一变革的强势政治理论话语,并在全球范围引起城市管理者、学者以及官员、企业家的共识。作为城市对全球化引起新挑战的环境条件所做出的反应,城市经营和城市治理这两个领域的理论探讨和实践成为全球化时代城市管理学科发展的突出特征。

城市经营关注的中心是"市场"(或"市场机制")的地位,城市治理关注的中心是"政府"(或"管理权力")的地位,两者的目的都是为了提高城市在全球竞争中的竞争力。城市治理是在全球化的新形势下从政府管理角度提出的讨论,讨论的中心是面临全球化挑战,政府在城市管理中如何通过改变角色定位,从"管理"(行政手段)转变为"治理"(协商手段)以提高城市竞争力。讨论主要在两个层面上展开。第一个层面是改进政府之间的关系,包括国家(中央)政府和城市(地方)政府之间管治的集权或分权,以及不同层次地方政府之间的管治关系。第二个层面在地方,涉及一个城市内部政府、社会、市场的关系,或政府和"市民社会"的关系。经营城市的理念借助于经营企业,要求把城市当作一个企业来经营,其中心是以市场机制合理配置(城市)资源,特别希望通过优化城市的土地资源配置,从中产生经济效益[②]。

在这一意义上,2000年联合国国际会议中提出的城市管理理念综合地反映了当代城市管理理论发展的最新成果和趋势。它强调,"城市管理是个人和公私机构用以规划和管理城市公共事务的众多方法的总和。这是一个调和各种相互冲突或彼此不同的利益以及可以采取合作行动的连续过程。它包括正式的体制,也包括

---

① Ade Kearns and Ronan Paddison. New Challenges for Urban Governance. Urban Studies, Vol.37, No.5 - 6, pp.845 - 850. 2000

② 张庭伟. 新自由主义·城市经营·城市管治·城市竞争力.城市规划 Vol.28,No.5,2004. pp.43 - 50.

非正式的安排和市民的社会资本①。"它进一步提出,"健全的城市管理"须满足以下标准:城市发展的各个方面的可持续性,权力和资源的下放,公平参与决策过程,提供公共服务和促进当地经济发展的效率,决策者和所有利益攸关者的透明度和责任制,市民参与和市民作用,个人及其生活环境的安全。其中主要包含了以下五个要素。

(1)责任(accountability):责任意味着当政府有权利决定或影响社会及公共资源的使用时,它就同时也应对于这些资源换取的公共物品及服务的效率负责。它涉及到公共资金的分配、城市社会保障服务的提供以及公平的经济发展环境;

(2)透明度(transparency):良好的治理要求保障公共程序、过程、投资决策、公共契约、人事任命等方面的透明度。信息的自由流动是透明度的基本保证;此外,保证相关者与过程和体制接触的可能性也非常重要;

(3)参与(participation):社会各阶层、各种利益的代表者广泛地参与决策以及执行的过程,使保障社会公平性的重要基础。在保证参与机会的同时,培养市民的参与能力也是政府的一个非常重要的任务;

(4)法治(rule of law):当责任义务、透明度和参与保证了经济社会组织能够制定公平的规则,而法制则保证了这些规则能够公平、一致地得以执行;

(5)可预见性(predictability):治理中的可预见性要求制定及改变公共规则的过程必须是可预见的;尤其是在对一些长期的投资项目做出决策的时候,公众需要确认这种投资的执行过程及其结果的公平性和稳定性。

第 3 节　城市治理的内容和原则

1　城市治理的主要内容

21 世纪是城市的世纪,城市是现代社会发展的中心与摇篮。20 世纪以来,城市正经历着其诞生以来最深刻的变化。从工业革命的洗礼与工业化过程中的蜕变,到技术革命、信息化乃至经济全球化的蔓延和扩张,城市内部经济社会结构发生着质的转变。近年来,伴随着经济全球化和快速的城市化,技术革命、信息化、人口老龄化使得城市发展的外部环境和内部结构日益呈现多元化的趋势;与此同时,

---

① The Global Campaign on Urban Governance,Concept Paper 2nd Edition:March 2002:http://www.unhabitat.org/governance

世界范围内城市之间的竞争也日益激烈。面对着新世纪的挑战,每个城市政府都在思考如何完善和提升各项城市功能及其运行效率,改善城市综合生活环境质量,强化城市的吸引力及其在区域、国家、乃至世界的社会经济活动中的整体竞争力,从而达到公平、有序发展的目标。

在工业化时期,"大量生产、大量消费"的生产和生活方式决定了城市建设以效率与合理性为主要标准。但是今天,发展的速度和数量已经不是政策制定中所追求的主要目标,"增长的质量"将是决定城市可持续发展的重要因素,而保证并提高城市"增长的质量"就必须有综合性的城市管理。综合性地解决城市发展过程中的各类问题才能够保证城市经济、社会、环境质量的全面发展。

城市的可持续发展要求城市具有公平竞争的经济秩序、稳定文明的社会环境和良好的生活居住环境。城市的决策者与管理者们已经开始认识到,解决城市发展过程中的问题不仅需要专业部门的技术手段,更需要综合性的城市管理体制建设和政策手段的配合。在城市社会经济生活日益多元化、区域发展格局日益多极化的今天,不能再仅仅依靠于单纯的物质性经济开发手段和传统的空间规划方法,而是必须通过建立高效的经济政策、行财政管理体制、社会保障体系、城市建设投融资机制等综合性的城市政策及其管理方法,促进社会的广泛参与,才能提高各项城市活动的整体效率与综合效益,并最终达到公平、有序的发展目标。

城市管理的目的是为了协调、强化城市功能,保障城市发展计划的实施,促进城市社会与人类的健康发展。联合国人居中心的报告(2002,内罗毕)中明确指出,"良好的管理是实现人的可持续发展的必要条件;实现城市的可持续发展的关键,不只是资金,不只是技术,而是健全的城市管理。"

一方面,根据现代城市的基本结构特征和发展的基本需求,城市治理的内容需要涉及经济、社会、文化、政治等多个领域,既包括各类硬件设施的规划、建设和运营管理,也包括制度、体制、机制等治理环境的构建,因此,产业发展、空间规划、城市建设、社会保障、环境保护、信息技术系统、科技文化进步、制度环境等等,都是必须综合应对的政策要素。另一方面,从城市管理的空间维度和战略层级来看,现代城市的治理必须是多层次的,其中至少应包括三个方面的内容,即跨国界的城市发展战略、区域层面的城市政策和城市内部的社区治理。

首先,城市治理必须要明确在国际生产劳动分工关系和世界城市体系中的定位,制定跨国界的城市发展战略。在全球化的时代背景下,把握世界范围内产业、资本和技术等经济社会发展动向以及城市发展宏观环境条件的变化,在此基础上发现和挖掘城市自身的竞争优势,进而依此制订出具有全球视野的城市发展战略和城市竞争力提升目标,对于城市发展具有十分重要的意义。

其次,城市治理需要明确与区域经济社会发展的协调关系,制定区域层面的城市政策。城市的发展不仅取决于城市本身所具备的条件和能力,都市圈、大都市区等城市区域化发展模式也决定了城市发展无法脱离与区域的一体化关系,城市结构的提升与转型需要在区域范围内为城市功能的聚集与辐射提供广大的空间。区域性城市发展政策的制定,将有利于区域内城市间竞争性合作关系的协调、资源的有效利用和区域发展空间结构的平衡。

第三,良好的城市治理还取决于城市基层的社区治理。城市发展过程中,人口规模和空间规模的扩大以及经济社会活动的日益活跃使得城市公共管理和公共服务的需求不断膨胀,这些需求和矛盾往往突出表现在城市社区的基础层面。如何满足基层的管理与服务需求,解决城市发展中的各类矛盾和问题,是城市治理的基础性问题。城市治理中必须了解各类社区的特点和发展条件,综合考虑社区的实际需求,才能使得更有效的推动城市经济社会的持续有序发展。

2　城市治理的基本原则[①]

有学者把城市管理定义为:"是以城市的长期稳定协调发展和良性运行为目标,以人、财、物、信息等各种资源为对象,对城市运行系统做出综合性协调、规划、控制和建设的活动"。更进一步的高度概括就是,"城市管理是为了达到城市发展目标而应采取的、整合各种资源的手段和方式。"联合国人居中心的报告,对城市管理的定义是,"个人和公私机构用以规划和管理城市公共事务的众多方法的总和。它是一个调和各种相互冲突或彼此不同的利益以及可以采取合作行动的连续过程。它包括正式的体制,也包括非正式的安排和市民的社会资本"(2000.5.8 - 12,内罗毕)。该文件提出,健全的城市管理的标准应该包括城市经济、社会、环境发展等各个方面的可持续性,权力和资源的下放,公平参与决策过程,提供公共服务和促进当地经济发展的效率,决策者和所有利益相关者的透明度和职责划分,市民参与和市民作用,个人及其生活环境的安全。具体而言,"良好的治理"可以定义为一

---

① 王郁.从城市规划到城市管理的转型与挑战[J].上海城市管理职业技术学院学报,2003(02):44 - 45.

是责任(accountability),这意味着当政府有权利决定或影响社会及公共资源的使用时,它也应对这些资源换取的公共物品及服务的效率负责。它涉及公共资金的分配、城市社会保障服务的提供以及公平的经济发展环境。二是透明度(transparency),良好的治理要求保障公共程序、过程、投资决策、公共契约、人事任命等方面的透明度。信息的自由流动是透明度的基本保证;此外,保证相关者与过程和体制接触的可能性也非常重要。三是参与(participation),即培养市民的参与能力,使得社会各阶层、各种利益的代表者能广泛参与决策以及执行过程,这是保障社会公平性的重要基础。四是法治(rule of law),当责任、义务、透明度和参与保证了经济社会组织能够制定公平的规则,而法制则保证了这些规则能够公平、一致地得以执行。五是可预见性(predictability),治理中的可预见性要求制定及改变公共规则的过程必须是可预见的;尤其是在对一些长期的投资项目做出决策的时候,公众需要确认这种投资的执行过程及其结果的公平性和稳定性。

根据现代城市发展对管理的需求,城市管理应遵循以下三个基本原则,即连续性、协调性和整合。

2.1 连续性

城市管理的第一个原则是"阶段性、连续性和过程性(incrementalism)"。城市规划、建设、运营的每个过程都需要管理,尤其是和传统的城市规划相比较,城市管理应该是一个分阶段逐步实施、连续运作、逐步改善的过程,而不是一步到位、只有一个终极目标的蓝图式规划。在这个过程中,需要根据其阶段性的特点与环境条件的变化,对城市管理的方式、方法、制度、组织安排,甚至目标和方向等因素进行不断调整和修正,从而使城市管理能够更好地满足每个阶段社会发展的需要。

随着我国城市的快速发展以及各种城市管理和城市公共服务需求的不断增长,我国的城市政府在简政放权、转变政府职能、减少对于经济活动的具体干预之后,主要面临着两方面的管理压力和问题;一方面是如何在宏观层面制定合理的发展目标和规划,对各项城市活动进行引导和调控,使其协调运行;另一方面是在微观层面上,如何建立有效的机制和途径,提供各种高质量的公共服务,保证宏观规划目标的实施,以促进城市的整体发展。但是现实状况并不能令人满意,尤其是在发展迅速的城市,不论在土地开发总量控制等资源的开发利用、地铁与轻轨的路线和站点衔接等市政基础设施项目的建设配套等宏观层面,还是在市容环境卫生、道路交通等微观管理层面,宏观规划目标与微观管理及建设实施效果的脱节已经成为十分明显的问题。

其中原因可以说,主要是在政策和规划的制定中,过于重视目标和规模的描绘,而忽视了对于目标实施过程的设计、可能出现问题的预测以及应对机制的建立等,造成在实施过程中往往由于各种实际因素导致规划与建设、管理脱节的结果。例如,在许多城市发展规划中,往往非常重视经济、人口、基础设施的规模和总量的数字,但对于提出这些数字的依据、实现这些数字的过程及其可能性、可操作性的分析却过于简单,从而使得这些数字对于城市发展的实际指导意义显得十分薄弱,而城市发展的实际结果最终也往往远远脱离于这些数字所代表的状态。

因此,根据城市管理的连续性和过程性的特点要求,在城市管理体制的建设中必须重视目标体系建设、操作程序设计分析和实施保障机制建立。合理的政策目标体系应该具有一定的灵活性和弹性,政策目标的提出应更加重视其方向性、指导性和系统化,而非具体的数字。完善的操作程序设计必须要通过实施阶段的职能分工、各种问题的应对机制等,保障并促进规划、建设和管理各个阶段的顺利衔接和协调。有效的实施保障机制的建立,则需要更多地依赖于合理的机构设置、职能分工、完善的法制体制和有效的社会监督机制的建设,从而保证通过有效的微观管理和控制,使得宏观政策目标得以有效实施。

2.2 协调性

城市管理的原则还需包括管理中各主体间关系及组织体系以及对于各种城市问题之间复杂关系的综合考量,其特征简单地概括起来就是"协调"(coordination)。

城市这一庞大的系统工程的正常运作需要有协调、系统的组织保障和制度保障,其中的主体涉及城市政府部门及企业、社会团体等多种城市经济、社会组织。因此,城市管理中的"协调"不仅包括政府各部门之间明确的职责划分与协调机制的建立,也包括对于城市中有着不同的利益追求、不同价值标准的各种经济、社会组织之间、公众利益与团体利益、个人利益之间的"协调"。运用各种技术的、经济的、制度的手段对城市建设中各种价值利益的矛盾与冲突进行的协调,其意义在于使社会的各个组成部分、城市各项活动的参与者对城市经济社会活动运行规则的建立以及对于城市未来发展方向的选择达成认同和共识,而这一点对于保证城市发展的有效性和持续性是至关重要的。

城市管理中各种组织的协调和利益的协调可能出现在不同的层面。例如区域性、跨行政区划的协调机制的建立,在发展日趋一体化的都市圈地区就十分迫切,而在城市内部,不同的管理部门、一个开发项目或一项政策所涉及的政府部门、企业、个人等不同主体之间的利益协调机制,对于政策的有效实施产生越来越重要的影响。因此,在城市管理体制改革中,迫切需要在从利益表达、乃至政策决策、执行、监督等各个环节中,尽快建立以协调各方利益、促进达成共识为目的的各种协商、协调机制,最大限度地减少管理中的各种矛盾和利益冲突,从而达到降低管理成本,提高管理效率的目标。

城市管理的协调性要求,还体现在对于各种城市问题之间复杂关系的综合协调。现代城市问题的复杂性,不仅在于其影响范围的广泛程度,而且还在于其形成机制和背景因素的综合性和多重性。例如,城市交通问题的产生,就与交通管理、道路规划、土地利用规划、汽车产业政策等有密切的关系。同样,城市环境问题的加剧,与交通问题、能源问题以及城市生活方式的转变、城市开发建设规模的扩大等密切相关。城市持续、稳定的发展,必须建立在各项城市功能综合协调和配合的基础之上,因此,这就需要在各项城市政策的制定和实施过程中,充分认识到城市问题的综合性和复杂性,提高城市政府的综合决策能力,加强经济产业、城市建设、社会福利、环境保护等各项政策目标和政策手段的整合与协调,加强城市规划、建设和管理等各个环节的衔接、配合与联动,保证城市管理整体效益的发挥。

2.3 整合、合作与参与

城市管理的第三个原则在于对资源的管理与配置的重视。其原则总结起来就是"整合、合作与参与"(integration, partnership and participation)。传统的城市规划由于在内容及手段方面,对物质环境及空间布局过度重视,而对社会资源的管理和配置缺乏关注,造成其对城市诸多社会经济问题及其相关管理问题的无能为力;因此城市管理对于社会资源的管理和配置必须要解决这些传统的城市规划中难以解决的问题。城市建设及公共服务的资金及人力资源,一直主要依赖于政府部门所掌握的公共资源,而这部分资源的有限性以及以政府为单一主体的操作模式在实践中所表现出来的资金短缺、运营效率低下、经济效益不佳、管理水平低下、服务质量差等问题,使得整合社会其他资源成为解决这些问题的必然途径。

"合作与参与"可以说是整合社会资源的一个重要手段,其中包括了私营部门如企业、非政府非营利组织在城市公共服务领域中的参与以及与政府部门的合作。政府与社会的合作、公共项目及管理事务中社会的广泛参与,从经济意义上有助于提高公共投资项目的质量、效益、服务水平及风险管理能力,提高国有资产的价值和投资潜力,有利于整体经济的增长;从社会意义上有助于政府部门明确职责、提高管理效率和投资决策管理水平,也有利于各种社会组织之间的利益协调,提高城市项目实施中的有效性和可持续性。

在我国城市发展的现阶段,由于随着政府职能的转变,在分担政府原有的服务性功能方面,目前社会力量还十分薄弱,因此,迫切需要建立各种技术的、经济的、制度的手段,通过建立并完善公众参与的制度环境以及社会监督、制约机制,对城市发展中各种价值利益的矛盾与冲突进行协调,以保证社会的公平和稳定发展。这就需要对各种社会组织的发展进行积极的政策性引导和扶持,不断提高社区和社会自我管理、自我组织能力,推动政府、企业和社会的合作机制的建立,从而通过有效整合各种社会资源和利益目标,达到促进城市持续发展的目标。在积极引导社会力量参与城市市政建设、推进城市建设投资体制市场化的同时,必须重视公平与效率原则,尽快建立新型的市政公用事业经营管理模式,以保证市政公用事业的社会效益、经济效益和环境效益相平衡,切实提高市政资产经营运作的效率、效益和服务质量。

复习思考题

(1)政府主导型城市化模式的主要特征是什么?

(2)全球化如何影响当代城市的发展?

(3)为什么当代城市需要实现从管理向治理的转型?

参考文献

[1] Saskia Sassen. The Global City:New York,London,Tokyo(2nd edition)[M]. Princeton University Press,2001

[2] WU F. L.. China's Emergent City-Region Governance:A New Form of State Spatial Selectivity through State-orchestrated Rescaling [J]. International Journal of Urban and Regional Research. 2017(01)

[3] Wu,F.,& Phelps,N. A. (2011). (Post)suburban development and state

entrepreneurialism in Beijing's outer suburbs. ENVIRONMENT AND PLANNING A，43（2），410－430

[4] 陈云松,张翼.城镇化的不平等效应与社会融合[J].中国社会科学,2015(06)：78－95

[5] 陈振明.公共管理学[M].北京:中国人民大学出版社,2017

[6] 丁煌.公共管理学[M].北京:中国人民大学出版社,2012

[7] 丁煌.西方行政学理论概要(第二版)[M].北京:中国人民大学出版社,2011

[8] 何艳玲,汪广龙,陈时国.中国城市政府支出政治分析[J].中国社会科学,2014(07):87－106

[9] 梁琦,陈强远,王如玉.户籍改革、劳动力流动与城市层级体系优化[J].中国社会科学,2013(12):36－59

[10] 林尚立.国内政府间关系[M].杭州:浙江人民出版社,1998

[11] 陆大道.2006中国区域发展报告:城镇化进程及空间扩张[M].上海:商务印书馆,2007

[12] [美]罗伯特·B·登哈特;珍妮·V·登哈特.新公共服务:服务,而不是掌舵[M].北京:中国人民大学出版社,2010

[13] 马彦琳,孙春霞,刘建平.现代城市管理学[M].北京:科学出版社,2003

[14] 世界银行.2018年世界发展报告:学习实现教育的愿景[M].北京:清华大学出版社,2019

[15] 魏后凯.中国城镇化:和谐与繁荣之路[M].北京:社会科学文献出版社,2014

[16] 夏书章.市政学引论[M].广州:中山大学出版社,2017

[17] 许学强,周一星,宁越敏.城市地理学[M].第二版.北京:高等教育出版社,2009

[18] 叶南客、李芸.现代城市管理理论的诞生与演进[J].南京社会科学,2000(03):50－55

[19] 俞可平.走向善治[M].北京:中国文史出版社,2016

[20] 张京祥.西方城市规划思想史纲[M].南京:东南大学出版社,2005

[21] 周一星,孟延春.中国大城市的郊区化趋势[J].城市规划汇刊.1998(03)

[22] 王桂新,魏星,刘建波,张伊娜.中国长江三角洲地区城市化与城市群发展特征研究[J].中国人口科学.2005(02)

第3章 城市政府管理体制

第1节 我国的城市制度

改革开放以来,随着农村人口向城市的流动和城市经济的发展,我国城镇化的进程大大加快,城市的规模也在日益壮大,逐步形成了以卫星城、新区为代表的新型城市空间,城市的规模和数量在不断发展,我国城市发展呈现出新格局。

首先,中小城市的数量显著增加。截至 2017 年末,全国城市 661 个,比 1978 年末增加 468 个,增长 2.4 倍。其中,地级以上城市 298 个,比 1978 年末增长 2.0 倍;县级市 363 个,比 1978 年末增长 3.0 倍,建制镇 21116 个,比 1978 年末增加 18940 个,增长 8.7 倍。

其次,城市的规模也在迅速扩大。2017 年末,500 万人口以上的城市 16 个,而 1978 年末只有上海市 1 个;300—500 万人口的城市 25 个,而 1978 年末只有 3 个;50—300 万人口的城市达到 271 个,1978 年末有 60 个;50 万人口以下的城市 349 个,1978 年末有 129 个。随着产业园、开发区、新城区的不断设立,城市建成区划范围逐步突破原有老城区的限制,建成区面积也在显著扩张。2016 年末,全国城市建成区面积 5.4 万平方公里,比 1981 年末增加 4.7 万平方公里,增长 6.7 倍[①]。

最后,形成了相互联系和支撑的城市群。随着社会主义市场经济的不断发展,城市之间行政壁垒逐渐被打破,传统的行政区经济逐步向城市群经济过渡,城市群也在不断扩大。目前,在我国内地初步形成了以长江三角洲、珠江三角洲和京津冀城市群作为"主体",以成渝城市群、长江中游城市群、中原城市群、关中平原城市群为"两翼",城市群之间、城市群内部之间协调发展的新格局。

---

① 国家统计局. 改革开放 40 年经济社会发展成就系列报告. http://www.stats.gov.cn/ztjc/ztfx/ggkf40n/201809/t20180910_1621837.html

1　城市的设置与条件

新中国成立初期,中央规定人口超过 5 万的城镇可以设置为市。随着社会经济的发展,我国经历了五次主要的设市标准,在不同的阶段,对城市设置的条件也进行了不断的调整。

1.1　城市设置的阶段性划分

整体而言,我国城市的设置大概可以分为以下六个阶段。

(1) 新中国成立初期的城市建制。当时我国的市镇建制尚处于创建和整段阶段,国家规定设市标准为城市人口规模达到 5 万以上,绝大多数为小于 20 万人口的小城市。1955 年为适应社会主义工业化和对手工业、资本主义工商业改造的需要,国务院出台了《关于设置市、镇建制的决定》,对市的设置重新做了规定:①聚居人口 10 万以上的城镇才可以设置市的建制,聚居人口不足 10 万的城镇,必须是重要工矿基地、省级地方国家机关所在地、规模较大的物资集散地或者边远地区的重要城镇,并确有必要时方可设置市的建制;②工矿基地,规模较大、聚居人口较多,由省领导的,可设置市的建制。如果工矿基地规模小、人口不多,但在市的附近且与市的经济建设联系密切的可划为市辖区。

(2)"大跃进"时期的城市建制。"大跃进"时期我国掀起了人民公社化运动的高潮,钢铁、石油化工等重工业部门得到较快发展。从 1957 年到 1960 年,我国新设城市 44 个,城市新增人口 1.3 亿。城市人口过快增长加重了我国城市负担,市政建设资金不足,市民基本生活物质供应不足,出现了严重的就业、居住问题。为此,国务院作出了压缩城市人口,减少市镇建制的决定。这一时期的市镇建设以撤销不合格城市设置和压缩城市规模为核心。1963 年中共中央、国务院发布了《关于调整市政建制、缩小城市郊区的指示》,其主要内容有三条:①撤销不符合人口规模的市,强调城市人口必须是在精简职工、建设城镇人口任务和压缩郊区规模之后,依然在 10 万以上的才能设置为市,凡是人口 10 万以下的,即使是重要的工矿、林区也应撤销市的建制;②市的郊区必须是城市建设所必须的区,且与群众经济生活联系较强的居住地或主要粮食副生产基地;③市中非农业人口的比例不得少于 20%。

(3)"文革"时期。在此期间,我国各级行政机构都受到冲击,城市建制也受到破坏。市人大、市政府等机关名存实亡,市政府管理工作和辖区政府的管理被革命委员会取代。国家号召知识青年上山下乡、下放城镇干部,致使城市人口增长迅速下降,另一方面实施"三线建设",把大量的资金、技术、设备等"靠山、分散、进洞"集中,致使新城建设较少,城市体系的发展也处于长期停滞不前的状态。

(4) 改革开放初期。1983 年民政部在《关于地市机构改革中的几个主要问题的请示报告》中提出了撤销市和撤县入市的新标准,我国城市设置的标准在逐步规范化、科学化。乡镇企业的迅速发展带来了城向人口结构的较大变动,1986 年国务院批转《民政部关于调整设市标准和市领导县条件报告的通知》国发[1986] 46号,正式确立了新的建市标准:①对于总人口 50 万以下的县,若县人民政府驻地所在镇的非农业人口 10 以上、常住人口中农业人口不超过 40%、年国民生产总值三亿元以上,可以设市撤县;②对于总人口 50 以上的县,县人民政府驻地所在镇的非农业人口在 12 万以上、年国民生产总值 4 亿元以上,可以设市撤县;③若镇非农业人口 6 万以上,年国民生产总值 2 亿元以上,已成为该地经济中心,可以设市。但对于少数民族地区和边远地区的重要城镇、重要工矿科研基地、著名风景名胜区、交通枢纽等地,非农业人口不足 6 万,国民生产总值不足 2 亿元,如确有必要,也可以设市;④自治州人民政府或地区(盟)行政公署驻地所在镇,非农业人口虽然不足10 万、年国民生产总值不足 3 亿元,如确有必要,也可以设市撤县。

(5) 社会主义市场经济建设新时期。随着社会主义市场经济的发展,原有的城市建制标准难以满足新时期的发展需要,1993 年国务院下发了《关于调整设市标准的通告》,该文件主要规定了设立县级市和地级市的标准(见表 3-1)。新的设市标准与 1986 年的相比,其评价体系更加全面、合理和科学。

表 3-1　撤县设市标准

人口密度 (人/km²)	三产业从业人数(万)	非农产业的人口比重	县非农业人口数(万)	国内生产总值(亿)	二(三)产值占比	地方本级人均财政收入	总财政收入(万)	自来水普及率	道路铺装率(%)
≥400	≥12	≥30%	≥15	≥10	≥80%	≥100	≥6000	≥65%	≥60%
100-400	≥10	≥25%	≥12	≥8	≥20%	≥80	≥5000	≥60%	≥55%
≤100	≥8	≥20%	≥6	≥6	≥20%	≥60	≥4000	≥55%	≥50%

该标准对符合下列设市时条件的地区可以适当放宽:①为自治州人民政府或地区(盟)行政公署驻地;②县的乡、镇以上工业产值超过 40 亿元,国内生产总值不低于 25 亿元,地方本级预算内财政收入超过 1 亿元,上解支出超过 50%;③沿海、沿江、沿边境重要的港口和贸易口岸,以及国家重点骨干工程所在地;④具有政治、军事、外交等特殊需要的地方,且州(盟、县)驻地镇非农业人口不低于 6 万,其中具有非农业户口的从事非农产业的人口不低于 4 万;⑤对少数经济发达的镇,非农业人口不低于 10 万,其中具有非农业户口的从事非农产业的人口不低于 8 万。地方本级预算内财政收入不低于人均 500 元,上解支出不低于财政收入 60%,工农业总值中工业产值高于 90%,如确有必要,可撤镇设市。

另外,对设立地级市的条件也做了说明:①市区从事非农产业的人口 25 万人以上,其中市政府驻地具有非农业户口的从事非农产业的人口 20 万人以上;②工农业总产值 30 亿元以上,其中工业产值占 80% 以上;国内生产总值在 25 亿元以上;③第三产业发达,产值超过第一产业,在国内生产总值中的比例达 35% 以上;④地方本级预算内财政收入 2 亿元以上,已成为若干市县范围内中心城市的县级市,方可升格为地级市。

(6) 现行设市标准。为加快弥补城镇体系的短板,加快培育发展新生中小城市,2016 年 5 月,国务院出台了全新的《设立县级市标准》,半年后又印发了《设立县级市申报审核程序》。规定设立县级市要与国家和省、自治区主体功能区规划、新型城镇化规划、土地利用总体规划、城镇体系规划和环境功能区划相衔接,应当有利于优化城镇化空间布局和城镇规模结构,促进大中小城市和小城镇协调发展。目前该标准尚未对社会公开,从已经公布的信息来看,具体有 21 项指标,其中量化指标 16 项,定性指标 5 项。指标包括四个方面:①人口指标,拟设市区域常住人口城镇化率位居本身所辖县前 30% 以内或不低于全国平均水平,拟设市区常住人口不低于 15 万;②拟设市区域经济指标,人均地区生产总值或人均地方本级一般公共财政预算收入连续 2 年内位居本省所辖县前 40%,第二第三产业增加值占地区生产总值的比重不低于 80%;③拟设市区域的资源环境基础设施指标,公共供水普及率不低于 95%,污水处理率不低于 90%,生活垃圾无害化处理率不低于 90%,社区综合实施覆盖率不低于 90%,建成区绿地不低于 30%,建成区平均路网密度不低于每平方公里 7 公里,建成区道路面积率不低于 13%,家庭宽带接入能力不低于 10 兆比特每秒;④拟设市区域基本公共服务指标,城镇常住人口低收入家庭住房保障家庭全覆盖,城镇常住人口基本公共就业服务全覆盖,高中阶段毛入学率不低于90%,每千常住人口执业(助理)医师数不低于1.8人,每千名老人拥有养老床位数不低于30张,建有符合国家标准的公共图书馆、文化馆且乡、镇、街道综合文化站全覆盖,体育健身设施实现社区全覆盖。

1.2 城市设置标准中的不足

总体而言,现行设市标准,主要有以下几个特点:①更加注重城市公共服务硬件设施的建设,不再局限于以人口密度为分类指导的依据;②设市的人口标准降低,人口因素不再是设市的首要因素;③城市建制致力于国家促进中小型城市的发展,配合国家新型城镇建设的目标。与之前的相比,我国现行的设市标准更加完善、系统,对于推进我国的城市发展和城市政治资源的合理分配具有重要的作用,使得建制市的设置基本能够适应社会经济发展的需求。

但是,随着社会经济的发展,这个标准也逐步暴露出一些问题,亟需进一步的修订和完善。①指标体系还不够完善,对设市所必须具备的因素考虑还不周全。现行标准中主要是对工农业、财政收入和道路、水网等指标的考察,随着互联网社会的发展,新城市业态和城市基本公共服务多样化需求的出现,现有的指标不够健全。②单一的分类知道忽视了地区之间的差异。目前,地级市的设置过于简单,地区之间差异较大,统一的规定指导性不强。从小城市逐步发展为中等城市、大城市是城市发展的规律,但目前,在设市标准上缺少对中西部地区经济发展差距的考虑,标准较为单一,没有区别对待。

2 城市制度的内容和特征

2.1 建制市的行政级别

在我国目前的行政等级划分中,依据市在国家行政级别中所处的等级和行政隶属关系,我国宪法和法律把我国目前的建制市分为四个层次:直辖市、副省级市、地级市和县级市。

直辖市是直接隶属于中央政府的地方行政建制。直辖市的行政级别为省部级,市直工作部门级别为正厅级。我国目前四个直辖市为北京、上海、天津和重庆,直辖市在城市行政区划中地位最高、规模最大。直辖市可领导县,与省级市相比,是最高一级的城市行政区单位。一些直辖市的行政区划体系在城区为市—区—街道三级制,在郊区为市—县—乡(镇)三级制。直辖市的人民代表大会及其常务委员会根据本行政区域的具体情况和实际需要,在不与宪法、法律、行政法规相抵触的前提下,可以制定地方性法规。

副省级市(计划单列城市)。目前,全国共有广州、武汉、杭州、大连、深圳、厦门、宁波等 15 个副省级城市。副省级市的行政级别为副省级,市直工作部门定为副厅级,在行政管理权限上仍受所在省领导。其市委书记、市长、人大常委员会主任、市政协主席人选列入《中共中央管理的干部职务名称表》,职务任免由省委报中共中央审批。市直工作部门内设机构为处级。市辖区及其工作部门的级别,可比照市直机关相对应的关系确定;市辖县和代管的县级市的级别仍为处级,其工作部门仍为科级。

地级市。地级市是指行政级别介于省与县之间,其行政地位与地区行署相当,地级市在法理地位属于省(自治区)的管辖范畴。地级市可以依据其管辖的市、县范围分为三种:一是既设市辖区,又管辖县、自治县、旗、自治旗,亦代管县级市等县级行政区,此类地级市占绝大多数;二是只设市辖区,不管辖县、自治县、旗、自治旗,亦不代管县级市等县级行政区,如珠海市、佛山市、海口市、三亚市、克拉玛依市等;三是既不设市辖区,又不管辖县、自治县、旗、自治旗,亦不代管县级市等县级行政区,这些地级市下面直接辖乡(镇)级行政区,如东莞市、中山市、三沙市等。

县级市。县级市在行政级别上相当于县,县级市通常由地级市、地区、自治州、盟代管或管辖。县级市下不设区,下辖若干乡镇,县级市形成主要是由改革开放后撤县设市所形成的,辖区内农业人口所占比例较高,随着产业和经济的发展,一些县级市逐步并入市区,成为市辖区。

2.2 建制市内的行政等级

市辖区。市辖区行政区划级别与县级市、县、自治县相同,属县级行政区,由直辖市、特别行政区、地级市管辖。市辖区的城区为城市市区的组成部分,发达地区的市辖区管辖的区域以街道为主,工业化、城市化发展过程中的市辖区管辖的区域以镇、乡为主。改革开放以来我国市辖区制度的快速发展,我国市辖区数量再一次出现快速增加的势头,到 2017 年底,市辖区达到 962 个。市辖区的快速发展主要存在如下几种情况:一是撤县(市)设区。随着各地经济与城市化快速增长,客观上使得中心城市需要更多的发展空间,于是临近中心城市的一些县(市)撤县(市)设区就成为了最佳选择。二是撤地设市,设立的新地级市为市辖区。如 2013 年青海省撤销海东地区设立地级海东市,乐都县改设为海东市乐都区等。三是原有地级市继续内部整合调整市辖区。如 2012 年苏州市沧浪、平江、金阊三区为姑苏区,县级市吴江市撤县设区。

市辖区作为城市整体功能的一部分,分担着城市当中不同角色。在现代城市规划中,包括工业区、商业区、住宅区、文教区等不同的分工,形成了迥异的城市空间结构。这也意味着市辖区在行政管理上与城市的局部性和局限性,市辖区在城市建设规划和社会建设中不能自成体系,需要与整个城市紧密配合。但是,目前我国的市辖区的行政层级是由所依附的城市所决定的,导致我国目前市辖区层级较多、较为混乱。例如,市辖区的行政级别又进一步衍生为四级:上海市浦东新区、天津市滨海新区为副省级市辖区;直辖市的一般市辖区为正地厅级;副省级市的市辖区为副地厅级,比一般县(处级)高出半级;一般地级市的市辖区为正常的县处级,与普通的县平级。

镇。1955 年国务院颁布的《关于设置市、镇建制的决定》明确规定了镇是工商业和手工业的集中地,镇与乡同为县、自治县下面的平级的基层行政单位。建制镇是农村地区最主要的基层行政单元。镇主要在县辖区域内,经济较为发达,以非农业人口为主,具有一定规模工商业,镇也存在于非县城辖区内,与乡并列。但是乡与镇之间存在的一定的差别,乡主要是以农业为产业基础的,镇主要是以非农产业为基础的,乡的经济总量、人口数量远低于镇,地理位置也更为偏远。1984 年国务院批转民政部《关于调整建制镇标准的报告》,提出了"撤乡建镇、实行镇管村"的建镇模式,即乡改为镇的建制模式。随着现代网络技术的普及和运用,政府的行政管理能力和管理幅度大大增加,全国各地普遍实行了对乡的裁并,使大量的乡建制转变镇建制,合并后的乡镇大多数成为了建制镇,乡镇实行同一治理体制,乡镇界限变得日渐模糊[1]。

市管县体制。市管县体制的发展与我国经济增长逻辑和城市化进程具有内在的逻辑关系。"市管县"产生的原因主要是为城市发展工业和解决城市生活服务,起初主要是为保证城市蔬菜、副食品供应,只限于部分直辖市、省会和少数大城市。

---

① 吴翔.镇的流变与起源[J].学术论坛,2015(11):83 - 86.

改革开放后,为协调我国经济管理体制和行政管理体制之间的矛盾关系,促进地区产业之间的分工与经济合作,国家实施了小城镇复兴建设和发展中小城市的城市化战略,在此背景下,能够满足这种经济发展和城市化战略要求的市管县体制重新得以复兴并得到全国推广。1983年6月,中央会议正式将"地辖市"改称为"地属市","市领导县"改称"市管县",市管县体制正式在政策上予以确认。进入21世纪以后,由于县域经济和区域经济成为新的经济增长级,中国城市化战略也越来越明显地趋向于县域城市化和发展大城市群。在此背景下,国家又寻求多种方式超越市管县体制的局限,开展了"强县扩权"改革、"省直管县"、省域内的行政区划调整,以平衡市县关系。因此,市管县体制的历史变迁本质上反映了国家在不同时期的目标,主动革新政府管理制度以获得更好的经济发展目标和治理效果①。

县改市。为提高辖区行政服务和经济发展的契合度,我国政府对行政区划格局和地区管辖方式进行了新的探索,产生了撤县改市、撤县为区等政策。设县为市一方面以更高的行政管辖权为辖区获得更多的管理权力和财政资源,从而实现地区竞争力的提升和经济发展,另一方面也能促进公共资源配置的地区均衡,缩小地区之间的发展差距。1983年我国开始了撤县设市政策,1986年和1993年分别出台了《关于调整设市标准和市领导县条件的报告》和《关于调整设市标准的报告》,逐步细化了设市审批标准。在1993年之后,县的数量逐渐稳定,地级市则继续增长,最终稳定在290个,有近百个县级市升级为地级市,有近二百个县升级为县级市②。值得注意的是,县改市作为国家行政区划政策,是国家实现分地域治理的重要工具,兼具管理与空间的双重属性。在"以级别定权力"的中国行政体系中,追求更大的管理权限也成为地方政府热衷于调整行政区划的重要动因③。县改市后,县与下级镇政府之间的关系也发生了变化,由于县级市相较于县而言在税收、土地政策以及行政管理权限等方面享有更多的好处,因此县政府通常都有着很强的设市动力,县改市通过行政建制的调整,将更多的经济管理权限下放给县域一级,壮大了县域的经济实力④。

---

① 叶敏.增长驱动、城市化战略与市管县体制变迁[J].公共管理学报,2012(4):33-35.
② 刘晨晖,陈长石.撤县设市的溢出效应测度[J].城市问题,2019(3):5-7.
③ 叶林,杨宇泽.中国城市行政区划调整的三重逻辑:一个研究述评[J].公共行政评论,2017(4):157-161.
④ Li, L. The Incentive Role of Creating "Cities"in China[J]. China Economic Review, 2011(22):171-181.

2.3　城市制度的特征

(1) 城市建制中的等级性较强,城市之间和城市内部之间政府的权力配置不对称。依据行政地位的差异,目前我国城市建制可分为直辖市、副省级、地级市和县级市,不同层级的城市享有的权力存在较大的差异。直辖市直接隶属于中央,有权制定地方性法规,而县级市则不具有立法权。然而目前我国的法律对不同层级的城市政府的职责并没有做出具体的说明,对城市内部不同层级政府部门的权限也没有明确的细分。直辖市、地级市在城市发展中所应承担的具体职能并没有太大的差异,但是所具有的权力却差距悬殊。在城市内部,基层政府和街道办事处承担着大量的社会管理和公共服务的职能,责任大,但相应可支配的财源有限,权力小,资源少,承担繁琐的社会管理和公共服务的职能难度较大。由此,导致社会资源没有得到有效的整合,未形成城市管理"一盘棋"格局和高效的管理合力。

(2) 城市政府机构设置繁多,行政职能交叉现象严重。目前,在直辖市党政机构设置为 70 个左右,地级市设置为 60 个左右,县级市则为 40 个。市政机构过于庞大,机构在职能划分中存在过细而导致协调性较差的情况。机构设置繁多,部门分工过细,带来的交叉管理、多头审批、推诿扯皮的现象,行政权力的碎片化较为严重。例如,在城市综合执法领域,行业管理部门重审批发证,弱监管,联合执法单位缺乏统筹与沟通,导致执法单位与区、街道的"条块"运作也存在不协调。权力机构设置的碎片化往往难以实现城市综合管理的协同高效和长态化治理。

(3) 城市管理中以行政手段为主,"统管统揽"的色彩浓厚。在计划经济体制下的"大建委"模式,城市管理层次较多,职能交叉显著。目前,我国城市管理中政府侧重于社会和经济规则职能,而忽视公共服务职能。公用事业领域缺少社会资本的引入,基本上处于政府主导的经营状态,形成了以行政调控手段为主导的"建管合一"的城市管理模式,城市管理机制还不适应实现管理科学化、长效化管理的需要。

第 2 节　城市政府职能的基础理论

自 20 世纪 70 年代以来,现代通信技术和交通运输产业的发展促使了经济全球化、信息化的来临,政府的行政理念发生了明显的变化,产生了有限政府、服务型政府、透明政府、高效政府等诸多理念,这些理念以打破传统的行政官僚制和以建立适应后工业社会时期的现代行政体制为核心,以期提高政府管理的绩效、降低行政成本,以企业运作模式的重塑政府。政府管理理论的发展和行政理念的革新,引发了对数十年来福特制政府管理模式、行政理念和管理手段的检讨和反思,为全球治理和世界性政府职能的转变世界带来了深远意义的变革。

1 理论与方法

政府职能也称为职责与功能。政府职能"狭义上,即国家行政机关承担的国家功能和职责,是相关政治权利主体按照一定规则和程序,通过多种表达形式实现彼此价值观念和利益关系的契合,从而赋予国家行政机关在广泛的国家政治生活、社会生活过程中的各种任务的总称,是国家行政机关因其国家公共行政权力主体的地位而产生,并由宪法和法律加以明示规定的国家行政机关的责任的总称"[①]。在不同的时代背景下,政府职能的内涵和外延会有所差别。作为指导政府职能转变的基础,政府职能理论也是在国家与社会、市场的相互干预中逐步发展起来的。

1.1 政府职能的基础理论

重商主义。16、17 世纪的重商主义者认为金银是国家财富的标志,一国所积累的货币、金银越多也就越富强,主张禁止金银输出,增加金银输入。因此,国家需要积极干预经济生活,开展对外贸易、鼓励农业、商业和制造业;通过发展对外贸易实现垄断;通过高关税率来保护国内市场;政府部门积极制定保护工商业的政策以保证整个国民经济活动符合扩大出口和增加黄金、白银等货币流入的需求。

古典自由主义。古典自由主义学说认为国家是在人类从自然状态向文明社会转变的过程中产生的、经过人民以契约的形式默认的社会共同体,政府的权力本质上来源于人民向国家的让渡。因此,政府的权力是有限的,而不是无限的。以亚当·斯密为代表的古典自由主义学者认为"管得最少的政府才是管得最好的政府",主张实行自由放任的宽松经济政策,让市场自由的发挥调节资源配置的职能,政府的职能主要包括四个:维护国家安全,使社会免受外部力量伤害;保护公民的财产、生命和健康,尽可能保护社会上的所有人;建设符合所有人共同利益的公共

---

① 张国庆.公共行政学(第三版)[M],北京大学出版社:69.

基础设施;制定法律和政策为经济的发展提供稳定的外部环境。

马克思主义学说。马克思主义学者将国家(政府)职能与阶级斗争、国家性质联系起来,其主要观点有:国家职能具有阶级性。国家的产生是阶级矛盾不可调和的产物,国家本质上是阶级统治的工具,国家职能也是为实现阶级统治而服务的;国家职能具有二重性,政府兼具政治统治和社会公共事务管理双重职能,但国家(政府)的核心职能是政治统治职能,公共事务管理职能是政治统治职能的前提和基础;国家职能是对内职能与对外职能的统一。国家对内在于维护其政治统治,实现阶级统治的镇压。国家对外在于组织国防力量,抵御外来侵略和颠覆,保护本国利益不受侵犯。

公共选择理论。20 世纪 80 年代起,以布坎南为代表的公共选择学派将微观经济学中的成本—收益的分析方法运用到政府管理领域,其主要观点包括:强调个人和市场的作用,为个人和私营部门建立公平的自由选择机制;反对政府职能的过度扩张,希望通过制定宪政,以契约的形式限定公民和政府的行为;主张打破国家垄断,增加服务主体,让私人企业、非赢利公共组织等,与政府机构一道参与公共产品的生产与提供,利用市场机制的竞争关系为公众提供"用脚投票"的机会。

新公共服务理论。1992 年,美国著名学者戴维·奥斯本和特德·盖布勒为代表的新公共服务学派主张用企业家精神影响着公营部门的改革。其主要观点包括:①政府的职能在于"掌舵"而不是"划桨",政府在公共服务的供给中应该是扮演居中调停者、裁判员的角色而不是大包大揽;②政府可以通过减政放权、让权、授权的形式改变官僚体制中层层密集、过度膨胀、职能交叉的情况;③竞争机制引入服务提供中,给顾客以自由选择权,视公众为上帝,向尊重顾客一样尊重公众的选择权和知情权;④重视政府绩效的结果评估,以企业化的精神来改革政府,在公共事务的建设中以最少的成本达到最大的效果;⑤政府以公共利益为工作的目标,政府有责任为公民提供达成公共利益观念的渠道,确保公共问题解决方案的产生过程都符合民主规范和正义、公正与公平的价值观[①]。

社会主义建设新时期的政府职能理论。新中国成立以来,历届党和国家领导人致力于将马克思主义国家观、职能观与中国特殊情况相结合,对中国政府的职能进行了深刻的剖析。新中国成立初期,毛泽东同志主张坚持人民民主专政;在改革

---

① David Osborne, Ted Caebler. Reinventing Government: How the Entrepreneurial Spirit is Transforming the Public Sector. Mass: Addison Weslcy Publishing Company, Inc, 1992:135 - 161.

开放的新时代,邓小平同志将和平与发展视为时代的主题,主张政府职能应当更多地将重点放在社会管理和经济建设职能上;党的十五大以来,随着社会主义市场经济体系的逐步完善,政府职能也在逐步转变:在政府权限方面,向社会让权,逐步调整与社会、市场、企业的关系和权力范围;在职能结构方面,适应社会发展的需要,以维护政治职能转变为以经济职能和社会职能作为重点;在职能手段方面,法律手段、经济手段、行政手段并重,充分利用社会力量参与政府管理,强调用科学管理来规范政府的管理行为。

1.2 政府职能的基本分类

政府的职能与国家的起源密不可分,政府职能随着社会的发展而不断变迁,在不同政治体制下,政府职能侧重点也会有所差异。按照不同标准下,政治职能的分类也会有所不同。从不同的角度可以将城市政府的职能划分为不同的类型。

在近现代以前的传统农业社会,国家统治属于典型的君主专制,国家实行以君主利益为核心,以维护封建地主阶级利益为目标的基本职能。城市政府的主要职能是通过统治社会以稳定政治秩序,达到王朝长治久安的目的。封建王朝通过暴力机构将社会控制于不危及统治秩序的范围之内,城市政府的职能包括政治职能、经济职能、文化职能、社会职能。以政治职能为主,社会职能重要性较低,后者主要体现在维护社会安全、赈灾救济等方面,具体而言,主要包括治安、卫生、照明、供水和文化教育。

通常而言,现代社会的民族国家具备两个基本特征,即以主权为核心构建起现代国家组织形式和主权在民为法理基础建立现代国家的制度体系。现代民族国家在形成之后,国家与社会的关系将不再是控制与被控制的一元化关系,法律以人民主权的形式将代议制原则确定下来,国家行政权力成为了人民诉求的代表①。国家职能的权力划分包括行政职能、立法职能、司法职能,分别由政府、议会和法院承担。政府的职能也主要是依据宪法和法律所赋予的权力和义务行使国家事务和社会事务。城市政府的职能也主要是围绕着以下三个方面展开:①提供包括国防、教育、法律制度等公共服务以维持宏观经济稳定;②促进收入再分配,维护社会公平,提供社会保障;③发挥调控性职能,遏制垄断性行业,解决经济发展等外部性问题。

---

① 马德普.跳出西方"民族国家"的话语窠臼[J].政治学研究,2019(2):19-26.

现代政府的职能是第二次工业革命以后日益凸显重要性的政府职能,主要包括现代城市规划、环境保护、城市经济、产业振兴等。

2　城市政府职能的权力内涵与来源

2.1　城市政府的权力内涵

对于权力,马克斯·韦伯认为,权力意味着在一种社会关系里哪怕是遇到反对也能贯彻自己意志的任何机会,不管这种机会是建立在什么基础之上[①]。从韦伯的定义中可知,权力实际上是一种支配他人以实现个人意志、集体意志的能力。权力的运行是指权力主体的为实现特定目的而运用和行使权力的过程。或者说,权力运行是指权力被运用或行使的过程。城市政府在行使各项职能的过程中,包含了对各种资源的分配,是贯彻政党意志和国家意志的过程,城市权力的运行也必须遵守这样的原则,即民主、法治、制约以及责任的原则。

城市政府在为实现城市发展目标的过程中运用和行使权力的过程也应该遵守这些原则,才能具有合法性,也只有在城市政府行使法律所赋予其职能的过程中才能体现权力,并且从本质上看,城市政府的权是一种公共权力,是国家机关或中央政府依法授予地方政府管辖所在辖区的社会公共事务的强制力,是地方政府实现其职责和功能的必要手段和保障。

在不同体制、不同层级、不同地区,城市政府的权力划分也会有所不同。从来源来看,可以分为上级授予的权力、居民让渡的权力;从权力的功能来看,可以分为立法权、行政权、司法权;从权力运行的方式来看,分为强制性权力、操纵性权力、功利性权力、人格性权力、合法性权力;从权力作用的领域来看,分为经济权力、政治权力、文化权力;从运行时间来看,分为常设权力、短期权力和临时权力[②]。从公共管理的角度而言,城市政府的权力主要包含三个方面,议决权、执行权和行政权。

议决权是决定在城市的行政区域内如何治理的权力,议决权决定了在本行政区域内如何管理社会公共事务,作为民主政治的基本要求,议决权的行使应当充分反映城市居民的愿望,按照当地居民认可的直接或间接的民主形式和法定原则组成的决议机关来处理。在现代城市管理的实际中,由于城市人口规模大流动人口

---

① ［德］马克斯·韦伯.经济与社会(上卷)[M].北京:商务印书馆 1997 年版,第 81 页.
② 方雷.地方政府学概论[M].北京:中国人民大学出版社,2016:63－65.

多,客观上无法做到全民参与政治决策的过程,所以决议权的实现往往是一个有相当规模的机构通过议会会议形式来实现这个机构的成员由全员选举产生,能够代表大多数人的意志,经过充分的讨论,再形成共识,提交议会表决。在我国城市中,这个机构具体组织形式便是各级人民代表大会和常务委员会。

执行权是决定如何实现城市辖区内治理的权力,即通过何种具体的行动,实现居民意愿的权力。这些具体的行动也就包括了城市政府在形式中的各项职能,并最终以最为经济和效率的方式推行。执行权的形式同样不可能掌握在城市每一个居民手中,具体行动的实施也只能是由通过具体行动,只能由一个人或一小群人实现,执行权的行使必须是能够准确反映居民的意愿并采取强有力的措施、各种形式加以实现。

行政权是对城市管辖区域内的公共事务进行管理的能力,是完成执行意愿的具体行为,行政权的形式需要由具有一定规模、数量较多的工作机构来实现,各个机构之间相互分工、协调,为保障各项行政事务的运转能按照统一的规章制度执行,行政权往往需要一个总负责人(行政长官),在中国城市政府中的市长负责制便是如此,综合负责各个机关的协调、指挥、监督,以加强对城市公共目标的管理。

2.2　城市政府权力的来源与限度

城市政府是由中央政府所设置,其权限的行使的地域范围和事务范围也必须是在中央政府授予和规定的条件下执行。在不同的体制下,城市政府所行使的权力的来源也会有所不同。

部分城市政府的是中央政府和上级政府的地方代表,作为下级行政组织,并不存在完全是由于本地居民的选举产生的授权机关,城市政府的权力来自中央政府或上级政府的内部授权。政府依据中央政府或上级振幅的命令,并在中央或上级政府的指挥和领导下执行其中交办的任务,维护中央在地方的治理。由本地方居民选取产生的城市政府,对当地居民负责,在国家宪法和法律的规定下,拥有不同程度的地方自治权,其权力来自当地的居民。

有些社会主义国家按照民主集中制的原则建立了代议制机关并选取产生了混合体城市政府,政府官员一方面是当地居民选举产生,代表当地居民的意志,另一方面,他们作为上级政府部门在地方的代表,也要遵守上级政府部门交办的社会事务。因此,其权力的来源既包括居民的让渡,也包括上级政府部门的授权。

城市政府权力来源的特定性决定了城市政府权力行使具有一定的权限。所谓权限,意指城市政府在行使权力的范围、限度和边界。国家法律对城市政府的职能行使范围具有一定的规定,中央政府的授权也具有一定的局限性,不可能将外交、军事、国防等一切权力皆下放给城市政府,因此地方政府的权力具有一定的限度。这种限度主要包括三个层面:①由中央政府或上级政府划定。国家立法机关对城市政府的权力行使范围做了明确的安排,城市政府权限的确定和变更都不取决于城市本身,而是由中央政府或上级政府通过法律的制定的形式来决定;②必须在法定的地域范围内行使。这个法定的地域范围便是各个城市的行政区域,不管政府的层级如何,其制定的制度、政策、法规都不能超越其管理的地理边界,跨区域的事务需要政府之间的合作,或由上级政府协;③必须在法定的管理事务范围内行使。各级政府对本级政府的职责都有明确的分工,国家通常会以法律的形式确定下来。法定的管理事务包括城市政府本身设置中包含着的必然要去承担的职责,也包括国家或上级政府委任给城市政府的特殊事项。

3　城市政府的职能内容及其影响因素

3.1　城市政府职能的具体内容

城市政府作为公共权力的主导者,在城市的各个方面发挥着重要的作用,与我们的日常生活深度关联。前文对城市政府的职能进行过划分,依据不同的标准,其划分的形式也会有所差异。但是,从普遍性而言,城市政府的职能大致可以分为政治职能、经济职能、社会职能和文化职能这四类。

(1)政治职能。

城市政府的政治职能主要指公安、政法、军事、情报等国家行政机关通过函询、约束、防御、保卫、控制等手段对涉嫌违反公共治安、法律的公民、法人实施镇压手段,以维护政治秩序的目的。城市政府的政治职能包括保卫职能、镇压职能、民主职能等,在有些发达国家民主职能更为明显,而在战争、霍乱较多的发展中国家,保卫镇压职能更为常见。因此,城市政府的政治职能也具有较大的地区性、阶段性差异。

(2)经济职能。

城市政府的经济职能主要体现在如何平衡和处理市场与社会的关系,以致更好的发展地区经济。城市政府的经济职能主要包括三个方面:一是执行中央政府的宏观经济调控,城市政府出于宏观经济与微观经济中的中间环节,贯彻执行上级政府的经济产业发展、市场投资等经济调控政策;二是建立和规范市场关系,发挥市场监管的,打击破坏市场秩序的行为,建立和完善市场秩序;三是制定和实施城市发展战略、规划。各个城市在自然环境、社会经济发展水平中存在巨大的差异,城市政府需要通过当地的技术条件、人文条件、区位条件,因地制宜的发展城市战略,实现城市竞争力的提升。

(3)社会服务职能。

城市政府的社会服务职能主要是包括社会管理和公共服务的职能。主要包括四个方面:一是提供满足居民基本生活所需的公共物品和公共服务;二是建立和健全社会保障体系,关注城市弱势群体的保护;三是监督、引导和服务各类社会组织,为社会中介结构的发展提供宽松、适宜的政策环境;四是保护生态环境,促进区域的协调发展。城市政府的社会职能在不同的法制体系下具有较大的差异,在市场经济发达的北欧国家,公民享有完善的社会住房等福利政策,城市低收入群体的住房权利得到较好的维护,而同样富裕的美国,城市政府在住房保障等方面却采取较为自由、放任的态度,形成诸多"贫民窟"。

(4)文化职能。

城市政府的文化职能是指政府为满足人民日益增长的文化生活的需要,依法对文化事业所实施的管理。它是加强社会主义精神文明,促进经济与社会协调发展的重要保证。发展社会科技、繁荣文学艺术、弘扬伦理道德是文化职能的重要体现。例如,政府通过建立学校、图书馆、科技馆、艺术中心,并通过专门的机构管辖,政府通过多种形式丰富城市的各种文化娱乐产品,达到文化建设和经济建设、政治建设和社会建设相统一的功能。

在市场经济发达的国家,城市政府的职能就是维护、建设、管理城市公用设施,保护和改善城市生活环境,通过上述管理为城市经济活动创造出良好的经济外部环境。城市政府的职能更多的体现为经济和社会职能。我国城市的发展正处于全新深化改革开放的新阶段,经济建设也处于稳增长、调结构的新常态。在具有社会主义特色的市场经济体制下,我国城市政府的主要职能包括政治职能、经济职能和社会职能三个方面。

(1)政治职能。虽然城市政府的基本对象是城市社会公共事务,但是城市政府作为国家政权的一个有机组成部分,必然要承担相应的政治职能。城市政府要运用自己的职权,保障国家法律和政令在城市中的贯彻实施,维护国家和城市安全,保护国家和个人的财产不受侵犯,维护国家和城市的政治秩序。市场经济体制下,城市政府要对市场失灵和社会越轨行为进行有效控制,对不同社会阶层和群体之间的利益矛盾进行协调,从而保持政治稳定和社会安定,这就是政府政治职能的重要表现。

具体而言,主要包括执行本级人民代表大会及其常务委员会的决议,以及上级行政机关的决议和命令,规定行政措施,发布决议和命令;领导和监督所属各工作部门和下级人民政府的工作。保护公共财产,维护社会秩序,保障公民权利,保障少数民族的平等权利;预防和打击犯罪。维护公共治安、突发事件预警、灾情应对和安全防灾,保护公民的生命和财产安全。

(2)经济职能。是指城市政府利用经济、财政、金融、法律和行政手段,宏观上对城市经济进行调控、管理,提供相应的服务,目的在于维护正常的经济秩序,促进城市经济的繁荣、物质的丰富和生活质量的提高。城市政府通过财政、货币和产业政策,价格、质量、计量的规制,劳动和环境的保护,竞争的保护与促进,提供经济发展的基础设施,确定并引导经济发展的方向,以各种经济管制手段培育和完善市场体系,对城市经济进行管理与控制。经济职能是现代城市政府一项最重要的职能。无论何种性质的国家,城市政府都以一定方式对城市经济实施相应的管理。不同之处之于,各个城市政府对经济的参与方式与参与程度有所差异。

城市政府的主要经济职能应定位在它要弥补市场缺陷,熨平市场经济的波动,为市场机制充分发挥作用创造条件。具体而言,首先体现在行使宏观调控,建立良好的投资环境,促进地方经济发展;其次是科学界定产权,建立现代企业制度;再次,培育发展市场体系,大力加强要素市场建设,同时对技术市场、信息市场、产权交易市场应促进其健康发展,重点理顺价格关系,建立合理的价格形成机制,为市场发育创造条件;最后,城市政府在经济发展中应作为公共产品的提供者和消费者。

(3)社会职能。主要是指城市政府对城市社会生活领域的公共事务履行的社会管理职能,目的在于维持良好的社会秩序,促进城市社会的健康发展,为市民提供优质高效的安全、福利、保障、科学、文化、教育等方面的公共服务。社会职能涉及面广,种类繁多,是城市政府与市民关系最密切的职能。

城市政府应做好城市的规划、建设和管理，加强各种公用设施的建设，进行环境的综合整治，搞好文化、教育、卫生、社会福利事业和各项服务事业，促进精神文明的建设和良好的社会风气，维持和改善社会治安。城市政府还应灵活运用各种行政、经济、法制手段对社会分配进行调节、组织社会保障功能。为保证社会公平，缩小地区发展差距和个人收入差距。保障社区及城市人口的福祉、健康和安全不受到个人、企业或其他私有组织活动的影响，保护城市低收入群体的生存权利，为开发人力资源、提高劳动生产效率、改善人民生活提供服务。提高社会整体福利水平，最终实现共同富裕。通过各种手段，对因经济发展、人口膨胀等因素造成的环境恶化、自然资源破坏等进行恢复、治理、监督、控制，从而促进经济的可持续发展。

3.2 城市政府职能的影响因素

不同国家城市政府的职能配置不一样，甚至同一个国家不同城市政府的职能也会有所差别，影响城市政府职能配置的因素众多，主要包括基本制度性因素、历史文化因素、自然因素以及国家能力因素。

（1）基本制度性因素。影响城市政府职能配置的基本制度性因素主要是国家结构形式、基本政治制度、基本经济制度和基本社会制度。国家结构形式是指国家在不同组成部分之间的行政区划、职责划分和权属关系。国家的结构形式决定了地区在整个国家体系中的地位和分工，决定了城市在整个国家组织中所扮演的角色、承担的责任。单一制和联邦制是两种常见的国家结构形式，在两种不同的结构形式下，城市政府的职能配置也存在较大恶差异。单一制国家中，除了军事和外交，城市政府与中央政府的职能几乎相同。而在联邦制国家中，城市政府具有较强的自主性，中央与地方的关系也并非简单的从属关系，而是整体与部分之间的关系，与在单一制国家中的职能配置并不相同。

从基本政治制度、经济制度、文化制度的角度来看，不同的基本制度，城市政府职能配置的范围、重心也会有较大的差异。苏联作为高度集权的联邦制国家，城市政府的职能比较单一，更多的是行使中央的指令，而美国的城市政府则具有更大的职权，包括财政权、经济发展权和地方人事任免权。改革开放前，我国城市实行计划分配制度，政府的职能重心在于阶级斗争，而在改革开放后，城市政府将其工作的重点转移到经济建设和社会建设上。

（2）社会、历史、文化因素。首先，社会历史文化传统的差异也会对城市政府的职能产生影响。城市政府的职能是不断发展的,在城市形成的早期,城市的职能主要在于治安和防卫,随着社会经济的发展,工业文明的到来,政府也相应承担了更多的基础设施建设的职能。在现代社会中,城市政府的宏观调控职能、环保职能、规划职能、社会保障的职能也越来越受到大家的关注。另外,文化影响人的观念,在不同文化场景下,城市政府在其中所要求扮演的角色和行使的职责也会有所不同。西方国家有自由、民主的传统,政府需要在公共服务设施的建设中更多的满足不同群体的个性化需求,而中国向来倡导集体主义的传统,这在一定程度上影响了城市政府的职能配置,大包大揽的全能型政府也容易受到市民的欢迎,而在印度,政府则需要将寺庙等文化设施的修补、建设列入政府的预算之中。

（3）自然环境因素。自然环境是人类赖以生存的基础,自然环境与人类的活动息息相关,政府的职能配置也会受到自然因素的影响,在不同的自然环境下,政府部门的设置和职能重心也会所差异。在沿海地区,城市政府需要设置更多的渔业、航海监管部门,而在山区,政府需要对林业、野生动植物的保护花费更多的资源。自然资源的差异也决定了政府在经济发展中的道路选择,因此需要根据不同的自然环境来设置职能部门。

（4）政府理念、能力的因素。城市政府的管理与政府所秉持的施政理念息息相关,服务理念、高效理念、透明政府理念等不同的政府理念都会影响到政府职能的配置、机构的设置和职能履行的方式。除此之外,政府职能的设置还需要以城市政府的能力为依据。政府最为主要的职能便是提供公共服务,政府在制定各类社会保障、教育、医疗等公共政策时,不仅需要考虑市民的需求,还应关注自身的财力、人力资源,进而确定公共服务提供的形式和范围。政府职能的发挥只有以政府自身能力为基础,才能达到应有的效果。

4　城市政府职能的意义

城市政府职能的设定是城市政府得以存在的基础,具有重要的意义:

（1）城市政府职能是合理划分权力界限的依据。城市政府职能即取决于国家和地方行政体制,又在不断地影响着城市各级政府和上下左右之间的行政关系。中央与地方之间的权责分工和事务交割、绩效评价都是以职能为基础展开。城市中的各项国家事务和地区事务,只有依据城市政府中的职能范围,才能合理划分权力的界限,分清城市政府、省级政府、中央政府在其中的职能分工,各司其职,从而采取针对性措施维持整个城市系统的运行。

（2）城市政府职能决定着城市政府管理范围和组织规模，是城市政府各项公共事务及管理活动的组织化、机构化的基础。组织是政府得以组成的基石，是政府运转的必要载体，但是政府组织机构的设置并不是随心所欲的，需要以政府职能为依据。政府职能决定了政府机构的规模、层次和数量，政府的职能体系构成了政府组织机构的设置体系，一般而言，需要履行什么样的职能就需要设置什么样的机构，只有职能与机构相匹配才能保证城市政府各项目标得以顺利的实施，也只有通过考察政府职能中存在的问题进而分析组织机构中存在的结构性问题，才能正确的认识到政府组织设置的合理性和科学性。

（3）城市政府职能直接影响到政府管理的绩效。城市政府职能是政府组织管理活动科学化的前提，研究和确定城市的管理职能能够更加科学认识和把握城市政府的管理过程，清晰地了解到管理过程中的各个环节的运转状况、链接情况，从而把握政府管理中的实际效果，对薄弱环节予以加强，采取正确的方法促使城市组织管理的科学化和高效化。城市职能的集中和分散，都会直接影响到各项政策实施中效果，从这一程度上，城市政府的管理效率取决于政府职能的配置和实施，城市政府职能的发挥与否决定了城市管理中的成败。

（4）城市政府职能最终影响城市发展。城市政府作为公民意志的代表，具有负责整个城市发展的义务。因此，城市政府职能的实施便是城市发展目标得以实现的基础。包括城市政府中政治、经济、社会、文化等各项职能的实施，都会最终影响到城市发展的方方面面。城市发展的整体目标有赖于各个分目标的实现，而这些都必须以政府充分履行其政府职能为前提。因此，城市政府职能的发挥是城市发展目标的前提条件，只有充分履行政府的职能，才有可能实现整体的发展规划，从而实现城市竞争力的提升。

第 3 节　城市政府的职能划分

1　城市政府的职能划分

1.1　以管辖范围的大小为标准

市政府的职能。作为人口与社会经济活动最为密集的地区，市政府主要根据国家宏观决策,对本市公共事务进行决策与管理,并协调各个区之间的公共事务关系。市政府职能具体内容包括:①承担本辖区内的行政管理和社会治安、维护本地区的社会秩序的职能;②承担提供本辖区内公用事业和社会服务的职能,城市公用事业包括供水、污水、排水和电力、电话等,社会服务职能包括提供教育、医疗卫生、社会福利和住房等;③承担本辖区内一般城市服务的职能,包括垃圾收集、公园和娱乐、消防等;④承担提供本辖区内部分社会公共设施的职能,如道路、桥梁、街道照明、公共交通等;⑤配合中央政府的分配职能,调节本地区的收入分配;⑥执行上级政府政策、方针、命令和任务。

区政府的职能。根据市政府决策对区属经济、社会、文化等公共事务进行决策和管理,区级政府分担了市政府相当一部分中观管理职能。①经济职能:改善投资环境、提调控区域经济运行的功能,要继续以经济建设为中心,大力发展区域经济,积极培育、扶持新的经济增长点;②规划职能:严格按照城市规划的总体要求,加强城区规划编制的科学性,引导产业与人口的有序转移,优化城区土地利用空间;③公共服务职能:大力发展教育、医疗、养老、社会保障等公共服务;④社会职能:积极培育和发展信息咨询、职业介绍、商业社团、行业协会等社会中介组织,完成社会性、群众性和公益性、事务性职能。

镇(街道)职能街道。街道或者镇作为区政府的派出机构,其主要职责在于维护社会稳定。其功能包括对辖区内的城区管理、社区服务、社会治安、综合整治、精神文明建设、街道经济组织的活动等行使协调、管理、监督的行政职能,对街道内的地区性、社会性、群众性的工作负有全面的管理责任。其中,社区服务是镇(街道)的主要职责之一,负责社区服务中心建设、联系居委会、动员群众社会参与,开展社会互助等工作。

1.2　以管理内容、对象的属性为标准

以管理的内容和属性出发可以将城市政府的职能分为政治职能、经济职能和社会文化职能。①政治职能:作为国家政权组成中的重要一部分,城市也必然承担着部分政治功能,主要包括保障国家法律的实施,维护公共安全,保护公民和个人权利、财产不受侵犯,以维护国家和城市的政治秩序。②经济职能:主要是城市政府利用经济、财政、金融、法律和行政等手段,从宏观上对城市经济进行调控、管理,以提供相应的服务。目的在于通过塑造良好的城市环境,以吸引投资,维护正常的

经济秩序,促进城市经济发展和物质文明的提高。③社会文化职能:主要是指城市政府对城市社会公共生活领域中的公共事务进行管理,其目的在于维护社会公共秩序,主要包括提供教育、医疗、科学、文化、养老、社会保障等方面的公共服务。

1.3 以管理的法律依据为标准

宪法虽然对中央和地方政府职责上进行了规定,但事实的履行的过程中,除了外交、国防,各级政府间并没有明显的分工,城市政府更多地是扮演地方性政府的职责。①中央政府的职能范围。中央政府的主要职能包括稳定经济职能、收入再分配职能以及提供全国性的公共产品和服务。中央政府的职能范围包含三个层次。一是提供稳定经济发展的制度结构,包括经济稳定与发展的财政、货币等政策的制定和立法;国家有关种族、民族和宗教等方面的政策和法律、法规的制定;二是保证社会公平、调节收入分配。通过社会救济、补贴、住房、教育等支出的形式来对低收入者进行转移支付,以平衡地方政府的财政能力;三是提供全国性的公共产品和服务。包括国防、外交等维护国家独立和安全的事务,河流、道路等跨省市基础设施恶建设,教育、医疗卫生、社会保障、基础科学研究、环境保护等具有规模经济和外部性福利性公共服务。②地方政府的职能。我国地方政府的角色定位主要在于贯彻落实国家的大政方针,贯彻执行中央政府和上级政府的政策和决定,落实好上级政府交办政治、经济、文化和社会建设任务,因而地方政府在职能行使上主要扮演执行、协调、决策和监督的职能。具体而言,地方政府的政治职能是通过制度性、约束性、强制性、控制性等措施,打击各类违反政治安全的行为,以维护公共安全;经济职能是地方政府依法制定和采取各项具体措施,对所辖地域社会经济活动进行有效的管理和监督,对所辖地域经济发展进行合理指导和推动;社会职能是地方政府进行社会治理和社会服务的职能,包括对本辖区社会保障、社会治安、民政、计划生育等公共性事务的管理。提供各种社会服务,建设各项社会服务设施等。

2 职能划分的主要问题

政府职能划分的过程始终伴随着权力在不同层级政府、不同部门之间的调整,集权制和分权制作为传统制度安排,有自身缺陷,集权制增加管理过程的信息成本和策略成本,容易滋生寻租和腐败,而分权制则难以避免制度的缺陷和规避责任。实际上,过度集权和过度分权都容易造成一系列问题。

2.1　权力过度集中

降低决策质量和城市管理效率。城市公共政策的实施需要包括公民、企业和社会组织等多方力量的参与,只有在公共政策取得共识的前提下,其实施才能高效。一方面,城市公共事务的决策具有一定的系统性、复杂性,往往牵一发动全身,权力的过度集中不利于听取多方的意见,制定的政策也缺少科学性和准确性,往往容易导致偏误的出现。另一方面,权力的过度集中,意味着政府职能的合并,随着城市公共事务管理中难度的提升,适当的分工有利益将专业性职能、技术性职能的分离,从而避免"手指挥大脑"的现象。

降低基层城市管理部门的工作热情。城市政治权力的过度集中意味着上级部门掌握了决策权、财权、事权,而基层部门则需要事事依赖于上级部门的指示。在面对千头万绪的基层工作中,需要具体问题具体分析,非正规性权力往往成为基层政府在形式工作职责中的基础。在没有决策权的情况下,基层政府调配资源的能力有限,遇到事情便会上推,将责任上报,降低了基层管理人员在工作中的积极性,不利于各项公共政策与群众的对接和落实。

不利于推进管理民主化。在社会主义民主政治建设不断推进的前提下,民主是凝聚多方力量参与城市公共政策制定的需要,也是提升政府管理绩效和政策实施效果的必要途径。城市权力的过度集中,往往容易出现"一言堂"的现象,个人意见凌驾于党和政府之上,严重破坏党内政治规矩。容易造成溜须拍马、贪污受贿、以权谋私的现象,造成政府公共性的侵蚀,引发城市政府治理的合法性危机。

2.2　权力过度分散

中国改革开放的过程实际上是一个权力下放的过程。国家权力的下放实际上包含了两个方面,一是国家向社会的让权,逐步减少了在公民衣食住行等方面的干预,通过市场的调节作用实现资源的优化配置;另一方面是向地方政府的放权,把原先集中于国家机关的决策权力分散给地方、企业。特别是 1994 年的分税制改革,将中央与地方的关系逐渐稳定为委托代理关系,并将这种关系制度化①。权力的分散也因此成为解释中国经济增长奇迹的原因之一。但是对于城市政府而言,

---

① 赖海榕. 从决策权力的分散与政治责任的集中看当前我国政治体制的主要矛盾[J]. 当代世界与社会主义,2007(6):104 - 107.

权力分散也容易带来一系列的问题。

城市政府的整体调控能力下降。政府权力的分散意味着政府缺乏统一的资源调配能力,权力难以形成一个应急响应的中枢。在面对城市中的突发事件时,难以集中力量应对。同时也会导致区政府只注重局部而轻视整体的情况,利益分割严重,难以形成有力的区域治理格局。

人事臃肿,工作效率降低。权力分散往往带来机构设置过密、层级过多的现象,同样一件事需要在各个部门之间流转,增加了部门正职与副职之间沟通的成本,使得工作任务交流的环节增加,带来相互扯皮、"踢皮球"的现象。

忽视城市社会福利性公共产品的供给。在财政收支权力下放的背景下,投资项目的审批的权限也逐步下放到区一级政府。在城市发展中"如何开发""为谁开发""开发什么"等重要的发展决策权也交由地方,这促使区级政府在发展道路、交通、房地产等城市经济建设方面具有较强的积极性,而对教育、医疗、保障性住房等城市福利性产品的供给则相对不足。

3 职能设置与政府绩效

新自由主义的兴起在全世界范围内推动了政府职能改革的浪潮,出现了新公共管理、新公共服务等理论,主张以企业化的管理机制来重塑政府,以提升政府管理的效率和水平。其中重要的手段之一便是引进企业管理中的绩效考核机制。政府绩效考核制,简单而言,就是一定时期内政府职能得以实现的成绩和效益,而评价政府绩效的前提在于界定政府职能。地方政府职能是设计地方政府绩效评价指标体系的依据,指标体系能否全面反映政府职能,是决定地方政府绩效评价成败的关键因素之一,国内外政府绩效评价的理论与实践均以清晰界定政府职能为前提[①]。

3.1 服务型政府绩效管理的特征

政府绩效管理是转变政府职能、提高政府效能的重要抓手。当前我国在政府绩效管理中还是以经济增长型政府绩效管理为主,其弊端日益显现。

(1)片面强调经济的增长,而忽视经济增长方式的转型,导致经济发展不可持

---

① 郑方辉,李振连.绩效评价与地方政府职能定位[J].当代世界与社会主义,2007(5):60-71.

续性。在我国目前的政府绩效考核中主要以 GDP 为导向,以经济增长速度作为衡量地方官员政绩水平的标尺和提拔干部的主要依据,导致城市发展片面依赖房地产业和加工制造业发展经济,而忽视了城市在新能源、微电子制造等高新技术产业中的地位,传统的经济增长考核方式客观上纵容了粗放型经济的发展,给区域资源环境、生态系统带来巨大的破坏。

(2) 政府对市场干预过度,阻碍了市场在资源配置中的决定性作用。传统的政府管理考核机制促使城市政府急于招商引资,营建政绩工程,导致了市场的分割。客观上助推了政府在市场经济中谋取不规范、不正当的利益,致使生产要素配置落后,地方保护主义兴起,阻碍了市场体系的建立和健全。

(3) 忽视了社会管理和公共服务的职能。传统经济考核制客观上促使地方政府将更多的精力聚焦于经济增长,而对教育、医疗、养老、社会保障等职能的关注度不够,以至于社会管理建设的滞后,影响到政府职能转变和服务型政府的建设[①]。

在此背景下,当前中央已明确了政府绩效管理改革的方向,明确了基本公共服务的范围和标准,一些地方已开展了服务型政府绩效管理试点,为服务型政府绩效管理奠定了基础。政府绩效管理从经济增值型向服务型政府的迈进,是政府绩效管理的必然,也是维护社会公平正义,保障和改善城市低收入群众生活水平的必然。与经济增长型政府绩效管理不同,服务型政府绩效管理具有以下特征。

服务型政府是以满足公众的社会需求为主要目标,以公共服务为主要职能。因此,政府绩效评估的重点在于政府是否公平正义地提供高效优质的公共服务以满足不同群体的需求。服务型政府的建设也是必须调整政府绩效评估指标体系,以公共服务作为评估的主要内容,以此作为检测建设服务型政府中存在的不足,从而推进政府职能的完善。

服务型政府注重政治决策中的市民参与。服务型政府的主要工作职责便是为公民提供公共服务,并依据社会经济发展和人民需求的变动而不断改进公共服务的供给。这也意味着服务型政府为提高公共服务的供给效率、不断满足市民的需求期待,需要建立起沟通市民与政府之间的桥梁。服务型政府中存在诸多市民参与机制,积极吸引市民参与政策决策过程之中,从而实现提升政府公共服务的能力和水平的目的。

---

① 卢海燕.论政府绩效管理转型[J].中国行政管理,2014(12):25－28.

（4）服务型政府重视第三方评估和服务对象的意见。服务型政府绩效管理在评估中高度重视第三方和服务对象的意见,第三方能够独立于利益相关者之外,依据其科学、客观的评估程序、方法,能较为真实的反应服务对象的需求和服务的效果。因而,在绩效管理中,服务型政府较为注重第三方的意见。

3.2 政府职能与政府绩效关系

为了激发地方政府活力、激励各级领导干部的积极性,中央一直在鼓励各级政府推进绩效评估工作,在近四十年的持续实践中,我国政府绩效评估经过了初创、偏重 GDP 评价、突破唯 GDP 评价、科学化与顶层设计几个阶段的探索,目前进入了需要反思与提高的阶段[①]。绩效考核制度构建起了政府管理的科学化机制,有助于政府中形成积极上进的行政文化。同时,绩效管理不仅仅是对政府工作所带来的社会经济的"增量"变化的衡量,更是以此作为行动的标尺,引导政府职能的转变的角色的重塑。因此,对绩效管理的理解应该跳出"考评"的纯技术层面,从党和国家发展的大局中去深刻理解其在国家治理体系和治理能力现代化进程中所发挥的重要作用。

重新界定政府职能边界,推动政府职能转变。政府绩效管理有助于克服我国政府职能和行政体系上出现的程序繁琐、理念落后、地方保护主义盛行等现象,推动政府职能的转变。首先,绩效管理为政府界定职能的目标、合理性提供了一个清晰的标准,引导政府施政理念和行政行为朝着国家目标转变。其次,通过绩效标准,政府的成本收益能够更加清晰合理的制定,系统的反应政府的效率,促使社会公众加强对政府的监督。

降低行政成本,提高行政效能。绩效管理为客观评价政府在行政行为中产生的经费、人力提供了标尺。特别是绩效考评在政策制定过程中所形成的考评结果与问责挂钩的机制,能够有效的带动降低政府的行政成本。其主要体现在两个方面,一是优化组织形成流程,查明行政过程中的重复、多余的环节,提高行政效率;二是通过科学的业务流程测评机制,帮助政府及时找出有问题的工作部署,及时发现问题,对症下药。

促进透明政府的建设,提高政府公信力。政府绩效评价往往由第三方完成,评

---

① 尚虎平.激励与问责并重的政府考核之路[J].中国行政管理,2018(8):85 – 87.

价的标准、过程较为公开、透明,有利于减少政府在行政考评过程中的"暗箱"操作概率,体现了政府愿意接受公众和社会的监督,进而为政府赢得良好的群众基础和政府声誉。

第 4 节 我国城市政府管理体制的变迁

作为城市权力结构的组织形式,城市管理体制本质上是国家机构、政党机构在组织关系的反应,在各城市利益团体在处理城市公共事务中相互妥协的结果。评价城市管理体制的合理性,既要看城市管理体制能否是适应城市发展的需要,能否满足城市发展中所需要履行的各项职能,也要考虑到城市管理体制的效率,即运行中所产生成本和收益。一般而言,城市市政管理体制的主要内容是指"城市中的政党组织与国家机构之间,城市内代议机构之间、行政机构、司法机构之间以及城市的国家机构、上下级机构之间的关系"[①]。

1 我国城市管理体制的主体

我国城市管理的权力主体主要包括以下部分。

中国共产党。中国共产党是我们国家的执政党,在我国的政治生活中处于核心地位,在我国城市内部的不同层级政府、团体之间,形成了较为严密的组织。通常而言,城市党组织包含以下几个部分:市党员代表大会、市委员会、市常委会、市纪律监督检查委员会。市党员大会是市级党的最高领导机关,由全市党员选举产生的党员代表组成,每五年举行一次。市委员会是市党代会闭会期间的常设机构,由党代会选举产生,每届任期五年,由委员和候补委员组成,市委员会代表党代会执行中央和上级党组织的指示,执行党代会的决议,常设机构包括常务委员会、办公厅、组织部、宣传部、统一战线工作部、政法委员会、研究室、台湾工作办公室、机构编制委员会办公室等工作机构。市常委会主持市委的日常工作,是市委的核心机构,组成包括书记、副书记和常务委员。市纪律监督检查委员会是由全市党员代表选举产生的纪律监督检查机关,受市委和上级监督检查委员会的双重领导。此外,市辖区、镇(街道)党组织中同样配备相关的职能岗位或成员。

---

① 彭和平,侯书森.城市管理学[M].北京:高等教育出版社,2009:59-60.

市人民代表大会及其常务委员会。国家宪法规定市人民代表大会及其常务委员会是市最高权力机关,代表广大市民行使国家权力,市人民代表大会在整个权力系统中处于重要的地位。城市相应层级的行政机关、司法机关均由市人民代表大会产生,并接受其监督,向其汇报工作,具有监督权、任免权、决定权和地方立法权。市人民代表大会按照民主集中制的原则选举产生,直辖市和设区的市,其市一级人大代表由下一级人大代表选举产生,不设区的市和市辖区人民代表大会由选民直接选举产生。市人民代表大会任期为五年,按惯例每年至少要召开一次全体大会,经过 1/5 以上的代表提议后可以召开临时会议,超过全体代表的半数即可通过选举和决议。

市人民政府。市人民政府是城市中最高行政机关,是市政活动的主要承担者,负责管理本辖区内的所有行政事务。市人民政府由本级市人大代表选举产生,对人大及其常务会负责并报告工作,接受市人大及其常委会的监督。市人民政府作为国家行政机关,同时需要对上一级国家行政机关负责并报告工作。市人民政府的人员组成通常包括市长、副市长、秘书长、局长和委员会主任构成。市长、副市长、局长由本级人大主席团或者代表联合提名后由本级人民政府选举产生,下属的局长、委员会主任则由市长、区长提名,市、区人大代表常委会任命。我国实行首长负责制,全面负责辖区内的政治、经济、文化、教育、卫生、科技等行政工作,享有全面的领导权、决定权和人事提名权、任免权。

市人民法院。市人民法院是市的审判机关,依法行使审判权、即依法行使审理、判决刑事案件、民事案件、经济案件和行政案件。市人民法院的组成成员包括市人民代表大会及其常务委员会选举产生,受市人大代表大会及其长期常务委员会的监督。同时,市人民法院的工作接受上级法院的监督,上级法院通过受理上诉、抗诉、申诉等渠道监督市人民法院的审判活动,对产生法律效力的判决文书也可以进行提审,或指定人民法院再审,纠正错误判判决裁定。市人民法院依据其管辖区域的层级设置为高级人民法院、中级人民法院,而在设区的市人民法院包括中级人民法院、基层人民法院,在镇(街道)还设置法务所。

市人民检察院。市人民检察院由市人民代表大会选举产生,并对其负责,接受是人民检察院的工作汇报。作为国家的行政监督机关,市人民检察院代表国家行使监督监察权。市人民检察院依据城市的行政地位的不同,机构设置上也有一定的差别,直辖市设人民检察院、市人民检查分院和市辖区市人民检察院,而在设区的市则分为市人民检察院和区人民检察院,不设区的市则为市人民检察院。其主要职责包括依法监督国家城市机关、工作人员、企事业单位、公民、社会团体在遵守宪法和法律的情况,对违法行为提起诉讼。

市人民政治协商会议。市人民政治协商会议(简称市政协)是中国共产党领导下的多党合作机构和政治协商机构,其主要作用在于发挥政治协商和民主监督的作用。作为一个较为松散政治团体和城市中最为广泛的爱国统一性战线组织,其所产生的决议并没强制力,但是市政协却和市人民政府、市委、市人大等权力机关紧密相关。在城市的重大决策产生之前,市政府都会提交相关议案至市政协商议讨论。市政协成员主要包括中共、各民主党派、无党派人士、宗教组织、人民团体、台湾同胞、港澳同胞及侨胞。一切赞同政协章程的个人、团体经过市政协常务委员会同意或要求,都可以加入。市政协的主要工作职责包括:参与本市大政方针的制定;对城市国家机关行政工作提出批评建议;宣传贯彻执行国家的法律、政策;加强同港澳台同胞的联系,促进祖国统一;组织相关人士从事文史研究、征集、出版;开展外交活动,增进各区人民的交流与联系。

市民主党派。市民主党派主要是指我国八个民主党派(中国国民党革命委员会、中国民主同盟、中国民主建国会、中国致公党、中国民主促进会、中国农工民主党、九三学社、台湾民主自治同盟)。各民主党派的市委员会由市代表大会选举产生向同级的党代表大会和上级组织负责并报告工作,实行集体领导与个人分工相结合的制度。各民主党派的主要作用为参政议政,发挥民主监督的作用,为城市的发展献策献计,扩大和巩固爱国统一战线组织,以维护城市的安定和谐。

市人民团体。市人民团体代表了城市一部分群体的利益,同时也担负着一定的会事务管理职责,依据各自的部门章程,行使相关的职能协调各方的利益,主要的市人民团体包括:市总工会、市共青团、市妇女联合会、市科协、市文联、市侨联。

居民委员会(简称居委会)。居委会市城市居民自我管理、自我教育、自我负责的基层群众自治性组织,不设区的市、市辖区的人民政府或它的派出机构都会对居委会的工作予以指导。居民委员会按照居民的居住状况和便于居民自治的原则设立。一般以100—700户居民设立一个居民委员会,居民委员会由主任、副主任和委员5—9人组成。主要工作包括:办理本居住区居民的公共事务和公益事业;协助维护社会治安;协助人民政府或者其它的派出机关做好与居民利益有关的公共卫生、计划生育、优抚救济、青少年教育等项工作。

2 我国城市政体的历史沿革

(1)军事管制和人民委员会时期:1949—1954。这一时期是我国城市政府机构设置初步建立和完善时期。新中国成立之初,作为临时宪法的《共同纲领》并没有对地方政府的组织层级作出明确的说明,人民政府基本沿袭了国民政府期间的省、市、县、乡制度。中央政府在全国建立了六大行政区(华北、东北、华东、中南、西北、西南),并在行政区设立了"人民政府""军政委员会"。1950—1951年间,人民政府是军事管制委员会的下属机构,在各地社会秩序恢复正常之后,人民政府委员会才正式成为国家政权机关,城市行政体制才逐步进入人民政府委员会期间。1954年《中华人民共和国宪法》正式颁布,对城市政权机构做了进一步的说明,按产品、按行业分工的部门管理机构设置,普遍管理工商企业和一切社会事业以及直接管理生产。城市行政机构也较为精简,市政府设立了民政、公安、财政、文教、卫生等机构,也包括财经、检察署、检查委、治安等机构,数量在10—20个之间[①]。

(2)人民委员会时期:1955—1966。这一时期是我国城市行政管理体制的调整与变革时期。1954年我国正式颁布了《地方组织法》,对城市政府的组织结构和行政体制做出了深远意义的变革,城市行政体制也由此发生了一系列的变化:一是地方国家权力机关由人民委员会转移到各级人民代表大会,由人民代表大会选举产生各级人民委员是国家的行政机关;二是人民代表大会并未常设机构,闭会期间由人民委员会兼任其部分职权;三是人民委员会实行地方首长负责制,成员包括地方首长、副首长和委员组成;四是人民委员会实行合议制,除行政机关外,还设置了司法审判机关和法律监督机关。在此期间,城市政府机构总体性在不断增长,专业性行政管理部门细化,社区的市包含了民政、公安、司法、监察、财政、计划、粮食、工业、建设、税务、劳动以及科教文卫等部门,不设区的市工业部门少一些,一般不包含监察局。在此期间,城市管理的部门逐渐细分,行政机构经历了几次大的调整和精简,直到1965年大部门分城市行政机构的数量在20—50个之间,基本形成和巩固了按口设置委办、高度集权的城市管理体制。

(3)革命委员会时期:1966—1977。这一时期是我国城市行政管理体制不断分化组改时期。"文革"期间我国城市管理体制遭到严重的破坏,1966—1977年之

---

① 曹现强,高原.城市管理体制变革:从管制到治理[M].山东:山东大学出版社,2012(12):38

间,我国没有召开人民代表大会,城市政府的权力集中于人民革命委员会。人民革命委员会作为城市的权力中心,包含了党、政、军的一切权力,人民法院作为革命委员会的下属机构,地方各级法院的院长由各级革命委员会任免,检察院也被撤销。市革命委员会的成员包括主任、副主任、委员若干名,实施市革委会领导下的"政工、生产指挥、政法、办事"四大组织,后逐步恢复了市一些办、委、局的建制[①]。总体而言,在我国改革开放前。城市中的行政机构机会对城市所有的公共事务和社会事务进行管制,城市政府的政治功能远大于经济功能。同时,为了适应高度集中的组织管理体制,提高群众动员的效率,我国城市逐步形成了以单位制为主、街居制并存的城市基层管理体制,几乎每个个体都被纳入国家行政体制之下,形成了整体性社会的高度融合[②]。

(4)改革开放初期:1978—1992。这一时期是我国城市政府的管理体制进入了以适应经济发展为目标,以优化权力配置为核心,以机构重组为重点城市体制改革起步阶段。1979 年我国《地方各级人民代表大会和地方各级人民政府组织法》规定将各级人民革命委员会改为人民政府,1982 年修正的《宪法》也对城市管理体制进行一系列根本性的变革,规定人民政府是地方各级权力机关的执行机关,由本级人民代表大会选举产生。同时,下级人民政府受上级人民政府的监督和指导,上下级职能部门只存在工作上的指导关系,并不存在行政领导关系,基本建立了现代城市政治权力配置的雏形。为适应改革开放大局和经济建设的需要,这一时期城市政府进入了以提高管理效率、精简机构设置、整顿经济管理职能为目标的阶段。

精简机构设置。1982 年中共中央、国务院下发了《关于省、市、自治区党政机关机构盖尔的若干问题的通知》,规定直辖市党委工作部门控制在 9 个左右,政府工作部门在 40 个左右,党政机关的人员编制不得超过总人口的 4‰,地级市党委工作部。市委工作部门设 6—11 个,市政府工作部门设 30—40 个,小市可少于 30 个,特大的市可多于 40 个。

精简领导班子成员。1982 年中共中央、国务院下发了《关于省、市、自治区党政机关机构盖尔的若干问题的通知》对市属各部门的主要领导干部配 2—3 人。市委委员一般 25—40 人,常委一般 7—13 人,正副书记 3—5 人,正副市长 4—6 人。并且按照"四化"的要求,努力实现领导干部的年轻化、知识化,减少干部副职,并推

---

① 陈炳水.现代城市发展与管理研究[M].北京:中国环境科学出版社,2007(5):106.
② 徐林.城市管理:问题、体制与对策[M].杭州:浙江大学出版社,2012(5):33.

进新老干部交替。

明确党政分工、政企分工的原则,提高企业经营自主权。按照党政企合理分工的原则和经济体制改革的趋势,扩大企业的经营自主权,主要依靠经济组织和运用经济办法来管理经济,对于适合改组为经济组织或事业单位的国家机关则改组为经济组织或事业单位。在企业层面实行厂长经理负责制,按照"上缴利润递增包干"方法,提升企业生产的积极性。

实行市领导县体制。为了解决地、市机构并立、机构重复、难以协调的问题,1982年《宪法》和《地方组织法》提出了改革行政公署、实行市领导县的体制。城市行政对象主要是城市居民,而在实行市领县体制后,一些不具备城市特性的县也成为了城市管理的目标,城市市政职能配置中也意味着需要兼顾城市与乡村、工业与农业、城市户口与农业户口在资源配置中的问题。因此,在市领导县的体制下,一些城市职能部门配置上往往加上了专门处理农村事务的部门,传统的单一的市政管理体制也逐步具有混合管理体制色彩。

(5)社会主义建设新时期:1993—2018。这一时期城市政府的体制改革进入了以职能转变、适应市场经济体制为核心的深化改革阶段。党的十四大确立了建立社会主义市场经济体制为核心的经济体制改革目标,中央也在积极引导各级政府部门积极推进行政管理体制的改革以适应社会主义市场经济发展的需要。这一时期,城市政府的管理体制在不断深化变革,城市行政体制和政府职能划分也逐步清晰。这一时期城市政府管理体制的变革主要有以下六个方面。

一是规范政府机构设置。1993年中央机构编制委员会下发了《关于地方各级党政机构设置的意见》,规定市党委、政府的工作机构限额按市的分类确定,一类市设60个左右;二类市设50个左右;三类市设30个左右;经济不太发达、人口较少的市应设得更少一些。对不同地区经济发展程度的差异也规定可以采取因地制宜的原则实施,根据实际的需要调整。一、二、三类市党委必设机构为,办公室、组织部、宣传部、统战部、政法委员会、直属机关工作委员会,一二类市可设政策研究室。这是改革开放以来首次以文件的形式明确地方政府的机构调整。

二是理顺地方行政关系,调整地区建制。1994年中央编制委员会下发的《关于广州等十六市行政级别问题的通知》,对部分城市的行政级别进行了调整,确定了广州、武汉等16个副省级市并赋予副省级市一定的自主权力。为了理顺地方的行政关系,实施地方行政机构改革,中央政府决定调整地区建制,大规模撤销了省

（自治区）的派出机构地区建制,实行市领导县的体制。1999 年民政部在下发的《关于调整地区建制有关问题的通知》中明确要求,适当降低设立地级市的标准,撤销地区建制,实施地级市,基本用地级市代替了地区和盟。地级市的个数也从1982 年的 112 个上升到 2004 年的 283 个,盟的数量从 1982 年的 9 个减少到 2004年的 3 个。与此同时,随着市领导县体制,市辖区体制的逐步推广,市辖区从 1981年 462 个上升到 1994 年的 679 个,再到 2004 年的 852 个,区的数量在不断增加[①]。

三是政企分开,改革行政审批制度。按照政企分开的原则逐步改变了政府职能,以加强宏观调控的目标。为将政府的职能切实转变到宏观调控、社会管理和公共服务上来,政府逐步不再直接管理企业,而是规范国有企业与政府之间的关系,将其按照市场规则界定双方的关系,以扩大企业的经营自主权。同时,优化和清理现行制度中的重叠、多头管理、集中管理的障碍,优化审批流程、精简行政审批制度,依法管理城市公共事务。

四是转变政府职能,构建服务型政府。2002 年党的十六大会议宣布我国社会主义市场经济体制已经初步建成,开始进入了完善社会主义市场经济体制阶段。我国城市政府的管理体制也在不断深化变革。2003 年党的十六届三中全会通过了《中共中央关于完善社会主义市场经济体制若干问题的决定》明确提出了要深化行政管理体制的改革,并将深化行政审批制度,将政府经济管理的职能逐步转移到为市场主体服务和创造良好的发展环境上来,大力精简机构。2008 年党的十七届二中全会通过的《关于深化行政管理体制改革》的决定中,明确指出"深化行政体制的改革要以政府职能转变为核心",加快政企分开、政资分开、政府与市场中介组织分开,建立城市政府的责任清单,将不该管的事项转移出去,从制度上更好地发挥市场在资源配置的基础性作用。建设服务性政府成为城市行政体制改革的核心,各个城市也在职权配置、层级结构和技术手段运用、社会管理方式等方面进行了诸多有益的调整,服务型政府的理念深入人心[②]。

五是发挥市场在资源配置中的决定性作用。为适应全面深化改革开放和发挥社会主义市场经济体制的建设,深入落实服务型政府转变,国务院在推动大部制改革同时深化了行政审批制度的改革,建立各级政府权力、责任清单制度,以"放管服"为核心,带动城市下放审批权限,促进基层在经济服务和社会管理中的自主权,

---

① 曹现强,高原.城市管理体制变革:从管制到治理[M].山东:山东大学出版社,2012(12):44－45.
② 陈奇星.改革开放 40 年上海行政体制改革的回顾与思考[J].上海行政学院学报,2018(4):5－8.

提高政府治理规范化、制度化水平。各个城市普遍设立政务大厅,服务内容、服务手段不断创新,服务效率都在不断提高,减少行政审批事项和审批环节,优化审批流程,规范审批行为,缩短了审批时限。在商事制度进行改革,降低了创办企业的门槛、缩短了企业注册登记时间,有效改善了营商环境,激发了创业创新的积极性。

六是技术推动政府管理效率的提升。近年来,随着科学技术发展和新传播工具的使用,充分利用科学技术管理城市已经成为政府改革中的一项基本趋势。近年来,"智慧城市"的建设在我国诸多地区相继展开,以智能交通、智慧医疗、服务型电子政府为核心的智慧城市建设大大提高了城市政府的管理效率。各地相继开展了信息化便民工程、城市数字管理工程、数字文化产业工程、电子商务工程的建设,政府职能在拓展的同时也日渐科学化。最近几年,随着智能手机的普及,城市政务服务网内容日益丰富,各地积极探索"互联网＋公共管理""互联网＋公共服务""互联网＋公共政策"的现代政府服务模式,从网上信息发布、行政审批事项网上申报,到部分事项网上全流程办理,再到移动客户端网上服务,内容越来越丰富、方式越来越便捷,城市管理的效率在不断提升[1]。

3 我国城市政府管理体制的变革趋势

3.1 城市政府管理体制变革的影响因素

经济全球化进程。1970年以来,西方资本主义国家普遍面临着政治经济结构再调整的问题。在生产领域,跨国公司的发展、资本的全球流动、区域产业结构的调整、行业组织和企业关系的巩固,使得经济增长面临着较大的全球竞争。在政治领域,新保守主义和新自由主义日渐兴起,市场竞争中各种传统限制有放松的趋势,社会再生产缓慢的商品化,普遍的福利国家弱化,福特主义开始退出历史舞台。在这种大的背景下,面对区域竞争的增长和有限的资源,城市企业家、行业协会、非政府组织、工人团体被相继吸引到城市政治权利系统中。在经济全球化的背景下,资本在世界范围内流动力图实现资源配置的最优。为了在激烈的市场竞争中谋取优势地位,各国城市纷纷转变职能以吸引投资,提升城市竞争力。在这种大背景下,多种因素的综合影响使得城市管理体制和政府职能等方面做出了巨大的调整,

---

① 尹丽,英张超.中国智慧城市理论研究综述与实践进展[J].电子政务,2019(1):112-119.

政府在城市管理理念和执行策略中出现了一系列的变革。

政府角色的转变。构建协调、合适的政府与市场的关系在经济发展中发挥着重要的作用。根据政府干预市场的程度可大致分为自由放任的市场主义、有调节的凯恩斯主义和计划经济,各自不同的思路在不同发展阶段下,对于促进城市经济发展均发挥着重要的作用。随着经济的发展,政治与经济逐渐分离,政府不再直接参与到经济发展之中,政府完成了由经济发展的"运动员"向"裁判员"转变得过程,并逐步使政治成为经济发展的服务者。西方发达国家往往通过法律的形式限定了政府的职责,并设置各种权力制衡的机构来限制政府的干预行为,将政府的职能限定为社会福利救助、基础设施等公共服务领域,经济建设的主体也逐步由政府转移到企业。

城市主导功能的改变。在传统农业社会形成的初期,城市主要是以防御和政治性功能为主,辅以手工业为主的商业功能。在工业化时期,随着大机器取代手工劳动,生产力逐渐向城市集中,城市的生产功能强于政治、军事功能。而在全球化快速发展的今天,先进交通设备和通信技术的发展,城市开始了郊区化的浪潮。以电子和高科技产业为主的生产区位选择对城市环境的要求逐步提高,城市生产的中心开始从中心城区向郊区、城乡结合部迁移,城市对周边地区的影响越来越集中于金融、交通、科技等方面,城市中大多数劳动力从事的职业为服务业而不是制造业、农业,生活服务向城市集中。因此,城市生产性职能在弱化,而服务性职能加强。作为城市管理者的政府,在面对城市主导功能的转移中,也需要及时调整策略,使之更适合城市发展。

3.2 城市管理体制变革的趋势

3.2.1 政府职能的服务化

城市政府的职能也在不断调整,公共服务、社会管理的机制也都在不断创新,已经由高度集权、以行政手段为主、政府一元化的管理模式向权力分散、经济行政手段并用、社会多元参与的管理方式转变,城市政府职能理念也由管制走向服务。

城市管理作为在计划经济国家中常见的一种城市管理方式,其特点在于政府主张以制裁手段、行政手段实现市场干预,采取对个人或组织的自由决策形成一种强制性限制。城市管制作为城市管理理念中的一种代表,是城市管理的一种思维方式和城市管理模式,城市管制的主要特征有:一是以城市社会公共秩序作为主要目标,以公共利益的名义进行城市经济生活、社会生活的干预;二是管理主体单一,城市政府或者党派成为城市公共事务的唯一管理者;三是在管理职能较广,城市所有公共事务都大包大揽,不尊重个体自由选择的权利;四是以行政手段为主,通过繁琐的行政审批、行政命令、制度监督等方式进行管理,对于城市中出现的违反秩序的行为,通过收容、劳教等强制性方式纠正。

城市管理的模式日渐难以满足城市经济发展的需要,城市社会生活系统日趋复杂,多元利益相关主体在城市中的壮大和发展,城市管理中迫切需要融合多方的力量,以提高公共政策的实施效率。在这种多中心参与的网络中,政府不再是唯一的权威主体,而只是作为服务的核心主体,社会组织、企业、公民等利益相关者相继加入其中,共同促进城市的发展。城市政府从管制向服务的转型主要体现在社会主义体制下的发展中国家,以我国城市政府职能转型的历程为例,可管窥从管制向服务的全貌。

我国城市体制改革主要开始于改革开放之后,随着改革开放的深入,出于对经济发展的需要,我国政府的职能逐步从经济领域扩展到公共服务领域。1984年,按照政企分开的思路,党的十二届三中全会开始积极探索政府职能改革的议题,1986年政府工作报告《关于第七个五年计划的报告》,确定为了适应国家对企业的管理由直接控制为主转向间接控制为主的要求,政府机构管理经济的职能也要相应地转变。1993年的《政府工作报告》则进一步提出了政府职能转变的中心环节为行政管理体制和政府机构改革,标志着政府职能转变在我国行政体制改革中的地位正式确定下来。此后,我国政府职能转变的重点是在建立和完善社会主义市场经济体制的基础上,理顺政府与市场、社会的关系,不断完善政府职能的内容、重心与履行方式,由经济建设型政府向监管型政府和服务型政府转变[①]。2003年的政府工作报告指出"在社会主义市场经济条件下,政府职能主要是经济调节、市场监管、社会管理、公共服务。政府该管的事一定要管好,不该管的事坚决不管",更加明确了政府的基本职能是经济调节、市场监管、社会管理和公共服务。2002年到2012年间,我国开展了大规模的行政审批制度改革,国务院先后取消和调整了六批行政审批项目,体现了政府自身角色和管理观念的转变,而且将政府与市场、社会的边界划定这一事关政府职能转变的关键问题提到实践层面。党的十八届三

[①] 马英娟,李德旺.我国政府职能转变的实践历程与未来方向[J].浙江学刊,2019(2)75-77.

中全会进而鲜明地提出,市场在资源配置中起决定性作用,做好服务型政府建设,2017 年修订的《行政法规制定程序条例》要求政府在宏观调控、市场监管、社会管理、公共服务的基础上,更加注重环境保护的职能。

3.2.2　行政管理的分权化

在 20 世纪中后期,随着社会生活的复杂化、专业化和区域化,提高政府的响应能力和政府机构的柔韧性成为社会公众对政府的新要求,许多国家纷纷开始实现分权化改革。分权化改革的浪潮席卷世界各地,很多国家都将分权化视为解决发展进程中面临的各种政治经济问题的药方,并进行了各种各样的分权化改革试验。例如,如美国里根政府继续推行尼克松的新联邦主义政策,进一步加强各州的自决权与自主权,克林顿政府将联邦政府原来的社会职能逐步向州和地方政府转移,如社会福利,劳动就业、医疗卫生、低收入补助等都由各州解决。法国从 1982 年开始推行地方分权化改革,重新界定了中央政府与地方政府的权力界限以及权力运作的框架。在西方国家这场分权改革中,共同的趋势就是将大量的事权交给地方,这使得地方的公共事业管理范围扩大,权限增加。英国推出了执行机构化改革的“下一步行动方案”,新西兰开开启了政府的公司化改革,旨在调整行政权力,以实现政府决策职能与执行职能的分离,执行机构承担具体的政策执行与服务提供职能,实行经理负责制,拥有人事自主权和财政自主权,以超越了层级节制的传统集权模式。而中国在 1978 年以来,中国在经济上逐步推行了分权的管理模式,中央政府逐步放权,实行分成和财政包干体制,1994 年开始启动分税制改革,逐步形成了侧重于“中国式分权”模式。

分权化改革作为一种全球性的现象和趋势在发达国家和欠发达国家或地区不断上演,诸多国家都在不同程度上推行以分权为核心的城市治理能力建设以期应对复杂的城市问题。行政管理的分权化意味着“任务”和“资源”等要素在不同层级政策主体间作某种形式的划分。分散行政权力和政府职能,既包括中央政府将若干职能、权力下放给地方政府,也包括地方政府行政组织内部层级之间的分权,实行决策权能与执行权能的分离。财政制度是分权化的治理结构中最为核心的激励机制,具体而言,分权化意味着“事权”和“财权”在不同层级政策主体间进行合理划分,使有限的公共资源能够更加集中于公共服务项目之中[①]。分权化给予了地方

---

① 唐贤兴,田恒.分权治理与地方政府的政策能力:挑战与变革[J].学术界,2014(11):6－7.

管理者更大的政策制定的自由裁量权,以至于地方层面能够更快地完成项目,使他们摆脱因过度集权化造成的程序冗余的困境,从而有助于提升城市公共服务的政策环境。

一般而言,分权化的制度安排有助于地方政府更好地回应使用者对公共服务的需求,并使公共服务供给的过程更为透明、有效,但它有赖于合理地划分财政权力和配置决策权。不合理的分权也容易加剧城市问题的出现。例如,在印度大都市区治理中形成了加尔各答模式、班加罗尔模式和孟买模式,不合理的分权导致统一的大都市区治理机构缺乏权威性,难以有效地协调处理大都市区相关事务,致使城市管理中面临碎片化、效率低下、公共服务递送不足、腐败严重等困境[①]。因此,城市政府在治理中应根据城市发展的阶段和特殊的国情,严格把握分权的尺度和方式。

3.2.3 政府行为的企业化

20 世纪 80 年代以来,伴随着经济全球化、信息化和知识经济的发展,西方各国相继开启了行政改革的浪潮。"新公共管理"的模式运用而生。新公共管理强调政府在提供公共服务时应该注意引入市场竞争机制,允许私人企业或者其他社会团体参与服务竞争,在公共服务领域应该采取私有化的策略。在新公共管理的理念下,政府不再是公共产品和服务的唯一提供者,政府也由"划桨"的职能转变为"掌舵"的职能。政府也不再是公共产品供给中的唯一提供者,社会组织、私人团体、非营利组织也越来越多的参与其中,形成了多元主体共同参与的治理格局。政府行为的企业化意味着,以企业精神改造政府,意欲将注重效率、鼓励竞争、激励创新、崇尚绩效的企业精神与理念注入政府组织。

政府行为企业化对诸多城市产生了重要影响。例如在美国纽约,城市政府不再直接负责公交、供水、道路、电力、垃圾处理等大型基础设施,而是采取外包的形式,将企业吸入决策中,采用市场化经营的方式。私营企业在其中参与的方式主要有两种:一是所有权参与,将所有的企业股份化的形式将部分或者全部的资产所有权转移到私营部门,或者通过私营部门特许经营的方式参与新建的项目;二是管理权参与,通过签订各类合同,形成公共部门与私营部门共同承担责任的形式,在经营业绩协议、管理合同、服务合同的基础之上,划定双方参与的边界。同时,城市公

---

① 曹海军,刘少博.印度大都市区治理:制度结构、实践困境及其原因分析[J].中国行政管理,2017(1):114-117.

共管理方式的企业化也体现在各个城市日益打破原有的官僚制管理体系,政府在管理中也越来越多地采用企业化的管理方式,将企业管理中的战略管理、绩效管理、人力资源管理、组织管理等多种先进的管理方法移植到城市管理领域,用于考核政府的在公共政策的制定和执行中所产生的成本收益。在美国的洛杉矶,城市政府采取全面质量管理、成本/收益分析、客户导向等手段,将企业化的管理引入城市管理领域,讲求绩效、鼓励竞争、激励创新。

但是,值得注意的是,我国在城市管理中出现了企业化转型,但是这种企业化的转型与西方国家的企业化存在较大的差异。西方国家的企业化体现在城市治理中对企业、社会组织的吸纳,城市管理中运用企业化的管理手段,包括企业化战略、企业化方式、企业化话语,主张通过采用新资源、新技术、开拓新市场,运用城市大事件营销的方式,增强城市竞争力。而我国的企业化则一方面吸纳了西方企业化中的效率意识,绩效考核的方式提升城市行政能力,另一方面却具有浓厚的"过度企业化"意味。特别是在我国现有土地制度、官员考核制度和住房制度下,城市治理中的企业化也具有一定的局限性。这主要集中于地方政府在管理城市公共事务中,片面强调土地和空间资源的开拓以拉动城市经济发展和财政收入提高,片面强调经济建设的职能而忽视社会福利性职能。

第 5 节　中外市政体制的比较

1　国外市政体制

1.1　美国

美国的城市管理体制基本上市采取市政自治体的形式,并没有统一的市政体制,每个城市都可以依据自身的规模、性质选取合适的管理体制。通常而言,美国的城市管理体制主要是包括市场议会制、市委员会制、市经理制。

市长暨议会制。市长暨议会制是"议行分立"的行政体制,在这种体制下立法、司法和行政三权分立。在 19 世纪末以前,美国普遍实行的是市政体制。市长是由选民直接选举产生,对选民负责。市长下属的部门的负责人一些由市长直接任命,一些由选议会选举产生。市议会是全市立法机关,具有立法权、决策权。市长议会制可以分为强议会制和弱议会制。

弱市长制的特点是议会具有立法和行政的两种权力,市长只是全市的名誉代表,作为挂名的首脑,并没有行政权力,也没有权力否定议会的决议。市长的活动主要在于出席礼仪方面、城市之间的交谊方面的活动。随着城市规模的不断扩大,弱市长制的缺点逐步显现,由于城市并没有一个强有力的行政中心,城市中所积累的道路、桥梁、医院、学校等公共问题日益严重。责任的分散使得城市管理的效率低下。政府各部门首长由民选产生,市长只能委任少数不重要人员,且须征求市议会同意;责任不清,行政不统一,市政易被政治斗争影响。

19世纪后期,在美国快速的工业化、城市化的推进下,弱市长制逐步转变为强市长制。1898年全国市政同盟颁布了《城市章程范本》,主张加强城市行政部门特别是市长的权力,赋予市长在罢免各个部门的负责的并检查监督他们活动的权力,市长也可以向以为会提交立法法案。整体而言,"强市长"的特点包括:市长是由选民选举产生,是城市行政权力的主要负责人;市长可以否决议会通过的法案,议会在3/2或者3/4议员通过的情况下也有权推翻市长的决定,两者之间是一种相互制约的关系;市长全面负责全市的财政预算编制、执行。

强市长制在客观上克服了弱市长制中政府行政能力,负责立法的市议会与负责执行的市长同为民选产生,互相制衡,但政治与行政不能密切配合,不能发挥城市的政治功能,也缺乏资源调配不及及时的困境,强市长制度需要市长在市政管理能力上具有较强的专业性。经过选民选举产生的市长往往缺乏专业性。为此,美国在费城、波士顿、纽约等地也相继增加了首席执行官一职,首席执行官在协助市长处理城市日常恶专业化事务,作为市长的代表,首席执行官只对市长而不对议会负责。

市委员会制。市委员会制在美国出现与城市突发事件的应对有关。市委员会制初始于德克萨斯州的加尔维斯顿市,1900年该市遭遇飓风、海啸侵袭,损失极为惨重。而当时实行的市长议会制权力分散,民选官员在应对危机中束手无策。为此,议会成立了在当地具有名望的企业家组成的5人市委员会,负责全市的立法和行政,每人负责一类事物,使得加尔维斯顿市的灾后重建工作得以顺利完成。

市委员会制的特点是集立法权和行政权于一体,实行"议行合一"的体制;委员的数量在3—5人或7人组成,由选民直接选举产生,属于集体决策型;委员会举行全体会议时,选举其中一人为市长或议长,在会议时担任主席;行政部门的划分在不同的委员会体制下有所不同,通常设有公共安全、财政、公共事务、社会福利等机构;选民对决议法令有废止权;政治权力集中,克服了分权带来的协调沟通难的问题,行政决策效率高;适宜于小城市的熟人社会关系网络,但是由于委员会制违背了分权原则,商业团体把控城市发展,容易造成城市权力与资本的合谋。委员会制在实践中出现了诸多腐败、官商勾结的问题,委员会也缺少一批专业且永久的行政官员,该体制在 20 世纪 30 年代迅速衰弱。

市经理制。市经理制是市委员会制的基础上演变而来的,为了清除市委员会中的弊端,在美国城市管理中将企业的运作方式、管理理念移植于城市管理中。市经理制的核心是将政府看成是类似于大公司机构,有董事会、监事会、经理层,用经营企业的方式来管理城市。市经理制的主要特点包括:议会负责实施城市的管理政策,议会将聘请一个市经理负责政策的实施,授予其权力,负责对全市的行政部门的领导工作;选民是以全市为单一的选区,选举出一个由 5—9 人组成的议会,议员每两年改选一次,一次选两人或三人;市经理保持政治中立,其任期长短与才干、政绩相关;市议员不直接监督各个部门,而是直接对市经理监督,市经理在负责对口的部门;城市设有一名市长,但是市长并没有实权,其职位相当于企业中董事会的主席,一般是从议员中选举产生;市长是名义性的首脑,主要工作是调节市经理与市议会之间的关系。

总体而言,城市经理制表现出明显的企业化倾向,运用企业中专业化的管理手段、绩效考核的指标来衡量市政府在管理中遇到的问题,并不断地修正和完善。城市经理制在 50 万人口以下的中小城市较多。城市经理往往在学历、工作经验和专业性方面较民选市长更具优势,但是城市经理制中也存在政治与行政的糅合。市经理在市政管理的经验上比议会普通议员更具优势,从而导致行政干预政策制定的过程;市长与经理的角色立场也往往不同,容易产生分歧①。

市行政长制。市行政长制类似于市长暨议会制,市长由民选产生,但是在市长之下设一个市行政长协助市长处理事务,但是市行政长只能协调各部门工作,不能监督人事、法律及预算等重大事宜。

1.2　英国

英国的城市管理体制可以划分为议会委员制,其主要特点包括:每个城市都设

---

① 乔治·弗雷德里克森,王金良.变革中的美国城市体制[J].国家行政学院学报,2009(1):108-112.

立了议会,议会内部再另设立委员会,行使职权;以议会作为城市权力的中心,享有立法权;议员由选举产生,并由议员中选举产生市长,市长权力有限,通常是负责处理礼节性事务;市议会中的委员会按专业分工,对议案具有重要的决定权,议员的助理往往都是该领域内的行业专家;议会委员会根据议会的决定自行制定执行方案,且可以自由任命一些执行事务的官员。

英国城市政府受到中央的统一领导,受中央政府的监督。中央任命的地方官员在城市公共事务管理中具有主导性作用,同时,地方政府又有充分的自由权,但是这种自主权大多局限于税收、财政等几种小范围的调节工具。英国各个城市政府的职能也各不相同,但是政府大体上也都较为关注环境、福利性公共服务和公共安全这三项职责。城市行政职权由议会授权各委员会执行。委员会根据议会的授权自行处理事务。在英国的市议会常设委员会、临时委员会、法定委员会和联合委员会。

常设委员会主要负责城市日常的公用环境卫生事业,财政委员会和警察委员会的全体委员均需要由议员担任,其他委员会议员可以是非议员和议员共同组成。法定委员会主要是处理依据相关法律必须设定的委员会,其职责非常明确,主要是负责警察、财政、消防、教育、卫生等事务。

伦敦市行政管辖的区域包括 32 个自治市和 1 个伦敦城区,形成了一种大都市区的管理模式。市政府由市长和市议会组成,市长经选举产生,对外负责伦敦的城市形象,做礼仪事务,对内负责大伦敦市区的整体战略规划。伦敦地方议会具有监督、质询市长的权力,还可以单独向市长提出建议。整体而言,大伦敦市政府和各自治城市之间是一种相互分工合作的关系,在涉及大伦敦事务上共同协商解决,在具体的城市管理事务中则由自治市决定。

1.3 日本

在日本,中央政府与地方政府之间的关系及其延伸出来的权力分配是理解都市政府运行管理的核心,日本《地方自治法》规定实行中央、都道府县、市町村三级的管理体制。都道府县和市町村都是地方自治制度,一般将其称为地方公共团体或者地方自治全体。市町村是最为基层的行政区,市是指城市化地区,町村主要是指农村地区。三者之间地位相同,并不存在隶属关系或者是领导关系,都是向本市町村居民提供公共服务。都道府县则是更为广泛的地方公共团体,对市、町村起到补充作用。

从本质上而言,日本的城市管理体制也是一种议会市长制。市的决议机构和行政机构相互分离。在日本,议员通过选民直接选举产生,议员的数量依据城市的人口规模而定,最少为 30 人,最多为 100 人。议会的主要职责是立法权、讨论修订地方财政审批、预算,决定地方税,并监督市长和行政机构。议会对市长具有不信任决议权,如果市长得不到议会的信任则可能会被罢免。市政府的主要负责人包括市长、助役(副市长)、收入役(辅助市长,总会计师)。市长由市民选举产生,助役、收入役则由市长提名,在议会同意后任命。在市政府内部还设置了各种委员会,包括教育委员会、公安委员会、固定资产评价委员会等。这些委员会可以是市长任命,也可以是议会选举产生。

东京都包含了区域内 23 个特别区、27 个市、5 个町和 8 个村。东京都的行政组织作为决议机关及执行机关,决议机关是东京都议会,东京都的执行机关是以东京都知事为代表的东京都政府。议会由东京都民直接选举产生的议员组成,议会常设议员数 127 人次,每届任期 4 年;议会的议长从议员中选举产生,具有制定、修改和废除都市条例、确定和批准预算等议决权。东京都的行政长官是东京都知事,由东京都民直接选举产生,每届任期 4 年。知事管理并执行东京都的事务,同时具有对政府机关的监督指挥权。此外,执行机关又设有辅助机关、执行组织、行政委员会。辅助机关包括东京都副知事及其他职员,执行组织包括各下属事务局(政策企画局、青少年治安对策本部、总务局、财务局、主税局、生活文化局、奥运会和残奥会准备局、城市整备局、环境局、福祉保健局),辅助机关和执行组织均用于协助知事行使其职权并处理各项事务。执行机关中还设立了行政委员会(教育委员会、选举管理委员会、人事委员会、监查委员、公安委员会、劳动委员会、收用委员会、海区渔业调整委员会、内水面渔场管理委员会、固定资产评价审查委员会),对各个执行事务进行管理和监督。

2　中外比较

西方国家的市政体制较多,从城市政府权力的来源及其负责的机构来说,大致可以分为两类:一类是"议行合一"的市政体制,一类是"议行分立"的市政体制。

"议行合一"的市政体制意味着市议会、市政府是合二为一的,只有一个权力机构,实行一次选举,权力具有一统性,不可分割。根据决议和执行的程度,可以分为绝对和相对模式。绝对的"议行合一"制度意味着议会直接行使执行权,并承担责任,而相对的"议行合一"则由议会选举产生的机关执行议会决议,并承担责任,也有部分地区在议会的指导、监督下另设行政机关,行使执行权。代表性国家包括英国的议会委员会制、美国的市委员会制、市经理制、德国的市行政主任制、北欧各国的市执行委员会制。

"议行分立"的市政体制来源于权力的制衡理论,认为如果权力由一个中心集中容易导致权力的滥用和腐败现象的产生,因此需要两个权力中心分别行使决议权和执行权。在"议行分立"的市政体制下,议会和行政机构的权力是分离的,由两次选举产生,设立两个行政机关,是一种主张限制权力,预防"多数人暴政",建立相互制约的平衡机制。"议行分立"的市政体制可以分为绝对的和相对的两种模式。前者由选民两次分别选举产生市议员组成议会,再次由选民选举产生执行长官(行政首长)。后者由选民选举产生议会,并由议会选举产生执行长官,执行长官依法独立行使职权。代表性国家有美国的市长议会制、日本市长议会制,相对的"议行分立"的市政体制代表性国家是法国的议会市长制。

在我国人民民主专政的国体和党领导下的人民代表大会制度的整体,决定了我国的城市管理体制与西方国家的议会制存在较大的差异。在历史文化、经济发展、国家政治等共同因素的影响下,我国的城市政府的管理体制具有鲜明的特点,主要表现为以下几个方面:

一是中国共产党是我国城市管理的执政党,中共市委是城市管理体制中的核心。中共市委虽然不在国家行政机构的组成范围之内,但是由于中国共产党的全面执政,在对城市政治、经济社会发展等方方面面具有绝对的领导权,中共市委在城市政治中的作用主要体现在以下三个方面:干部的选拔任用,市委具有向市人大推荐干部的权力;城市工作中遇到的重大问题需要市委常委会讨论决定,市委具有决策权;中共市委设立的统战、政法部门领导了全市的法院、检察院、公安、司法局等部门。

二是市人民代表大会是全市最高的权力机关和议决机关。我国城市中的检察院、法院、政府都是由人民代表大会选举产生,并对其负责接收人大的监督。因此,我国的市政体制也被称之为行政首长制、议行合一制。

三是全国城市管理体制较为相似,市对区县具有绝对的领导权。西方国家的城市管理体制较为复杂多元,我国城市在数量上远超过西方国家,但是在管理体制、职权配置和层级结构上却较为单一。这与我国单一制的国家形式有关,也和新中国成立初期形成的高度集中的计划经济体制密切关联,中央与地方之间的关系分明,条块分头管理。市与区的关系是完全的上下级的关系,在执政党组织的领导下,市委、区委和县委层层相关,市对区具有绝对的领导权,构成了严密的市政权力体系。

四是社会团体在城市管理体制中的作用正在加强。西方国家在城市管理中具有大量的社会组织参与其中,行业协会、团体组织等第三部门在城市规划、标准制定、社会救助等方面发挥了重要作用。而我国长期以来的强政府模式,第三部门在城市发展中的作用并没有得到充分的重视。改革开放以来,民主党派、工会、共青团、妇联、动物保护协会、基金会等部门越来越多参与城市决策之中,各种社会团体的声音也日渐得到政府的重视。

复习思考题

(1)城市政府的权力内涵是什么?

(2)城市政府职能划分的主要依据是什么?

(3)我国城市政府管理体制变迁的主要特征有哪些?

(4)美国的城市经理制是否适用于大城市?为什么?

参考文献

[1] [德]马克思.资本论:第一卷[M].北京:人民出版社,1975.

[2] [英]K.J.巴顿.城市经济学[M].北京:商务印书馆,1984.

[3] [英]戴维·哈维.正义、自然和差异的地理学[M].胡大平译.上海:上海人民出版社,2010.

[4] Chien,S-S(2013). New Local State Power through Administrative Restructuring. Geoforum,46:103-112.

[5] Lan Xue & Kuotsai Tom Liou. Government Reform in China:Concepts and Reform Cases. Review of Public Personnel Administration, 2012,32(2):129.

[6] Li, L. (2011). The Incentive Role of Creating "Cities" in China. China Economic Review,22:171-181.

[7] Li，Y&Wu，F.（2015）2014.Reconstructing Urban Scale：New Experiments with the"Provincial Administration of Counties"Reform in China. China Review，14(1)：147－173.

[8] Zuo，C.（2015）. Promoting City Leaders：The Structure of Political Incentives in China. The China Quarterly，224：955－984.

[9] 白建民.现代城市管理[M].合肥:中国科学技术大学出版社,2005.

[10] 曹现强,高原.城市管理体制变革:从管制到治理.[M] 山东:山东大学出版社,2012.

[11] 陈炳水.现代城市发展与管理研究.[M] 北京:中国环境科学出版社,2007.

[12] 方雷.地方政府学概论.[M] 北京:中国人民大学出版社,2010.

[13] 高琳.快速城市化进程中的"撤县设区":主动适应与被动调整[J].经济地理,2011(4):573－577.

[14] 高祥荣."撤县(市)设区"与政府职能关系的协调[J].甘肃行政学院学报,2015(3):29－37.

[15] 侯景新,朱翠翠.我国城市设置门槛及城市数量、规模调控问题研究[J].学习与实践,2009(6):20－23.

[16] 纪小乐,魏建行政区划调整如何推动中国城市化 的进程:动因、类型与方向[J].齐鲁学刊,2019(3):109－113.

[17] 刘晨晖,陈长石撤县设市的溢出效应测度[J].城市问题,2019(3):4－11.

[18] 马克斯韦伯:经济与社会(上卷)[M].林荣远译.北京:商务印书馆,1998.

[19] 马英娟李德旺我国政府职能转变的实践历程与未来方向[J].浙江学刊,2019(3):75－82.

[20] [法]米歇尔·福柯.规训与惩罚[M].刘北成等译.北京:生活·读书·新知三联书店,1999.

[21] 彭和平,侯书森.城市管理学[M] 北京:高等教育出版社,2009.

[22] 石杰琳.反思与超越:从新公共管理到新公共服务[J].郑州大学学报(哲学社会科学 版),2011(9):9－11.

[23] 唐任伍,马宁.中国政府机构改革:元问题、元动力与元治理[J].中国行政管理,2018(11):27－33.

[24] 王建军,许学强.城市职能演变的回顾与展望[J].人文地理,2006(4):13－19.

［25］吴爱明.当代中国政府［M］.北京:中国人民大学出版社,2005.

［26］吴建南,张攀.地方政府职能转变综合改革如何推动［J］.中国行政管理,2015 (4):42－46.

［27］徐林.城市管理:问题、体制与对策.［M］杭州:浙江大学出版社,2012.

［28］叶林,杨宇泽.中国城市行政区划调整的三重逻辑:一个研究述评［J］.公共行 政评论,2017(4):158－177.

［29］约翰・肯尼斯・加尔布雷思.权力的分析［M］.石家庄:河北人民出版社, 1988.

［30］周志忍.效能建设:绩效管理的福建模式及其启示［J］.中国行政管理,2008 (11):12－16.

［31］朱光磊,李利平.回顾与建议:政府机构改革三十年［J］.北京行政学院学报, 2009(1):19－28.

第4章 城市基础设施建设与管理

第1节 城市基础设施的内容和特性

1 城市基础设施的主要内容

1.1 概念的基本内涵

基础设施(infrastructure)又称基础结构,英文中"infrastructure"词义为"基础""下部(底层)结构""永久性基地(设施)",原是军事用语,指后方军事工程中的固定设施或永久性基地。随着社会经济的发展,基础设施的内涵逐渐扩展为泛指为各项经济社会活动提供基础性、服务性制成的设施。

McGraw-Hill 图书公司 1982 年出版的《经济百科全书》提供的"基础设施"定义最能表现发展经济学家的最终看法,他们认为"基础设施是指那些对产出水平或生产效率有直接或间接提高作用的经济项目,主要内容包括交通运输系统、发电设施、通信设施、金融设施、教育和卫生设施,以及一个组织有序的政府和政治体制"。根据世界银行 1994 世界发展报告《为发展提供基础设施》,基础设施可以分为两大类:一类是经济基础设施,即永久性工程构筑、设备、设施和它们所提供的为居民所用和用于经济生产的服务;另一类是社会基础设施,通常包括文教、医疗保健等。因此,在国外文献中,基础设施、公共基础设施、公共部门资本、公共资本、公共支出等概念往往是互相通用的。

基础设施作为相对于主体产业而独立存在与发展的一个系统部门,是和社会化大生产发展密不可分的。在生产力水平低下、社会分工不发达的社会里,基础设施附属于生产企业,作为一种辅助部门和一般条件存在于企业内部;随着生产力的发展和社会分工的扩大,原先隶属于企业内部的一般条件和设施,纷纷脱颖而出,组成社会化的公共工程,成为直接生产过程之外的必不可少的生产条件。社会生产力愈高,基础设施系统也愈加完备。

在现代城市,基础设施作为向城市居民和各单位提供基本服务的公共物质设施以及相关的产业和部门,是满足城市物质生产和居民生活基本需要的重要部门,是整个国民经济系统的基础设施在城市地域内的延伸。作为城市赖以生存和发展的重要基础条件,城市基础设施是城市经济社会正常运转不可缺少的一个组成部分。

随着城市社会经济的发展,城市各项功能的不断演变和不断强化以及城市居民对生活质量和环境质量要求的不断提高,为适应城市发展追求规模效益和集聚经济的需要,城市基础设施的发展不断规模化、专业化,在技术进步的推动下,逐渐与直接生产部门分离,形成的一个相对独立的、为社会生产和生活提供相同条件的系统。在国民经济发展和城市建设现代化的进程中,作为城市社会经济活动的载体的城市基础设施建设的作用日益受到人们的重视。

城市基础设施中各类设施既相对独立又密切关联。随着社会经济的发展、科学技术的进步、生活水平的不断提高,既对城市基础设施提出新的要求,又为城市基础设施的发展开辟新的道路,而城市基础设施的加强、发展、完善、配套,又会进一步推动城市社会经济的发展,促进科学技术的进步,改善城市生活条件和生活环境质量。

1.2 城市基础设施的构成

在我国《城市规划基本术语标准》(GB/T50280—98)的解释中,"城市基础设施"(urban infrastructure)是指城市生存和发展所必须具备的工程性基础设施和社会性基础设施的总称,是城市中为顺利进行各种经济活动和其他社会活动而建设的各类设施的总称。工程性基础设施一般指能源供应、给水排水、交通运输、邮电通信、环境保护、防灾安全等工程设施。社会性基础设施则指文化教育、医疗卫生、科技体育等设施。狭义上的城市基础设施通常指工程性基础设施,主要包括以下内容。能源设施包括电力、煤气、天然气、液化石油气和暖气等城市主要能源的生产、运输中转、供应设施等。供、排水设施包括自来水厂、供水管网、排水和污水处理等水资源的开发、利用设施,自来水的生产、供应设施,雨水排放、处理设施等。

交通设施分为对外交通设施和对内交通设施。前者包括航空、铁路、航运、长途汽车和高速公路；后者包括道路、桥梁、隧道、地铁、轻轨高架、公共交通、出租汽车、停车场、轮渡等。邮电通信设施包括邮政、电报、固定电话、移动电话、互联网、广播电视等。环保设施包括园林绿化、垃圾收集与处理、污染治理等环境卫生和垃圾清运处理、环境监测保护、园林绿化等设施。防灾设施包括消防、防汛、防震、防台风、防风沙、防地面沉降、防空等设施。

2 城市基础设施的特性

2.1 服务的公共性和社会性

城市基础设施所提供的产品和服务，既有属于福利品范畴的内容，如道路、公厕、下水道、桥梁、绿地等，也有一部分具有一定商品属性的内容，如电话、自来水、电力、煤气、电信、邮政等；但即使是后者，也完全不同于一般意义上的私有产品，因为此类产品的提供是以一个人的使用不能排斥其他人的使用为前提，必须为全社会服务的。因此，根据产品的基本特征和供应方式来分类的话，城市基础设施所提供的产品和服务主要属于公共物品和准公共物品的范畴（表），具有鲜明的公共性和社会性。

城市基础设施的公共性和社会性首先突出表现为，任何一项基础设施都不是为特定部门、单位、企业或居民服务的，而是为城市所有部门、单位、企业和居民提供服务的，是为城市社会整体、为整个城市提供社会化服务。城市基础设施与城市其他主体设施的显著区别在于，后者可能只为某些企业或人提供服务，而基础设施必须为全社会、全体市民提供服务。城市基础设施作为一个公共的开放系统，不能拒绝任何使用者的需求。

城市基础设施的公共性和社会性还突出表现为，城市基础设施所提供的产品和服务往往直接或间接影响着城市社会公平、社会稳定与社会伦理，一个城市的基础设施服务质量和水平也是衡量其社会福利的主要标准。例如，获得清洁的饮用水和环境卫生设施对于降低发病率和死亡率具有最直接的作用，也直接影响城市公共卫生状况和国民健康水平；公共交通的提供和交通成本的高低是城市贫民能否获得就业的关键因素，建设或维修公路和供水系统可以通过提供直接就业来减少贫困；其他各种城市基础设施对城市生活基础能源的供应、垃圾处理等也是保证城市生活基本条件的重要基础。

　　城市基础设施的公共性和社会性同时要求政府具有为所有公民提供基本的基础设施服务的责任和义务,即普遍服务。由于各国的政治、经济、文化和社会习俗的不同,普遍服务的概念也有所不同。一般来看,普遍服务的概念普遍强调了对中低收入者的倾斜和援助。例如,从电信产业来看,普遍服务的含义主要包括了对任何地点、任何人都要实现无差别的、可负担得起的服务,并实现对资源的平等介入。由于市场价格机制无法保证产业的普遍服务性质,因此往往需要政府对基础设施行业进行干预和管制,以保证普遍服务的实现。

表 4 - 1　社会产品的种类

	基本特征	供应方式	实例
公共物品	共同消费 具有外部利益 供应不易排除	政府提供 政府投资	国防设施、敞开式公路等
私人物品	单独消费 没有外在利益 供应易于排除	市场提供 向消费者直接收费	食品、服装、汽车等
准公共物品	单独消费 具有外在利益 供应易于排除	政府提供或政府资助 市场提供 政府投资或直接收费	学校、医院、收费性的高速公路等

2.2　自然垄断性

　　自然垄断是经济学中一个传统概念。早期的自然垄断概念与资源条件的集中有关,主要是指由于资源条件的分布集中而无法竞争或不适宜竞争所形成的垄断。在现代这种情况引起的垄断已不多见。克拉克森等经济学家从规模经济的角度来说明垄断的经济特征,认为自然垄断的基本特征是:在一定的产出范围内,生产函数呈现规模报酬递增状态,即生产规模越大,单位产品的成本就越小[①]。由一个政

---

① 肯尼思·W·克拉克森,罗杰·勒鲁瓦·米勒.产业组织:理论、证据和公共政策(杨龙、罗靖等译).上海:上海三联书店,1989.

府公营企业大规模生产,要比由几家较小规模的企业同时进行生产能更有效地利用资源,并更有效率地向市场提供同样数量的产品。规模经济很好地解释了产品单一领域行业的自然垄断。而如果由一个企业生产多种产品的成本低于几个企业分别生产它们的成本,就表明存在着范围经济。由于单独生产某一产品的企业的单位产品定价高于联合生产的企业的相应单位产品定价,因此单独生产的企业就会亏损,这些企业或退出该生产领域或被兼并,这也会形成垄断的局面。因此美国著名经济学家萨缪尔森与诺德豪斯指出,有着范围经济的产业也可产生自然垄断。范围经济很好地解释了产品具有综合性领域存在的自然垄断[①]。1982 年,鲍莫尔、潘泽和威利格用部分可加性重新定义了自然垄断[②]。他们认为,即使规模经济不存在,或即使平均成本上升,但只要单一企业供应整个市场的成本小于多个企业分别生产的成本之和,由单个企业垄断市场的社会成本最小,该行业就仍然是自然垄断行业。自然垄断的定义或者最显著的特征应该是其成本的劣加性。换句话讲,就是平均成本下降是自然垄断的充分条件,而不是必要条件。平均成本下降一定造成自然垄断,但自然垄断不一定就是平均成本下降。只要存在成本弱增性,就必然存在自然垄断。

根据以上西方经济学领域有关自然垄断理论的规模经济、范围经济和成本次可加性这三个方面的因素和标准,可以看到城市基础设施的各个行业普遍存在着自然垄断特征。第一,城市基础设施行业往往在建设初期需要投入高额的初始固定成本,而在建成运行后其运营成本相对较低且具有可变性,尤其是产品数量增加可不断摊薄固定成本,并导致平均成本持续降低。因此,城市基础设施行业的成本结构反映了其特有的规模经济性,具有自然垄断的特征。第二,一些具有网络特性的城市基础设施具有突出的范围经济性,其自然垄断的特征也更为明显。例如,交通、通信、电力等具有网络特性的城市基础设施部门,节点越多流量越大,其行业部门的收益也越大。再者,在城市基础设施的不同部门之间,自然垄断特征和程度具有一定的行业间差异。例如,自来水和管道燃气等行业,行业的网络经营和运输经营间存在较高的范围经济难以分离,这就使得其行业的自然垄断性得到了加强;而在公交运输等行业,网络经营和运输经营相对容易分离,其自然垄断性相对较低;

---

① 保罗·A·萨缪尔森,威廉·D·诺德豪斯.经济学(胡代光译,第十四版).北京:北京经济学院出版社,1996.

② William J.Baumol,John C.Panzar and Robert D.Willing. Contestable Markets and the Theory of Industry Structure[M]. New York: Harcourt Brace Jovanovich Ltd,1982.

另外还有一些行业,产品的不可替代性加强了行业的自然垄断性。

表 4 – 2　部分城市基础设施部门的自然垄断程度

		范围经济	规模经济	沉淀成本	自然垄断程度
公用事业	第1节　电(发电)	大	中		中
	（配送）	大	大		大
	第2节　天然气(生产)		中		中
	（传输）	大	大	中	中
	3.城市供水	大	大	大	
	4.电信、广播	大			
	邮政		小	小	中
	本地电话		大	大	大
	长途电话	中	小	小	中
	广播(无线)		中	小	小
	（有线）	大	中	小	中
运输部门	1.铁路	中	大	大	中
	2.国内航空	中	中	小	中
	3.卡车	小	小	小	小
	4.公共汽车	小	小	小	小
	5.出租汽车	小	小	小	小

出处:植草益,微观规制经济学,中国发展出版社,1992,pp.48

　　第四,城市基础设施部门的自然垄断性并不是一成不变的,市场规模扩大和技术进步这两个因素会使基础设施的自然垄断性发生显著变化。技术水平不变的条件下,市场规模的扩大为竞争者的进入提供了立足的空间,可以使自然垄断行业成为竞争性行业。一个行业自然垄断是否成立,取决于平均成本最低时的产量相对于市场规模的大小。一般而言,市场规模越小、越封闭,垄断就越容易发生。反之,如果需求足够大,超出了厂商成本弱增的范围,新厂商就有了与老垄断商竞争的余地。技术进步能在很大程度上改变自然垄断的边界,替代技术和替代能源的出现可以使细分行业之间出现竞争,这在电信、电力行业表现得尤为突出。新技术的应用突破了原来的技术基础,形成对原有技术的替代,使基于原技术基础上而形成的规模经济均势被打破,从而为新厂商进入提供了可能。基础设施经营业务品种日益多样化会把原来一个自然垄断的大市场细化为规模与技术经济特性不等且不断变化的子市场。增加的新品种可以成为新厂商进入市场的有力武器,它们利用品种的差异性进行专业化生产,可以展开更有效的竞争。

2.3 效益的内部性和外部性

城市基础设施的经济效益首先体现为突出的外部效益,其中既包括经济效益、也包括了社会效益和环境效益等综合效益。城市基础设施直接参与到生产过程之中,如城市供水、供热、供气等都是工厂企业的生产条件之一,是原材料和动力的来源,与其他生产条件一起共同地生产产品,直接创造经济效益。城市基础设施的投资效益和经营管理效果往往表现为服务对象的效益提高,进而促进城市总体效益的提高。例如,城市道路和桥梁的建设投资和维护费用都很大,但一般并不直接向使用者收费,当然也就不能采取市场补偿的方式直接收回投资或进行更新和再建,更不能为财政提供积累。孤立地看城市道路和桥梁的效益很差,但它们却为城市高效运转创造了条件。此外,城市基础设施的社会效益则更为广泛,如城市道路、桥梁、车站、码头以及排水防灾设施等,每时每刻都在为全社会服务。既为生产服务,又为生活服务。同样,城市绿化、环境卫生等则又体现出城市基础设施的环境效益。它在为城市的生产和生活提供必要的外部条件的同时,也创造了优美的城市环境。

而城市基础设施的效益不仅仅通过整体社会经济效益间接地表现出来。随着规模效应和现代科学技术的发展,使得城市基础设施建设管理的成本日益低廉;作为城市中的经济产业,供水、电、气、热、公共交通等以及实现商品化生产与管理的其他基础设施部门,本身的投资效益不断提高,内部效益也在日益改善。

城市基础设施的建设和管理,其目的并不完全着眼于获得自身的经济效益,而在于为整个城市经济发展和社会环境水平提高提供基础条件,促进城市经济和其他各项城市事业的发展,增进城市的总体效益。因此,城市基础设施的建设管理中不能以经济效益为唯一准则,而应以社会效益和环境效益为重。

2.4 建设的超前性

作为城市赖以生存和发展的物质基础,一个城市基础设施的水平高低,决定这个城市承载能力的大小。城市基础设施的规模、质量以及由它所提供的负荷能力，已成为一个城市发达程度的重要标志。城市基础设施的落后不仅直接或间接地影响着经济的发展，而且会给城市生活带来众多的困难。

从城市发展的要求来看，作为城市发展和存在的基础，城市基础设施的建设需要具有一定的超前性，以形成有利于经济社会发展的外部基础条件。从自身建设的过程来看，城市基础设施建设的内容多、投资大、周期长，但见效慢，必须全部建设后才能发挥作用，存在较为明显的时滞，而且一旦建成在相当长的时期内会固定不变。因此，这就要求城市基础设施的建设要有超前性。

城市基础设施建设的超前性包括时间的超前和容量的超前。从技术角度讲，城市基础设施建设的工期长，埋设在地下的部分较多，必须先行施工，否则不但会造成重复施工，影响整体建设工程的工期和效率，而且会浪费大量资财，影响整体效益，所谓城市建设前期准备必须先做到"七通一平"，就是这个道理。容量上的超前，即城市基础设施的建设和供应能力的提高应超前于城市当前的现时需要。这是因为，城市对基础设施的需要往往随时会有变化且会不断增长，而基础设施却因牵动面大而不宜随时扩建变动。所以，城市道路埋设在地下的各种管线等有关工程量大，使用年限长，建成后不易移动的设施，应按城市一定时期内发展规划和总体要求一次建成或按最终规划建设或者预留，否则会妨碍城市今后的发展和扩建。

2.5　产业的综合性与协调性

城市基础设施是一个有机的综合系统，也是城市大系统中的一个子系统，其系统性和综合性不仅通过显而易见的城市道路网、电网、自来水管网、煤气输配管网等各类设施自成体系的网络表现出来，而且表现为城市基础设施的各个分类设施系统之间的密切联系，形成城市内部一个相对独立的产业部门。这个产业部门在其内部以及同外界环境之间均需协调一致，才能正常良好地运转。城市基础设施必须与城市国民经济、人口规模、居民生活水平、城市规划建设等保持协调发展的关系。

城市基础设施内部各分类设施系统之间联系也非常紧密而协调。例如城市道路建设中，往往涉及电力、电讯、给水、排水、煤气、园林、环卫、消防等部门，城市的给水、排水、煤气、电讯等管线往往预埋在城市道路下面，城市道路开挖影响的不只是城市交通，而且会影响到其他城市基础设施效率的发挥。如果城市排水设施不良,遇到雨水积水,就会造成交通不畅,如果城市道路通畅,就能提高城市的防火防灾能力,城市电话普及,通信设备良好,无疑也会减少城市交通流量,减轻城市道路压力等。

城市基础设施各分类设施内部都构成一个有机整体,自成系统,互相协调,不能割裂。如城市道路、公路、地铁、铁路、民航、公共客运交通、个体交通、货运、交通管理等组成一个有机整体构成城市交通系统;又如水资源的开发利用、水源保护、防洪、给水、排水、污水处理与利用等构成水资源和给排水系统。

以上所有这些方面,表现出它们之间的联系密切、互相制约、互相依存的运转系统性和综合性。城市基础设施的以上特征也就必然要求,为保证其运转顺畅、高效优质,必须做到各个部门间的管理协调,通过对多头管理的各个部门进行统一调度和相互协调,才能使这一系统的综合效益得以有效发挥。

第2节　城市基础设施发展与政府作用

1　基础设施对城市发展的影响作用

1.1　提高城市社会生活质量和条件

城市基础设施是城市存在、运转和发展的物质基础,也是城市经济和社会发展的重要前提。城市基础设施的状况直接体现一个城市社会、经济和文化的发展水平,直接代表一个城市的形象。完善健全的城市基础设施不但能够为城市居民的生产和生活提供宜居的条件,而且能够为城市带来良好的声誉和形象,形成优越的投资环境,为城市社会经济的发展吸引需要的资金和人才,提高城市的竞争力。

城市基础设施其服务对象不仅是生产,而且还有城市居民的生活,有些设施例如防火、防洪、防震等还担负着保证城市安全的作用。因此为城市居民生活服务是城市基础设施一开始出现就具备的职能。城市社会生活质量的高低和条件的差异不仅取决于国家与地区的经济发展,取决于国家的综合国力及人均国民生产总值的水平,城市基础设施的完善及良好与否也对城市社会生活质量具有重要影响。完善而良好的城市基础设施为城市创造清洁、卫生、优美、舒适的生活条件和社会环境,提高城市社会生活质量和水平,增强城市的吸引力,从而促进城市经济社会的发展。

1.2　维护城市自然生态环境

城市基础设施对城市生态可持续发展具有十分重要的影响。城市基础设施对城市生态环境的影响作用可以分为正反两个方面。首先,一部分环境基础设施对于城市大气、水、土壤、废弃物处理等环境问题的预防和治理发挥着直接的作用,对于减少环境污染、改善城市环境质量具有十分重要的意义。例如环保检测设施等有利于预防各类环境污染问题的出现、对各类环境污染状况的准确把握、为环境政策提供依据,给排水、垃圾处理等基础设施可以减少各种废弃物对城市环境的污染,园林绿化基础设施使得城市生态得以改善。但是也必须看到,如果缺乏科学合理的规划设计和管理,基础设施建设中也可能产生不利于生态环境的负面影响。例如对城区排污系统的投资往往少于对供水系统的投资,致使水源被污染、洪水危害增加,由此削弱了供水系统投资给人们健康带来的好处;对固体垃圾管理不善还会使城市街道排污系统状况恶化,降低饮用水质量。

其次,随着城市经济社会活动的多元化和复杂化,城市生活与生产方式的变化使得城市环境问题的产生机制也发生了明显的变化,城市基础设施的运行状况对城市环境问题的负面影响也日益突出。例如,道路交通基础设施的建设在改善城市交通条件、提高城市活动运行效率的同时,也导致了机动车交通的激增,进而加剧了严重的大气污染;现代信息基础设施如大型数据中心等的运行中会产生大量的碳排放,各种能源类城市基础设施如热电厂等在运行中造成的环境污染和破坏也成为主要的城市环境问题之一。因此,在城市基础设施建设规划中需要更积极主动地应对这些问题,通过合理的规划设计,使得城市基础设施建设运行对城市生态环境改善的负面影响降低到最低限度。

城市快速发展过程中,对于基础设施的需求不仅在数量、种类方面快速增长,而且基础设施的时空布局也要求能够适应城市发展形态的快速变化。例如,普遍存在的快速城市化中的城市蔓延问题,很大程度上就是由于土地开发与基础设施建设的速度、时序不配套导致的,进而使城市边缘地区环境生态遭到严重破坏。因此,必须加强环境基础设施的规划和建设管理,才能有效地发挥其积极作用,保证城市生态环境的持续改善。

1.3　推动城市经济持续增长

在城市经济发展过程中城市基础设施的作用十分突出,它的各个系统纵向延伸、横向扩展,与城市经济社会各方面需求相互联结,不仅为社会生产和再生产创造了必要的条件,其投资建设还对资本、材料设备和劳动力产生直接的市场需求,拉动国民经济增长。可以说,城市基础设施已成为城市经济发展的基础性产业,其运营质量将对城市经济发展产生直接的影响。城市基础设施对城市经济增长的作用主要体现在以下三个方面①。

从宏观层面来看,城市基础设施的投资建设促进全要素生产率的增长,增加私人投资的社会报酬率从而促进经济增长。基础设施创造了区域经济的外部性,而外部经济导致地区内规模经济和投资回报率的增长。而且,基础设施建设、尤其是生产性基础设施建设有助于节省资金、缩短工期、降低成本,从而获得较好的投资效益。研究表明,在生产要素自由流动的情况下,根据资源最佳配置的条件,生产要素往往倾向于流向基础设施较好的地方,因此,基础设施在吸引私人资本投资方面也具有非常重要的作用。

从微观层面来看,城市基础设施建设通过降低企业运行成本促进经济发展的作用尤为突出。因为企业往往面临着相当高昂的基础设施成本负担,这类成本的降低直接影响着企业的增长和就业的发展。此外,经济全球化背景下城市经济发展环境决定了获得新的出口市场的竞争特别依赖于高质量的基础设施,而城市基础设施建设则有助于增强国际竞争力。

基础设施建成后使用过程中的管理、维修和保养等方面的重置规模对经济增长的影响同样突出。具体表现在以下三个方面。首先,降低产出传输损耗,提高投入产出效率。基础设施重置规模不足且缺乏维修将致使产出在传输过程中损耗,降低基础设施的投入产出效率和传输质量,并增加用户费用。削减维修支出是一个不经济的方法,这种削减不得不在日后用高得多的改建和重建来补偿。同时由于维护不足会缩短基础设施的使用寿命和降低提供服务的现有能力,因此它意味着必须有更多的投资才能提供这些服务。其次,减少项目配置失当,增强服务能力。配置失当的项目投资造成的是不使用的基础设施或提供标准有误的服务。由于占用了可以用于维护和提高服务质量的资金,从而给经济造成负担。最后,节约成本支出,改善服务质量。基础设施重置规模不足会导致基础设施浪费和效率低下,服务质量差且不可靠,增加用户成本,在实际中的浪费与效率低下会占去本可

---

① 龚定勇、蒋爱民,基础设施建设与城市经济增长的关系,城市问题,2004(1):46-50.

用以提供更多基础设施服务的大量资源。

1.4　发挥城市聚集效益和综合功能

从事基础设施生产的企业不断地向城市提供着电能、光能、热能、水能、声能等特殊中间产品,并以这种方式直接进入社会生产过程;城市基础设施中交通运输和邮电系统的运转,为本市企业之间、城市之间每日每时进行的生产和销售活动以及各种经济往来,提供了物资条件的保证;另外,基础设施的发展完善还是推进生产专业化、联合化、社会化的基础物资条件。

经济集聚规模的扩大,社会分工的日益细化,使城市的生存和发展越来越依赖城市基础设施的服务。城市的生产功能、消费功能、交易功能、科技功能、信息功能、调节功能等主要功能,不仅由城市经济、技术等主体结构来决定,还要受到城市基础设施容量的制约。只有城市基础设施配套完善、布局合理,城市功能才能充分发挥出来,可以说城市基础设施是发挥城市整体功能的核心。国民经济各行业的专业化分工和社会化合作,在部门之间、企业之间、人与人之间都需要各种纽带将之联系起来,其中包括物质流、信息流和工作、生活的基本环境条件,而这些都要依赖于城市基础设施的不断完善。因此,完备良好的基础设施,在发挥城市整体效能和综合效益以及城市长远经济发展方面起着关键的作用。

2　基础设施发展的主要理论

2.1　早期经济学理论研究

在早期经济学家的理论中已经意识到交通、港口、仓库、公共工程等对聚集财富的影响,并明确提出了建设公共事业与公共工程应是国家的经济职能[①]。早期西方学者的研究可归纳为以下六个方面:①财富聚集与增长、对外贸易、商业发展与航海、运输、港口等设施具有明显的作用关系;②降低运费、提高运力,以及运输工具的专业化能促进节约劳动,提高生产效率;③国家应建设和维持公共事业和公共工程;④交通等因素造成的成本变动影响生产布局;⑤公共事业与公共工程影响社会福利水平提高;⑥基础设施对失业和经济恢复有重要作用[②]。

---

① 唐建新,杨军.基础设施与经济发展——理论与政策[M].武汉:武汉大学出版社,2003.
② 杨军,基础设施对经济增长作用的理论演进,经济评论,2000(6):7－11.

2.2 超前发展的"大推进理论"

英国经济学家 P.罗森斯坦·罗丹于 1943 年在《经济学》杂志发表《东南欧工业化》一文,提出了"社会分摊资本"的概念和超前建设的观点[①]。他认为在消费品工业建立以前,必须大规模地筹集大量不可分割的社会分摊资本,建立起基础设施部门。这些资本通常占总投资的 30%—35%,依靠私人和市场积极性是无力做到这一点的,必须通过倡仪、计划或规划等步骤,为工业部门创造投资机会。基础设施工期长,投资额大,资本产出率高,应根据社会经济发展预测,有准备地、有步骤地进行投资和建设,不然就会产生工业发展后电力不足、道路不畅,临时弥补又会出现巨额资本无法筹集,从而丧失时间,制约经济增长等问题,所以基础设施应优于直接生产部门,超前发展。从经济学的意义上来说,社会分摊资本是遍及整个社会利益的公共设施投资,这些基础设施的建设可为直接生产部门提供外部经济效果,从而达到收益递增的目的。在此基础上,罗森斯坦·罗丹以生产(特别是社会间接资本供给)的不可分性、储蓄的不可分性和市场需求的不可分性作为依据提出了大推进理论。他提出,在国民经济发展的初期,必须集中精力,一次性投入大量资金于基础设施建设,基础设施建设必须在时间上优先于其他直接生产性投资,必须通过政府干预和实行计划化的方式发展基础设施。只有一次性地、大规模地、全面地投资基础设施,才会产生规模经济效益,使整个社会获得"外在经济"的效益。

2.3 "不均衡增长理论"

美国经济学家赫希曼在《经济发展战略》(1958)中,依据发展中国家经济增长受资源有限的约束和产业、项目之间的技术经济联系提出了著名的"不平衡增长理论",核心观点是随后发展基础设施才能保障经济增长。他从投资效益出发,认为有限的资本应首先发展直接生产性部门,然后再来建设基础设施部门。他批评传统的优先发展基础设施理论,认为这是一种"超能力的发展",可能会造成浪费,且它对直接生产活动的发展只具有吸引而非强迫性的作用,不能刺激引致投资;而优先发展生产部门,虽然是一种"短缺的发展"、不平衡的增长,但通过短缺的压力来决定社会间接资本的适当支出及其配置,会更有作用,更少风险,更为经济,能产生

① Paul Rosenstein-Rodan. Problems of Industrialization of Eastern and South-Eastern Europe[J]. Economic Journal,1943(211):202 - 11.

最有效的投资结果,刺激进一步的投资,实现"引致决策"最优化。所以在资本有限的情况下,应集中投资于直接生产部门,尽快地获得收益,增加产出和收入,待直接生产部门发展成长并有了较大的收益后,再利用一部分收入投资于基础设施,带动其增长。赫希曼认为发展基础设施要实行国家干预和经济计划,但更加强调市场机制的作用,强调"引致投资"的作用,认为应以优先发展直接生产部门造成的"瓶颈"压力来刺激基础设施的发展。从经济学的角度看,这是一种利用低成本追求利润最大化的行为,以便加速资本的原始积累,从而实现扩大再生产。

2.4　"平衡增长战略"

经济学家纳克斯于 1953 年在《不发达国家的资本形成问题》一书中提出,发展中国家穷困是由于经济落后、收入太低,导致供给方面储蓄水平过低,需求方面市场容量太小,投资引诱不足,从而造成贫困恶性循环,这就是所谓"纳克斯陷阱"。他认为,为了打破这一困境,必须同时对工业、农业、外贸、消费品生产、资本品生产、基础设施等国民经济各个部门按不同比例进行全面、大量的投资,实行平衡增长战略;当经济增长迅速达到一定的高度,人均收入突破一定的限度,才能彻底冲破低收入造成的贫困恶性循环。他认为基础设施建设是政府的责任,强调基础设施建设需要计划化,需要有长远的眼光,不应受政治因素变化的影响。

此外,沃尔特·罗斯托在《经济成长阶段》一书中,吸收了德国历史学派的经济发展阶段划分法、熊彼特的"创新"学说、凯恩斯的宏观经济分析、哈罗德—多马模型等理论和方法,对于基础设施的重要意义作了特别的强调,认为基础设施发展是实现经济起飞的一个重要的前提条件。其主要观点是:①基础设施是社会变革、生产力发展、经济成长的前提条件,强调随投资率的提高,对基础设施的投资应不断加大;②政府在建立社会经营资本的过程中必须担负极为重要的任务;③基础设施部门是其他主要成长部门发展的基础[①]。

2.5　基础设施与经济增长关系研究

20 世纪 80 年代末、90 年代初可持续发展理念逐步形成,在世界银行的推动下,经济学家在大范围内(主要是发展中国家)对基础设施与经济增长关系进行了

---

① 　W·W·罗斯托.经济成长阶段[M].北京:商务印书馆,1962:10、73、74.

研究①。主要结论是基础设施对促进经济增长具有实质性的、主要的作用,而且与其他形式的投资相比,这种作用越来越大。基础设施能力是与经济产出同步增长的——基础设施存量增长1%,GDP就会增长1%。随着经济的发展,基础设施结构必须适于支持变化中的需求格局,因为基础设施总存量中,部分基础设施如电力、道路和电信的份额会随着基础设施诸如水和灌溉等基本服务的份额而增长。

3 发展模式的主要特征

从基础设施与经济发展、尤其是与直接生产部门发展的先后顺序关系来看,基础设施的建设主要有如下三种发展类型。第一种是超前型,即基础设施建设相对于直接生产活动与经济社会发展水平相对比较超前。英国等西欧发达国家由于起步较早,大体属于基础设施超前发展一类的国家。第二种是同步型,即基础设施与生产消费引起的需要相适应,直接生产部门等经济社会整体发展水平与基础设施的形成和扩大同步发展,稍后发展起来的美国、加拿大、瑞典等国均属于这种类型。第三种是滞后型,即基础设施发展落后于直接生产部门和经济社会整体发展水平。苏联、东欧以及大多数发展中国家,其中也包括作为发展中社会主义国家的中国以往基础设施的建设,均属于这种类型。

3.1 超前型发展模式

超前型模式能够促进经济的发展,尽快形成优越的经济环境,宏观、长远效益较高,但建设投入大,因此经济发展较早、资金较充足的发达国家较多采取了这种模式。例如,英国交通运输基础设施的先行发展和超前建设就为1850年至1870年的工业高潮准备了基础条件②。19世纪中叶的英国,当时主要的运输方式是铁路运输和水路运输,从1840年到1850年英国铁路里程由0.135万公里增加到1.065万公里,增加了6.89倍,而这一时期英国铁路长度和铁路密度的增长速度远远超过了煤和生铁的增长速度。英国"在1830年就形成了全国性的水路运输网",纵横全国的运河长达7507公里,是当时国内水运最发达的国家;到1840年英国的主要铁路干线已大部分建成,而在"1850—1870年英国工业高涨时期"才到来。英

---

① 世界银行.1994年世界发展报告:为发展提供公共基础设施[M].1994.

② M.C.F. Dendy. A History of British Railunys down to the year 1830. London Macmillan Publishers Limit 1938.

国全国性水路运输网的形成和主要铁路干线大部分建成比工业高涨期的到来分别早 20 年和 30 年。英国之所以能够使基础设施超前发展,关键在于其在工业化之前就进行了充分的资本原始积累。但是也有人指出,基础设施超前发展导致基础设施存量超过了直接生产部门的需求,使得基础设施利用效率低,投资效果差。

3.2　平衡型发展模式

平衡型发展模式中,基础设施的形成和供给能力与物质生产的发展保持着平衡适应状态,使得基础设施的发展与直接生产部门的发展相适应。基础设施基本上不存在大量的、非正常的设施闲置和能力多余的问题,因此,基础设施部门自身投资的效果比超前型要好。同时,由于它及时保证了国民经济各部门正常运转、协调发展以及居民生活的需要而促进了经济的发展,综合经济效果较好。例如,美国的基础设施建设在时间与空间上都表现出与工业生产平衡发展的趋势。美国 1850 年铁路密度为 0.41,只有英国的 1/10,1850—1870 年英国工业高涨,美、德等国急起直追,并在工业化过程中重视交通运输建设。如美国在铁路建设中,采用对进口钢轨免税、赠予土地、给予财政援助与奖励等措施,扶持运输业发展,从 1830 年始修建到 1893 年已有铁路 28.56 万千米,1916 年达到 40.87 万千米。在 19 世纪后 30 年,美国经济水平超过英国,基础设施发展水平虽尚未超越,但基础设施总体和技术完善程度已大大超过英国。随着铁路修建向西部延伸,公路也成为国内长、短途运输的主要工具。20 世纪 20 年代以来,美国的内河、海运、公路、管道、民航都有了很大发展,对开发美国中西部的自然资源和向西部移民,发展各地区经济起到极为重要的作用。因此,美国的运输网络和整体经济发展基本是同步形成的。

3.3　滞后型发展模式

基础设施的发展滞后于国民经济发展的需要,将在一定时期内阻碍经济的发展,不利于整体经济效率的提高。虽然由于集中资金投入到直接生产部门的建设,短期内加速了工业的发展,但从长远看,实际上阻碍了生产的进一步增长和宏观经济效益的提高。在引起滞后程度比较严重的国家和地区,基础设施的短缺成为制约经济发展和增长的"瓶颈"。基础设施一旦成为经济发展的"瓶颈",在短期内是难以消除的。但是由于能缓解经济发展初期的资金短缺矛盾,所以苏联、东欧和大多数发展中国家都属于基础设施滞后发展的类型。例如,苏联从 1950 年到 1978

年,钢产量由 2733 万吨增加了 4.53 倍,煤炭产量由 26109 万吨上升了 1.77 倍,原油从 378 万吨增加了 14 倍,而铁路营业里程仅由 11.69 万千米增长了 0.2 倍,远远落后于工业产量的增长速度;尤其是通往东部新工业基地及大区间的新线建设落后于国民经济发展,致使几万千米的重要干线能力均达到饱和状态,东西干线运输尤为紧张,一些重要物资都未能完成运输计划。

3.4 交错型发展模式

除以上三种发展模式之外,还有一些国家的基础设施建设表现出与直接生产发展交错进行的形态,如日本采取了直接生产部门投资先行、基础设施投资随后紧跟的发展战略,形成了经济高速增长与基础设施迅速发展相辅相成的态势。日本优先发展生产性基础设施、"先生产性设施后生活性设施"的政策是,政府将集中起来的有限资金和资源,优先发展交通运输、电力能源等生产性基础设施,为经济调整与发展扫清道路;待经济发展、政府财源扩大之后,再拿出较多的资金和资源来发展生活性基础设施。这一政策有效地利用了仅有的资源,避免出现或者尽量减少基础设施能力不足给经济增长形成的阻力,使基础设施的发展较好地适应了经济高速增长的需要,较好地解决了经济高速增长与基础设施不足的矛盾。这种模式将有限资金投入到对经济增长影响较大的领域中,采取分阶段的集约型投资方式,对于解决资金和基础设施不足的矛盾具有明显效果。日本在战后经济复兴时期,主要致力于恢复被战争破坏了的交通设施,到 1955 年各种运输方式的客货运量都超过了战前水平,基本适应了经济发展和城市生活的需要。从 1957 年开始经济高速增长后,出现了运输紧张局面,大量货物积压待运,一些工厂甚至停产待料。为此,日本政府大幅度增加交通建设投资,经过十余年的建设,到 1970 年代初基本上建成了比较发达的运输体系,使交通运输基本上与国民经济发展相适应。据统计资料,1951—1979 年间日本国民生产总值年均增长 7.1%,而 1958—1978 年间货运周转量年均增长速度为 7.06%,两者交错发展和增长的格局十分明显。

此外,还有少数国家了在一定时间内,基础设施优先发展,等基础设施形成时,可满足直接生产在一定时间内的发展需要。当基础设施饱和时,又需要重新扩张基础设施。但在这种模式下,基础设施不是始终处于先行地位,而是与直接生产的发展交错进行的。

4　我国基础设施发展的现状与问题

4.1　基础设施的质量和数量的不足

随着经济的发展和城市化进程的加快,城市人口的增长和城市经济社会活动的日益活跃使得城市基础设施服务的需求快速增长,在此背景下城市交通拥堵、环境污染、供水紧张、拉闸限电等问题成为当前城市经济社会发展面临的突出矛盾,基础设施的数量不足和质量低下已成为加快城市化进程和促进城市经济社会健康持续发展的主要障碍和制约瓶颈。

虽然 1990 年代以来城市基础设施总量有了明显的增长。2001－2005 年间,城市新增供水能力 4500 万立方米/日,城市道路 3 万公里,轨道交通 320 公里,天然气 450 亿立方米,垃圾处理 15 万吨/日,污水处理 2600 万立方米/日。但是从平均水平和人均水平来看,与世界平均水平还有较大差距。根据 2003 年数据,我国城市自来水普及率只有 86.2%,污水处理率只有 42.4%,而一般发达国家二者均已达到 90% 以上;同期我国人均道路面积为 9.3 平方米,只相当于发达国家的 1/5—1/2,平均道路面积率为 8.6%,仅为一般发达国家的 1/4—1/2。从城市基础设施的部门间差异来看,环境类与生活类基础设施较生产性基础设施的不足问题更为突出。垃圾处理厂、污水处理设施等环境类基础设施的不足问题,在包括北京、上海在内的大城市也十分突出。例如,2003 年上海的污水处理率只有 63%,北京也仅承诺到 2008 年污水处理率达到 90%;而在全国范围内,尚有 60% 左右的城市没有污水处理厂。此外,在城市郊区、边缘区等新开发的地区,缺乏公共交通等的问题仍十分普遍。

4.2　基础设施建设资金不足,来源有限

投资主体单一,建设资金短缺,缺乏持续发展后劲。建设资金短缺已成为制约城市基础设施发展的首要问题。从投资比例来看,城市基础设施建设投资占国内生产总值的比例仍然较低。从新中国成立以来到 1991 年,我国城市基础设施建设投资占 GDP 的比重一直低于 1%,八五期间平均为 0.8%,九五期间为 1.7%,2003 年才逐步上升到 3.8%。改革开放以来,特别是近 10 多年以来,我国新型城镇化建设的投融资供给总量不断增长,但供给增长速度却呈现出持续下降的态势。2004—2014 年的 11 年间,我国新型城镇化建设投资规模从 5.06 万亿元增长到

46.48 万亿元,增长了 8.2 倍;11 年间投资增速始终基本保持在 20%—30%之间,年均增速为25.27%,2009 年最高达到 33.45%,随后增速逐年下滑①。

从投融资渠道来看,主要有政府财政、金融机构、资本市场、外资、企业自筹等渠道。政府财政始终是城镇固定资产投资的重要来源,政府通过预算资金划拨、设立投融资平台、政府性基金、发行城投债、发放特许经营权等途径来筹集城镇建设资金,并以土地出让收入作为还款主要来源。但地方政府财力不足,取消农业税、实施"营改增"等税收改革措施进一步影响了地方政府的税收融资能力;"土地财政"又不可持续,能够体现基本公共服务均等化目标的一般性转移支付规模又过小,对财政困难地区的财力补偿能力有限。据统计,2004—2014 年我国城镇化建设投资中,政府预算类资金支出从 0.29 万亿元上升到 2.55 万亿元,增长 7.8 倍,年均增长 24.6%。从融资方式看,我国城镇化融资仍以银行信贷间接融资为主,债券、股票、信托、基金等直接融资较少,规模也小,资本市场的作用尚未得到有效发挥。长期以来,我国的城镇化建设过分依赖于银行贷款,这种模式对城镇化建设并不一定合适,导致信贷期限错配、增加信贷资金的潜在风险等问题。如果不改进现行的城镇化建设投融资体制,那么投融资供需矛盾将成为我国新型城镇化建设难以逾越的鸿沟,影响新型城镇化战略的实施。

一方面建设资金的总量紧张,导致现有基础设施运行维护困难,新建、扩建举步维艰;另一方面体制性浪费和高成本运营现象并存。在资金的部门间分配来看,诸如重给水轻排水,重眼前轻长远,重生产轻环境等现象造成了基础设施的不配套问题仍十分明显,在资金使用方面,分散、重复建设的状况还未改变,呈粗放型发展模式,造成有限建设资金的浪费。

4.3　行业管理的行政性垄断特征明显,行业竞争力差

长期以来,我国城市基础设施领域一直采用地区内纵向一体化管理结构,地方城市政府是基础设施的主要投资者、建设者和管理者,从而造成了行业管理的行政垄断特征十分明显。城市基础设施的行政性垄断主要体现在三个方面。

第一,政府常常以行业管理和维护市场秩序为名,通过法令、政策、行政法规等手段对基础设施产业的市场进行干预。第二,在基础设施的运营和管理体制上,政

① 曾小春,钟世和.我国新型城镇化建设资金供需矛盾及解决对策[J].管理学刊,2017(30－02):26－39.

府集基础设施产业的所有权、经营权、监督权于一身,政府既是政策制定者和监督者,又是具体业务的实际经营者。第三,全国各城市基本都设有公用事业局或类似的政府机构,对城市基础设施企业进行集中统一管理,并以直接或间接的手段,划定城市基础设施各行业中相应具有一定垄断地位的国有企业事业单位的经营范围和市场范围,并限制其他竞争者参与竞争,或是使其他竞争者处于竞争的不利地位,以行政壁垒来维持各基础设施行业中相关国有企业事业单位的市场。

4.4　基础设施投资效益差,产业化程度低,管理效率低

由于在基础设施领域长期的行政性垄断,造成政企不分、政资不分、政事不分的传统体制问题。基础设施行业中国有企业比重较高,管理机制不合理,缺乏优胜劣汰的竞争压力;作为国有企业还为政府承担了大量的义务,社会负担重,所以资金效率较低,行业政策性亏损与经营性亏损并存,大量的市政设施因资金短缺和管理不善,长期处于低水平维护和低效率运行状态,难以适应城市化水平不断提高的客观要求。由于长期的行政性垄断,市政公用事业单位缺乏为公众服务的意识,滥用垄断权力、霸王条款侵害消费者利益的问题较为突出,基础设施领域的申诉举报事件位居总数的前列,成为消费者投诉的热点。

第 3 节　市场化与政府监管

1　基础设施市场化的历程

1.1　世界范围的实践经验

早期,由于城市基础设施的公益性、自然垄断性的特征,大多数国家都采取了由公共部门对基础设施进行垄断经营的方式,以避免市场失灵问题。第二次世界大战后,西方国家对城市基础设施实行了国有化经营管理。例如,英国在 1945 年和 1974 至 1979 年间经历了两次国有化浪潮。在国有化运动中,国家介入或接管了原来由私人提供的城市基础设施领域,许多国家在法律上明确了公共部门经营管理城市基础设施的优先权。虽然以国有经营和纵向一体化管理为核心的管理模式在发展初期发挥了一定的积极作用,但是,自 20 世纪 80 年代以来,早期的垄断经营模式被证明无法适应快速发展的形势的需要,垄断经营模式带来的财政负担

重、资金严重匮乏、缺乏行业竞争、效率低下、成本高、服务质量差等弊病日益严重。

从 1970 到 1980 年代,英国率先开始了以市场化、私有化为导向的城市基础设施管理体制的变革。通过将政府经营的基础设施资产和国有企业部分出售、全部出售和关闭等办法,使市场力量进入传统由政府提供服务的基础设施领域。继而,欧洲各国出于提高商品和服务在国际贸易中竞争力的目的,相继出台了一系列鼓励竞争的指导政策,要求在欧盟各成员国之间开放电信、铁路、电力和燃气市场,同时也为各国进行放松管制、实施相关产业自由化制订了基本原则。随着市场参与的不断增加,其参与方式也不断变化和创新。1990 年代英国和美国等进一步提出了公私伙伴关系(Public-Private Partnership,PPP),即公共部门与私人部门为提供公共服务而建立的长期合作伙伴关系;其形式非常灵活广泛,包括特许经营、设立合资企业、合同承包、管理者收购、管理合同、国有企业的股权转让或者对私人开发项目提供政府补贴等,不同形式下政府和私人部门的参与程度与承担的风险各不相同,应用范围也从传统的市政公用事业领域逐步扩展到学校、医院、监狱,甚至航空、航天等更广阔的领域。

对于大多数发展中国家来说,推动各国在基础设施产业打破垄断的基本动因是 20 世纪 80 年代初的财政和债务危机;另一个重要原因是与工业化国家相比,发展中国家这些产业的绩效太差。在美国和英国分别进行放松管制和私有化改革之后,基础设施领域的私有化在发展中国家和转轨国家也开始得到推进。

从世界范围的改革历程来看,城市基础设施经营管理体制的改革是一个逐步变革的过程,这个过程伴随着对国家责任和政府职能认识的改变,是一个由国家全面负责到由国家和社会(市场)分担职责的过程。在这一改革过程中,随着私人部门更多、更深入的参与,私人部门参与公共服务的提供逐步成为公共服务和政府改革的趋势,它对公共部门乃至整个政府管理的理念和方法的改革与创新的推动作用也日益明显。

1.2 我国的实践经验

中国的基础设施管理体制的发展具有以下四个阶段性特征。

第一阶段是计划经济时代的基础设施建设。在计划经济体制下,国家奉行"全能主义",对公民的几乎一切生活负责,直接承担包括基础设施建设在内的一切社会事务,从而形成了长期的行政性垄断的体制性特征。

　　第二阶段是改革开放后的 1980 年到 1990 年代初,是城市基础设施管理体制改革的初期。在长期的经济发展停滞与严重的财政压力等因素的重压下,继续实施全面计划经济已经难以为继,建立在计划经济基础上的全能主义政府被证明失败,政府开始对原来的经济管理体制进行改革或调整,但城市基础设施领域的改革仍然相对滞后。1980 年代中期,以实行企业经理负责制和多种形式的经营承包责任制为主要内容的企业内部管理体制改革,才在城市基础设施领域全面展开。

　　第三阶段是 1990 年代中期到 2000 年之前的体制改革中期。1990 年代中期之后,公共基础设施建设的形势出现了一些新的变化。一些行业和地方开始引入民间资本和国外、境外资本建设基础设施,另一些行业和地方则将竞争引入到基础设施的建设和运营中去,开始了民营化和市场化进程。如铁路方面,引入台资参股建成了金华至温州的铁路;电力方面,开始允许非国有资本建设电厂,并开始实行厂网分开,竞价上网;通信方面,1994 年成立中国联通公司,以与中国电信形成竞争。在供水行业领域,法国、英国等国及供水集团公司开始进入我国,参与城市供水厂的经营和管理,在供水项目的建设和经营方面引入了竞争机制。尤其在 1990 年代后期,随着城市化发展进程的加快,以寻求更充足的基础设施建设资金为主要目标,各地方以经营城市为导向,以盘活存量资产为主要特点,积极吸引社会资金和外资进入基础设施领域,基础设施领域的产权结构开始出现显著变化,产权交易竞争日趋激烈。

　　但由于经验和准备不足以及各种体制性问题的影响,在基础设施投资建设的市场化实践中出现了种种问题,主要包括三个方面。第一,在认识上存在着重引资、轻竞争,以解决财政投入短缺为首要问题,而忽视了竞争机制的作用;对基础设施产业的特殊性以及市场化运作中所涉及的法律、商业、技术等各类问题的复杂性和风险认识不足,论证不足、决策草率。第二,在制度建设方面,缺乏完善的法制体系以应对市场化运作后出现的种种复杂问题,存量企业的产权界定、资产转让、产品与服务的定价、政府的市场监管等缺乏配套的法律制度约束,市场化运作的基本规则仍然缺失;制度建设的另一个问题是政府各部门、各层级之间的职责界定不清晰,监管体制没有理顺,导致监管权力分置环境下的重复监管和监管不协调。第三,在具体的项目操作中,存量资产改制项目中目标错位,为减轻财政压力和尽快卸包袱,以卖为主,而企业治理问题和政策性负担未能有效解决;在新建项目中,急于引进资金和完成经济目标,由于认识和论证不足,经验和准备不充分而导致合同设计存在严重缺陷,权责安排严重失衡,"固定回报"的承诺难以履行。价格监管不完善,监管能力严重不足,独立的监管体制尚未建立。

第四阶段是 2000 年以后的体制改革深化期。在进入 21 世纪后,由于政府出台了一系列政策措施、法规的鼓励、支持和规范,市场化改革开始加速。以中央政府为主导,在总结前阶段的经验和教训的基础上,推动市场化改革的政策和制度建设得以进一步推进。2002 年底,建设部出台了《关于加快市政公用行业市场化进程的意见》,明确提出建立政府特许经营制度。2004 年 2 月建设部发布了《市政公用事业特许经营管理办法》,标志着我国基础设施的特许经营制度得以初步建立。但是,前期改革中暴露出来的政府监管体制仍有待进一步的完善,市场化运作中出现的盲目投资、国企资产流失、无效承诺等问题仍有待解决。

2 市场化的必要性

2.1 理论基础

2.1.1 产权理论

产权的宏观结构由公有产权、私有产权和国家产权这三种形式组成,判定一种产权结构是否有效率,主要看它能否为人们提供比外部性更大的内在刺激。私有产权通过将国有产权的许多外部性内部化而产生更有效的利用资源的激励,所以只有私有产权才能达到推进市场和提高经济效率的目的。而且,只有明晰的私有产权才能够保证产权交换的顺利进行,充分发挥产权的经济效率功能,使资源从使用效率低的部门向使用效率高的部门转移。

在微观产权理论的领域,现代企业理论认为基于产权制度形成的企业内部组织结构对微观经济效益具有显著影响。现代企业组织结构的核心是所有权与经营权分离后形成的委托——代理关系,只有在明晰的产权结构下才能给经营者提供有效和足够的激励和约束,而国有产权的企业效率低下在一定程度上正是由于不明确产权结构导致委托代理问题严重所导致的,因此,市场化是解决这一问题的有效方法。

传统经济理论认为,竞争性环境有利于形成优胜劣汰机制,从而促进企业效率的提高;同时,在不完全信息的现实世界中,竞争还能产生一种信息发现机制,打破任何垄断者对信息的垄断,迫使企业按照包括正常利润在内的成本定价,从而促进分配效率的提高。在国有产权结构下竞争机制的缺失是导致企业低效率的主要原因之一,因此,市场化改革就是基础设施行业引进竞争机制的重要途径。

2.1.2　公共行政理论

在现代公共行政改革中,公共选择理论关注政府与社会的关系,认为没有任何逻辑理由证明公共服务必须由政府官僚机构提供。摆脱政府现实困境的最好出路是打破政府的垄断地位,建立公私机构之间的竞争。因此,市场化既是公共选择理论的逻辑结论,又是公共选择改革行政的手段。新公共管理理论提出将市场机制引入公共行政领域,而民营化是实现这一目标的重要方式。

公共行政理论认为,传统的公共部门结构依赖庞大、垄断的部门,对外界环境不能作出有效反应,组织规模庞大和复杂性以及所提供的商品与服务成本过高导致缺乏效率和效能,因此,面对现代行政的扩张以及经济发展的需要,必须要调整行政手段与方式,使其更具有灵活性与适应性。实施途径是通过市场化推进和实现公共职能的间接化和分散化,即随着国家公共职能的转移,国家由公共服务的直接提供者逐步变为公共服务的保障者,公共服务的提供由直接向间接发展。市场化的核心是分散决策和政策执行的权力,利用私人组织或半私人组织来提供公共服务,在产品与服务的生产与提供方面减少政府作用,增加社会其他机构的作用,打破政府垄断,合理地界定不同性质社会组织的功能与角色。

2.2　实践因素

首先是低效率的问题。由于基础设施行业的公用企业一般在特定的地区范围内具有独家垄断经营权,缺乏由竞争产生的降低社会成本的动力,而政策性亏损掩盖了经营性亏损的实质,导致了不适当的扩大机构、增加人员、提高薪金、人浮于事、工作效率低下、服务意识淡漠等弊端。由于企业往往采取对策性策略,一方面政府承担了国有企业的建设和运营过程的全部成本,另一方面,企业占有成本信息有意维持和扩大亏损,进一步索取补贴。因此,低效率成为基础设施行业运营中的通病,使得市场化改革成为势在必行。

其次是资金缺乏的问题。基础设施的建设与运营需要巨量的资金投入,经济和城市化发展都将使得基础设施的需求进一步的扩大。通过政府的财政资金进行投资,由于资金有限,往往投资不足,造成普遍存在的短缺和瓶颈;同时,基础设施产业投资的巨大需求也使政府不堪重负,并且挤占了财政资金的其他需求。因此,资金不足是基础设施公共提供的严重制约因素,需要通过市场化的途径筹措资金,缓解基础设施建设所造成的巨大的公共财政压力。

第三是社会公平的问题。垄断行业的大量存在及其落后的经营和管制模式,不仅造成效率损失,也使得社会分配严重不公。一些重要基础设施(如电力、电信等)的覆盖面不到位,使很多社会成员无法充分享受社会进步的成果;垄断性经营方式导致公共项目投资、建设和管理中的寻租、腐败现象滋生,也进一步加剧了社会不公问题。

3　市场化的概念和主要形式

3.1　投融资的市场化方式

根据国内外基础设施行业的实践经验,通过市场化渠道解决基础设施投资建设资金问题的方法主要有以下5种。

一是外国政府贷款,属于主权外债,具有政府间援助的性质。这类资金在贷款利率等方面往往具有一定的优惠条件,但同时也存在限制性采购、资金投向等方面的限制,而且必须偿还。

二是证券融资,主要包括股权融资、债券融资、金融机构贷款和合资等形式。股权融资方式的资金来源主要有财政拨款、民间投资、公开募集。债券融资是由政府发行市政债券的方式;按照国际惯例,市政债券分一般债务债券和收入债券,前者是以政府的一般征税能力为担保,后者是以政府事业收入为担保;收入债券的发行人不一定是政府,地方政府可以通过所属企业发债。金融机构贷款只通过银行、银团登记融机构贷款获得建设资金的方式。合资则是通过分享股权、联合经营的方式吸引社会资金或国外资金参与基础设施建设的方式。

三是专项基金制度,这一方式一般是通过财政拨款、利润留存、社会捐赠等方式集中一部分资金后,通过立法的形式建立基金会、并规定资金的使用和监管方式,以解决基础设施建设资金问题的。

四是融资租赁,主要包括直接租赁、转租赁、回租租赁、杠杆租赁、综合租赁等形式。这一方式通过厂房设备的折旧,能够为项目发起方带来税收好处,降低生产成本;英美等国的大型项目如码头、电厂设备、地铁等多采用融资租赁的方式解决建设运营的资金问题。

五是项目融资,主要以 BOT(Build-Operate-Transfer)方式为主。一般由建设项目的承建者或发起者(非国有部门)通过契约从委托人(通常为政府)手中获得特许权,从事项目投资、建设、经营,在政府的特许期内拥有该项目的使用权和经营权,在特许期满后向项目设施全部移交给委托人。此外,在实践中还发展出如 BOOT(建设、拥有、经营与转让),BOO(建设、拥有和经营)等 BOT 的延伸模式。

3.2　经营管理的市场化

根据市场化改革后的产权、融资方式和经营等方面的特征,可以将经营管理市场化的主要方式总结为以下 4 种。

一是出售,即将公有资产出售给私人部门,从而实现产权的彻底私有化,有私人永久的拥有和运营该设施。依据这种方式,政府不再需要投资、也不介入该设施的建设和经营,长期的所有权能鼓励私人部门进行重大的资本投资,并以最有效率的方式提供服务,但仍需要政府对私人部门提供的服务进行监管。

二是联合经营,即通过股权分享、共同经营的方式由政府与私人部门共同拥有和经营基础设施。这种方式的优点在于能通过引进私人部门的管理经验,提高公共服务质量和效率,并有利于通过内部治理的方式实现对设施运营的政府监管,但其缺点在于往往在实践中会出现由于政府与私人部门对设施运营的目标和方式的选择和认识存在较多的差异,从而影响设施运营管理的统一和决策的效率等问题。

三是合同承包,即政府以合同的方式,将某项服务的提供、设施的运营和管理外包给私人部门。在这种方式中,政府是合同的发包人,私人部门是生产者。这一方式的特点是工作任务明确,有潜在的竞争者,政府能检测承包的工作绩效,承包的条件和具体要求在合同文本中能得到体现。但这种方式的缺点在于服务外包可能导致资产所有者的控制有所削弱,设施运营中对不断变化的公众需求的反应能力有所降低,一旦合同签订后对设计和运营进行调整的成本将大大增加。

四是特许经营,即政府将特定领域中具有排他性的垄断性经营权及与私人部门,以提供公共服务,这包括排他性特许和资格许可这两种类型。在特许经营方式下,政府不需要向私人部门支付费用,而是私人部门通过向消费者收费来获得成本的补偿。因此,特许经营的产品和服务必须能够收费。这一方式的优点在于能最大限度利用私人部门的资金,在终身成本的基础上确保能建设最有效率和效果最好的设施;但其主要缺点在于政府可能丧失对建设运营模式的控制权,由于特许经营期一般较长,所以市场与政策变化的风险较高。

4 市场化中的政府监管

4.1 理论基础

4.1.1 新公共管理论

政府管制作为政府调节经济和社会运行,履行政府管理职能的一种主要手段,它在运行实践中暴露出来的问题和弊端,实际上在很大程度上透视着政府作为现代社会治理工具适当的价值和作用问题。美国著名行政学家戴维.H.罗森布鲁姆等提出管制行政的主要问题有管制的成本太大,管制抑制经济绩效,管制产生延误与繁文缛节,不胜任问题,滋生腐败,过度扩大管制范围,管制程序失去控制,缺乏管制绩效标准等[①]。

20世纪七八十年代新公共管理理论开始兴起,其核心观点在于,提出用一整套市场导向、顾客导向、战略导向和绩效导向的新型管理理念和管理模式,来重塑传统的以命令服从关系为基础的科层官僚制组织的管理文化和管理机制,使政府管制者能够更有效地扮演自己的管制角色,更好地平衡政府与市场、公平与效率关系,更有效地保护和增进社会公共利益,提高管制效率,推动经济持续快速地发展,同时充分地保护和增进公民的健康、安全、福利和自由。

瑞士著名公共管理学家简·莱恩将新公共管理界定为签约外包制(contracting-out)和政府内部契约制(contracting-in),认为新公共管理是一种关于政府如何通过竞争性的契约制度决定一项服务是由体系内还是由体系外的组织来提供的操作性理论[②]。Peter Vincent Jones认为新公共管理改革运动实际上是一场新公共合同运动(the new public contracting),或称新合同主义(new contractualism),其主要特征就是通过各种各样的合同安排,明确公共部门和行政人员的权限责任,确保政府的控制和干预目的。他将这些合同安排分为行政合同(administrative contract)、经济合同(economic contract)和社会合同(social contract)三类。行政合同是政府内部合同,包括政府雇员合同、政府与规制机构之间的合同等,旨在明

① 戴维.H.罗森布鲁姆、罗伯特.S.克拉夫丘克.公共行政学:管理、政治和法律的途径[M].张成福等译.北京:中国人民大学出版社,2002:453.

② 简.莱恩著.赵成根,王洛忠等译.新公共管理[M].北京:中国青年出版社,2003:8.

确政府管理中各机构和行政人员的职责,提高行政效率;经济合同是政府与私人企业签订的一系列合同,旨在公共产品供给领域引入私人竞争,提高公共服务供给效率;而社会合同则指国家与公民之间的合同,旨在通过契约关系规范、引导公民合理行为[①]。

4.1.2　管制经济学理论

在经济学领域,一直以来对政府与市场的关系存在着较大的争议,管制经济学的发展正是这种争议的反应。在管制经济学领域有关政府管制的最有代表性理论是坚持 Pigou 传统的公共利益理论和 Stigler(1971)等人开创的利益集团理论。

Pigou 在《福利经济学》中指出,尽管市场是一种资源配置的好方法,但由于公共物品、外部性、垄断、破坏性竞争等因素也会导致市场无法有效配置资源,即市场失灵。各种形式的市场失灵会造成社会福利的减损,为了纠正市场失灵,就需要政府的干预即管制,由此成为管制经济学的发端,这一传统的管制理论通常被称为公共利益理论。该理论假定了市场是脆弱的,如果放任自流就会导致不公正或低效率,而管制是政府对社会公正和效率需求所做出的无代价、有效和仁慈的反应。政府是有能力纠正市场失灵的,并且政府也是仁慈的、全知的和守信的,是为提高社会福利、维护社会的秩序与稳定而运行的[②]。

然而,到了 20 世纪 60 年代以后,政府监管所导致的效率损失和政府失灵的现象开始成为关注的焦点,要求放松管制、让市场力量发挥作用成为新的社会浪潮。在这样的现实背景下,Stigler 分析指出,管制制度并不像人们预期的那样是保护弱势者、维护公正和提高效率的,相反,管制制度保护的是被管制者。管制并不是为公共利益服务的,而是利益集团为了增进其私人利益所寻求的。这一理论被称为利益集团理论。Stigler 形象地把管制产生的过程称为"捕获",意为管制是为满足产业界对它的需求而产生的,管制机构最终会被产业界所控制,立法者会被产业界所捕获,执法者也会被产业界所捕获[③]。因此,Stigler 的管制理论通常又被称为"捕获理论"。

随着人们对政府与市场认识的深入,并且得益于新制度经济学、信息经济学等

---

① Peter. Vincent-Jones. The New Public Contracting：Regulation，Responsiveness，Rationality[M]. New York：Oxford University Press Inc.，2006.

② Pigou A·The economics of welfare[M]. London：MacMillan，1938.

③ Stigler G J，The theory of economic regulation[J]. Bell Journal of Economics and Management Science，1977，(2)：3～21.

经济理论的发展,管制经济学的新进展开始放弃传统的对立观点,认为在经济发展的过程中,市场和政府之间的作用不是相互替代的,而是互为补充的,有效率的市场和公正的政府都是一个社会经济发展的必要条件,两者缺一不可。因此,经历了政府管制、放松管制、市场化等不同发展阶段理论和实践的转换之后,现代管制经济学开始更多地着眼于市场化中的政府监管,即市场化与政府监管的融合。由此产生了激励性管制理论与管制框架下的竞争理论,前者主要包括了以解决管制过程中信息不对称性问题的一系列规制激励模式[①]以及以管制机构与利益集团为目标的、减少或阻止管制者被俘获的激励机制,而后者则包括了特许经营权竞标理论[②]、可竞争市场理论[③]、标尺竞争理论[④]、直接竞争理论[⑤]等众多的管制框架下的竞争理论。

4.2 政府监管的目标和原则

一是克服市场失灵,确保企业效率。由于基础设施具有的自然垄断性和准公共物品性质导致市场失灵,产生效率损失,因此,政府监管的目标是要克服市场失灵,通过政府干预减少垄断的影响,制定各种政策引入竞争和激励等仿效市场的机制,实现资源的有效配置。

二是保证普遍服务义务的实现[⑥]。由于基础设施提供的产品和服务具有突出的社会性和公共性,政府有义务为全体市民提供基础设施服务,即所谓普遍服务。但市场机制在实现普遍服务方面存在着明显的失灵现象,因此,需要政府进行干预。

---

① Loeb,M・and Magat,W・A・A Decentralized Method for Utility Regulation[J]. Journal of Law and Economics,1979,22(2).
Iossa,E and Stroffolini,F,Price Cap Regulation and Information Acquisition[J]. International Journal of Industrial Organization,2002,20(7).

② Demsetz,H・Why Regulate Utilities[J]. Journal of Law and Economics,1968,11(1).

③ Baumol,W.J.,Panzar,J.C.and Willig,R.D. Contestable Markets and the Theory of Industry Structure[M]. New York:Harcourt Brace Jovanovich Ltd・,1982.

④ Bratland,J・Contestable Market Theory as a Regulatory Framework:An Austrian Post-mortem[J]. The Quarterly Journal of Austrian Economics,2004,7(3).

⑤ Appelbaum,E and Lim,C. Monopoly and ex-post Contestable Markets[J]. Australian Economic Papers,1990,29(54).

⑥ 余晖.公私合作制在中国的试验[M].上海:上海世纪出版集团,2005.

4.3 政府监管体制

如何行使政府的监管权力,监管机构的权力配置是决定监管体制以及市场化改革是否有效的关键因素。监管体制的形成主要取决于各级政府间纵向性的集权和分权关系以及横向机构间监管权限的配置。

根据世界各国基础设施行业监管机构设置的经验来看,大多赋予了监管机构相对完整的权力,建立有效的监管体制主要依靠法制化、独立性和公开透明性这三方面因素。

其一是监管的法制化,这意味着监管机构的权责范围和监管程序需要通过法律进行充分的授权和限定。通过法律规范监管者的权力、职责和义务,有利于明确监管者的行政裁量权,实现监管过程中的监管法律和监管程序的法律化与契约化。监管机构的主要职责应包括:鼓励和保护市场公平竞争,确保网络接入和互联,合理的分配与配置资源,保护消费者利益于公共利益,保证普遍服务。

其二是监管机构的独立性。独立的监管是实现有效监管的重要前提,是保证监管机构依法实施和执行监管的公平公正性的基础条件。独立的监管首先要求监管机构与被监管者之间没有任何形式的利益关系,不受任何利益集团左右,减少受干预的程度,进而也要求它独立于其他政府部门的权力,不受来自上级或其他政府机构的影响,防止监管裁量权的滥用。建立独立的监管机构要求具备有独立和充足的经费来源,垂直纵向一体化的管理以及领导的任命方式等条件。

其三是监管的公开透明性。作为行政监管的机构,监管的程序化和公开化是题中应有之意,对于限制行政权力的滥用、保证公民合法权益具有重要的意义。

4.4 政府监管的内容和方式

4.4.1 价格监管

价格监管不仅涉及消费者权益的保护,也涉及能否保证被监管企业的合理利润,并形成有效的激励机制,因此,价格监管是监管内容中的核心部分。监管者可以通过监管方式的选择,有效激励被监管企业的努力程度和行为方式。较为普遍的价格监管方式有成本加成和价格上限这两种模式。

成本加成模型如下,如果企业只生产一种产品(或服务):$R(\sum P,Q)=C+S(RB)$;如果企业生产多种产品(或服务):$R(P_i,Q_i)=C+S(RB)i=1,\cdots,n$。其中

R 是企业收入函数,由 P,Q 决定;C 是成本函数(燃料,工资,税收,折旧等),S 是政府规定的投资回报率;RB 是投资回报率基数(Rate Base),即企业的资本投资总额。成本加成模式通过直接控制投资回报率,间接控制价格,其理论依据是大量投资,通过价格管制,刺激企业进行大规模投资。这一模型的缺陷在于:①企业在一定时间内按固定的投资回报率定价,使价格与生产效率缺乏联系,不能刺激企业努力提高生产效率;②投资回报率基数是投资,这就刺激企业增加资本投入,以获得更多的收入。这会导致过度投资,进而引发生产成本上升,生产效率下降;③管制方与被管制方要对投资回报率讨价还价,管制者难于确定 S 和 RB。不同的产业,技术经济特点不一样,S 与 RB 必然也不一样,需要管制者进行评判与确定。

价格上限模式认为管制价格应随"通货膨胀率减去 X"的变动而变动,因此对厂商制定一个价格上限:提价最高幅度=RPI−X,其中 RPI(Retail Price Index)即通货膨胀率,X 是由管制者制定,即在一定时期内生产效率增长的百分比。例如,RPI=5%,X=3%,则提价最高幅度=5%−3%=2%。这种方法不仅适用于单一产品(或服务),也适用于多种产品(或服务),此时用这种方法得到的价格上限是各种被管制产品的综合最高限价,以加权平均价形式表现出来,权数是各产品的收益。X 值由管制者依据各自然垄断企业的技术经济特点决定。

价格上限模式将 RPI 与生产效率挂钩起来了,因为 RPI 是外生变量,所以企业要想提高企业利润,唯一的途径是从提高生产效率、降低生产成本着手,因此该模式对于被监管企业具有较强的激励效应,但也可能导致过度激励,被监管企业采取低成本技术而忽视质量问题,从而影响消费者利益。

4.4.2 服务质量和安全监管

随着生活水平和社会文明程度的提高,对环境、卫生、安全等的社会需求在增加,因此,服务质量和安全监管的范围也随之有所扩大,包括污染、医疗、产品质量、最低安全、卫生水平等,以实现维护市场的稳定、保护弱势群力利益的目标。服务质量和安全监管的手段主要包括了,数量控制如对环境污染排放量的控制等,安全标准规定如建筑及其它设施的结构、强度、式样等标准,检查和鉴定如进入检查、定期检查、产品质量检查等,企业资格制度等。

4.4.3 普遍服务机制的监管

普遍服务强调在基础设施行业,企业有义务提供广泛而公平的服务。在传统计划经济体制下,普遍服务是由国有垄断企业完成的,通过企业内的交叉补贴,即将盈利部分补贴给普遍服务的亏损部分来实现。在市场化条件下，由于盈利部分和亏损部分往往被分拆被不同的企业，新进入的企业一般首先选择收益高的领域或地区，从而造成普遍服务的缺失。因此，市场化条件下普遍服务机制的监管需要进行相应的调整。

通常意义上的普遍服务义务的实施有三种形式[1]，其一为交叉补贴，这种方式一般通过行政手段完成。但其缺点在于会带来效率损失，价格和成本脱钩扭曲了消费和投资的决策，而且通常缺乏透明度，很难确定真正的受益者以及这些补贴的确切来源，对企业在高成本地区或对低收入群体提高服务水平的激励效应不明显。为解决以上问题，在实践中各国都对由市场竞争消除交叉补贴的机制以及如何补贴等进行了较规范严谨的程序规定，其中包括鼓励消费者组织等的参与增加普遍服务实施中的透明度和公平性，对企业和个人进行直接或间接补贴，由政府和企业共同组织普遍服务基金，重点关注低收入阶层的基本消费和公共服务等。

其二为普遍服务基金制度。这种制度是指通过要求所有企业缴纳数额不等的普遍服务基金，使其承担普遍服务义务的方式；资金集中起来后通过招投标等公开竞争的方式，统一转移支付给实际承担普遍服务义务的企业。这种方式更加透明，执行成本较低，比交叉补贴更符合"竞争中性原则"，但这一方式的主要难题在于如何决定不同企业缴纳基金的份额，以及普遍服务基金如何分配和使用。前一个问题的解决在很多国家一般是按照企业收入的某一比例统一征收的，基金的分配和使用则较多是通过运营执照的发放或拍卖来实现。

普遍服务义务实施的第三种方法是转移支付。虽然在理论意义上者可以减少价格扭曲和福利损失，但实际上税收制度本身存在的问题往往会使得这种方法的实际执行成本高于其他，尤其对于税收系统不发达的发展中国家更是如此。因此实际采用较少。

4.4.4　退出监管

基础设施行业的经营者退出主要有合同到期的正常退出和在合同期内的违约或其他原因的非正常退出这两种情况。在合同到期的退出情况下，监管的主要内容包括资产的清算、核查、评估和移交等方面，监管机构需要决定哪些资产属于无偿移交、那些需要资产补偿，如何确保顺利移交，是否同意延长合同期，如何选择下

---

① 尤建新.现代城市管理学［M］.武汉：武汉大学出版社，2005.

一期经营者等。另外,在一些特殊行业,如污水处理行业,由于设备运行的损耗较为突出,对设备使用寿命影响较为严重,为保证在合同到期时政府能获得可正常运转的项目设备,在退出监管中还应要求企业对项目设备进行"恢复性大修"等。

合同期内的非正常退出往往有多种原因,如合同一方的严重违约行为、企业经营不善、不可抗力等。监管机构首先需要决定是否需要经营者退出、是否需要临时接管、原经营者退出后资产如何处置等,其次还需要开展临时接管的应急预案制定和实施、后续经营者的选择等方面的工作。

复习思考题

(1)基础设施具有哪些基本特征?

(2)基础设施建设对于城市经济社会发展具有哪些方面的影响作用?

(3)为什么要推进基础设施部门市场化?

(4)市场化中的政府监管包括哪些内容?

参考文献

[1] Amitabh Chandra, Eric Thompson. Does public infrastructure affect economic activity? [J]. Regional Science and Urban Economics,2000(4).

[2] Duranton G, P.M Morrow, M.A. Turner. Roads and Trade:Evidence from the US[J]. The Review of Economic Studies,2014.

[3] Fujita M, Krugman Venables. The Spatial economy:Cities Regions and International Trade [M]. MIT Press,2001.

[4] John Vickers and George Yarrow. Privatization:An Economic Analysis [M]. Cambridge,MA:The MIT Press,1988.

[5] Kurz Mordecai. Public Investment,the Rate of Return,and Optimal Fiscal Policy. Arrow Kenneth J,1970.

[6] Nicholas Sheard. Airports and urban sectoral employment[J]. Journal of Urban Economics.2013.

[7] TSUI, Kai Yuen. Institutional Roots of China's Land-Infrastructure-Leverage Trap[J]. Eurasian Geography and Economics. 2011.

[8] World Bank. Reforming infrastructure:privatization, regulation and

competition[M].2004.

[9] 曹现强,宋学增.市政公用事业合作治理模式探析[J].中国行政管理,2009 (09):56-60.

[10] 仇保兴.中国城市公用事业特许经营与政府监管研究[M].北京:中国建筑工业出版社,2014.

[11] 董晓芳,刘逸凡.交通基础设施建设能带动县域经济发展么?——基于 2004—2013 年国家级高速公路建设和县级经济面板数据的分析[J].南开经济研究,2018(04):3-20.

[12] 方创琳.中国新型城镇化高质量发展的规律性与重点方向[J].地理研究, 2019,38(01):13-22.

[13] 李升,杨武,凌波澜.基础设施投融资是否增加地方政府债务风险?[J].经济社会体制比较,2018(06):67-76.

[14] 刘倩倩,张文忠,王少剑,李博,湛东升.中国城市市政基础设施投资效率及对经济增长的影响[J].地理研究,2017,36(09):1627-1640.

[15] [美]B.盖伊·彼得斯(B.GuyPeters)著.政府未来的治理模式[M].北京:中国人民大学出版社,2001.

[16] [美]R.H.科斯(Coase,R.H.)等著.财产权利与制度变迁[M].上海:上海人民出版社,1994.

[17] 毛捷,徐军伟.中国地方政府债务问题研究的现实基础——制度变迁、统计方法与重要事实[J].财政研究,2019(01):3-23.

[18] 孙喆,蔡文婷.县城市政基础设施供给充分与平衡性评价——以湖南省为例[J].城市发展研究,2019,26(02):92-99.

[19] 王佃利等.现代市政学[M].北京:中国人民大学出版社,2004.

[20] 王俊豪.中国城市公用事业民营化绩效评价与管制政策研究[M].北京:中国社会科学出版社,2012.

[21] 杨宏山.市政管理学[M].北京:中国人民大学出版社,2015.

[22] 张津瑞,施国庆.公共基础设施资本存量对区域经济增长的影响——以长江经济带为例[J].长江流域资源与环境,2019,28(07):1552-1562.

[23] 郑思齐,孙伟增,吴璟,武赟."以地生财,以财养地"——中国特色城市建设投融资模式研究[J].经济研究,2014,49(08):14-27.

第5章　城市土地利用与管理

第1节　基本概念

1　土地的概念

对于"土地"一词,由于认识的角度不同,对于土地概念界定分为不同的解释,为了更好理解城市土地的含义,本章提供了土地的自然地理学解释和土地的经济学解释。

自然地理学家认为土地是地理环境(主要是陆地)中由相互联系的各自然地理组成成分所构成,包括人类活动影响内的自然地域综合体。土地规划学者也提出类似的观点,即土地是地球陆地的表层,是自然历史的产物,是由土被、植被、地表水以及表层的岩石和地下水等诸多要素组成的自然综合体。

土地的经济学定义有许多种,理清土地的经济学含义对于城市土地的把握十分重要。马克思提出:土地(在经济学上也包括水)最初以食物、现成的生活资料提供给人类,它未经人的协助,就作为人类劳动的一般对象而存在[①]。英国著名经济学家马歇尔认为:土地是指大自然为了帮助人类,在陆地、海洋、空气、光和热等各方面所赠与的物质和力量[②]。美国土地经济学家伊利认为:经济学家使用土地这个词,可以指自然界的各种力量,或自然资源⋯⋯经济学上的土地是侧重于大自然所赋予的东西。美国的雷利·巴洛维教授认为:土地的经济学概念可以看作与不动产的法律概念基本类似,即定义为"受控制的附着于地球表面的自然和人工资源

---

① 马克思,恩格斯.马克思恩格斯全集[M].北京:人民出版社,1972:698-699.
② 阿尔弗雷德·马歇尔.经济学原理[M].北京:商务印书馆.1964:157.

的总和"[①]。

综上所述,就自然资源而言,土地是由地球陆地部分一定高度和深度的岩石、矿藏、土壤、水文、大气和植被等要素构成的自然综合体,即陆地及其自然附属物。而在现实的经济活动中,绝大部分土地资源经过人类长期开发、改造和使用,投入了大量的人类劳动并形成了各类成果。可见现实的土地不仅仅是一个单纯的自然综合体,而是一个由各项因素组成并综合了人类正反面活动成果的自然——经济综合体。

2　土地的基本特性

2.1　土地的自然特性

2.1.1　土地位置的固定性

土地最大的自然特性是地理位置的固定性,也就是土地位置不能互换。人们可以搬运一切物品、房屋以及地上的建筑物,虽然移动较为困难,但是可以拆迁重建。只有土地固定在地壳上,占有了一定的空间位置,无法搬动。因此人们把土地看作是不动产的代表。这一特点决定了土地的有用性和适用性随着土地位置的不同有着较大的变化,这就要求我们必须因地制宜的利用土地。同时由于土地这一特性决定了土地市场是一种不完全的市场,土地交易并不是实物的交易,而是土地产权的交易。

2.1.2　土地面积的有限性

土地是自然的产物,人类不能创造土地。广义土地的总面,是在地球形成之后,就由地球表面面积所决定。人类虽然能够移山填海,扩展陆地;或是围湖造田,增加耕地,但是这仅仅是土地的用途的转换,并没有增加土地面积[②]。如果仅就城市而言,由于生态环境承载力和生态平衡等条件的约束,城市不可能在地球上无限制的发展,可供城市开发的土地是有限的,尤其是具有良好的开发条件的城市土地资源则更为有限。

2.1.3　土地的区域差异性

不同区域,由于其地理位置以及社会经济条件的差异,不仅使构成土地的要素

---

①　雷利・巴洛维.土地资源经济学——不动产经济学[M].北京.农业大学出版社.1989.
②　周诚.土地经济学原理[M].北京:商务印书馆.2003:5.

（比如土壤、气候、水文、地貌、植被以及岩石等）的自然特性不同，而且人类活动的影响也不相同，从而出现土地结构和功能的差异。城市内部不同地区的土地，往往具有不同的地理地貌以及地质等条件，这些差异都会对不同地区的土地开发条件造成显著影响，从而形成其差异性的特征。

2.1.4　土地利用的持久性

在合理恰当的开发方式下，对土地的开发利用不仅可以维护土地的功能，还可以保持对土地的持久使用。土地作为一种非消耗品，不会随着人类的开发利用而消失，相对于消耗性资源而言，土地资源在利用上具有持久性的特点。但是土地利用的持久性也是相对的，只有在使用过程中维持了土地的功能，才能实现土地的永续使用；反之，如果开发方式和开发强度不合理、不恰当，则可能造成土地原有功能的破坏，使得土地的后续开发利用难以进行。例如，在一些城市，由于工业开发中的污染造成了大量工业用地的再开发和城市更新难以开展，从而对城市经济社会的可持续发展造成极大影响。

2.2　土地的经济特性

2.2.1　土地经济供给的稀缺性

土地的这一特性主要包括两层含义。第一，供应人们从事各种各样活动的土地面积是有限的。第二，特定地区不同用途的土地面积是有限的，往往不能完全满足人们对于各类土地的需求，从而出现土地的占有和垄断这一社会问题和地租、地价高昂的问题。土地的稀缺性是引起土地所有权垄断和土地经营垄断的基本前提，因此可能造成地租、地价的昂贵，这样会规范人们节约、集约使用土地，并努力提高土地的有效利用和单位面积的生产力。

2.2.2　土地区位的效益性

区位（location）是指城市土地所处的位置，也具有场所、布局等多种含义。与此同时，区位还包含了这一土地与其他地区之间的自然与经济社会环境联系的含义。具体而言，城市土地的区位条件主要受到所处社区的交通、设施配套等一系列经济社会环境因素的复杂影响。区位论最初产生于1826年德国农业地理学家屠能所提出的农业区位理论，1909年韦伯提出了工业区位理论，20世纪30年代，两位德国学者克里斯塔勒和廖什先后提出了城市区位理论和市场区位理论。这些理论使得区位论逐渐走向成熟，成为城市土地和经济地理研究的核心基础理论之一。

区位理论认为,具有不同区位条件的城市土地,其市场经济价值具有显著的差异;优越的地理位置会带来额外的经济效益。地理位置(如距市中心的距离)、交通条件、资源因素(周边的配套服务设施等经济社会环境),都是影响不同区位条件下土地市场价值的重要因素。

需要注意的是,区位是一个相对的概念,这种相对性表现在两个方面。一是对一种利用方式是有利的区位的土地,对于另一种利用方式而言则可能是不好的区位,比如临街的土地对于商业服务业是很好的区位,但对于居住用地而言则意味着较差的环境条件。而区位可以通过周围的环境的改变而改变,经济社会活动对于区位条件具有极大的影响,比如交通的改善可以使区位条件不好的土地变成条件较好的土地。

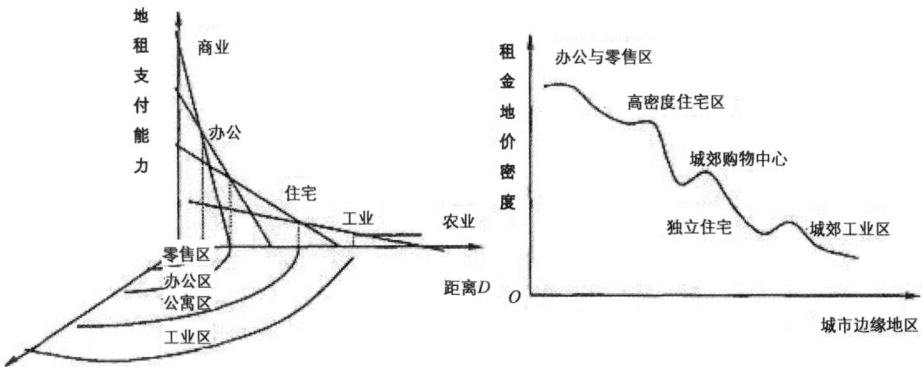

图 5-1　城市土地区位特征

2.2.3　边际产出的递减性

边际产出(marginal product)是指在其他条件不变的前提下,每增加一单位生产要素所增加的产量和收益。虽然土地开发会带来增值收益,但是在其他条件不变的前提下,当对于土地的投入和开发超过一定限度,就会产生效益递减的后果。这意味着在特定的城市发展环境条件下,土地开发应有适当的强度和方式,当开发强度过高和开发方式不当时,就会引起整体环境品质的下降和恶化,从而导致土地边际产出的递减。这就要求人们在利用土地增加投入时,必须寻找一定技术和经济社会条件下土地开发的适合度,确定适当的开发方式和开发强度,并且不断的改进技术,以便提高土地利用的经济效应,防止出现土地产出递减的现象。

2.2.4 土地开发影响的社会性

城市土地开发具有显著的外部性特征,无论是工业用地,还是商业或居住用地的开发,都会对周边环境产生不同程度的影响。例如,工业生产可能带来噪音和环境污染、交通量的增加,商业用地的开发可能会带来交通拥挤和用电等基础设施的需求增长,而居住用地的开发则会由于人口增长而导致各类基础设施和公共服务的需求增长。土地开发的内容、方式、强度不仅直接影响城市的空间环境质量,也对房地产经济具有突出的意义,同时会引发社会隔离、社会排斥等社会空间分化现象,对于城市社会环境和社会结构产生持续的影响。

正是由于土地开发具有显著的社会性,许多国家都会制定各种土地法律法规,运用各种政策手段对城市的土地利用进行适度的规制,监督各种土地使用的变化,保证城市土地利用的正向社会影响的形成和持续,降低和减少土地利用的负面影响。

2.2.5 土地用途变更的困难性

城市土地开发内容的确定不仅取决于地块本身的开发条件,在很大程度上会受到周边环境条件的影响;进而,土地用途一旦形成后如果发生变更,也会反过来对周边地区产生各种影响,因此,城市土地用途的变更具有明显的难度。由于城市空间的高密度特征,土地用途的变更会对相邻地块和周边社区的空间和经济社会环境产生各种复杂的影响。不仅是土地用途在工业、商业、居住这些基本用地类型之间的转换会对周边地块造成显著的环境影响,即使是基本用地类型不变的情况下,例如低层住宅用地变更为高层住宅用地,也不仅会造成相邻建筑空间关系的改变,并对相邻地块的居住环境产生较大的影响,还会对周边社区的基础设施和公共服务产生不同程度的影响。土地用途变更造成的影响,不仅在于空间环境质量的问题,还会由此进一步造成所在社区土地市场价值的变化,影响土地的经济收益。

由于土地用途变更对相邻地块和周边环境可能造成各种影响,世界上大多数国家都会对城市开发中土地用途的变更进行不同形式的管制,以避免乱开发而带来的社区环境质量下降,限制土地业主随意变更土地用途所导致的收益的不确定性以及对社区整体的土地经济收益的消极影响。

3 土地的功能

3.1 承载功能

土地是人类各项生产生活活动的承载体。就土地作为农业生产的基本生产资料来说,土地的承载量反映了承载功能,可以单位土地面积所能承载的人口量或者生物量来表示,如土地或耕地的人口承载量,为国家制定土地开发利用规划、调整人地比例和土地利用结构等提供决策依据。

3.2 生产功能

土地是一切生物生长和繁殖的基本条件。土地是基本的生态环境要素、自然资源和生产资料,为人类社会和生命系体提供产品所需要的生育和生产能力,包括为人类和一切生物提供各种必备的生物产品、营养品和矿产品、原材料和动力资源等。没有土地的生产功能,就不会有人类和生物的存在与发展。

3.3 资源功能

土地的资源功能又被称为仓储功能。农业资源(农地水利)、工业资源(矿产建材)、生态资源(水面森林等)蕴藏在土地资源中。没有土地就没有这些丰富的自然资源,人类就无法进行采矿业和加工业的生产。同样没有这些资源,人类也无法生存和发展。可见,土地的资源功能对于人类也是不可缺少的[1]。

3.4 资产功能

土地资产具有积蓄和增值功能,即所谓的"储蓄银行作用"[2],也就是说土地的资产增值蓄水池功能。土地作为资源不仅为人类提供巨大的使用价值,而且作为资产能够产生巨大的物质财富和增值经济资产(生产性资本)。从发展的趋势来看,其转化为产品的收益和资产的总积存量是不断增长的。这标志着土地不动产在国民经济机制和国家财政收入中的份额和功能在增长。

3.5 景观功能

景观就是地面上生态系统的镶嵌,是自然和文化生态系统载体的土地。因此,土地就是景观。由于人们对于生态环境舒适程度的不断追求,通过挖掘和有效改造,土地可创出多种景观效果[3],如山川河流、森林绿地、河湖水面、丘陵坡地等。

---

① 毕宝德.土地经济学[M].北京:中国人民大学出版社.2006:7.

② 伊利·莫尔豪斯著.土地经济学原理[M].北京:商务印书馆.1982:29.

③ 黄贤金,张安录.土地经济学[M].北京:中国农业大学出版社.2008:11.

4 土地的分类

土地分类是根据土地性状地域等差异进行分类。根据不同的目的和依据有不同的分类方法,归纳起来主要有以下三种分类方法。即按照土地的自然属性分类、按照土地的社会经济因素分类,还有土地的自然和经济属性及其他要素进行的综合性分类方法。这里主要介绍土地的社会经济因素分类方法。

按照土地的社会经济因素进行分类主要有三个依据。一是依据土地的经济用途,分为耕地、林地和牧草地等。其中耕地按照作物类型还可以分为粮食作物用地、经济作物用地、蔬菜用地等;按照产量高低可以分为丰产地、低产地等;按照灌溉条件可以分为水田、水浇地、旱地;林地还能分为用材林地、防护林地、薪炭林地、水土保持林地。二是根据土地的产权性质可以分为国家所有土地、集体所有土地、私人所有土地。三是依据土地的质量或生产力水平,主要按照土地的适宜型、限制性因素进行分类。在分类标准方面包括对土地生产潜力的评价、改造投资和对效益的估计以及其他社会经济指标。这种分类具有明显的土地评价和生产管理的实用目的。按照我国的《土地管理法》还将土地划分为 3 个一级类,15 个二级类以及 71 个三级类。其中一级类包括农用地、建设用地和未利用地。

城市土地是城市进行经济活动的最基本要素,是指城市区域内陆地和水域以及地上、地下的空间总称。从狭义讲,城市土地是指城市市区(建成区)范围内的土地。从地域上看,城市土地有三个层次。第一层次是城市市区(建成区)的土地,即城市建设用地。第二层次是城市规划区内,目前大部分仍为农副产品生产和村镇占用的土地。第三层次是城市行政区的土地,包括城市规划区和城市郊区的土地。

第 2 节 基础理论

1 市场供求理论

土地需求是土地供给的起因,很大程度上对于土地供给产生决定性的影响。只有通过土地供给与需求的相互作用及其价格信息的体现,才能形成有效需求和有效供给。

1.1　土地供给

地球上的土地并非全部能为人类使用,那些可以供人类使用的土地数量总和被称为土地供给。土地供给一般分为土地的自然供给和土地的经济供给两类。

1.1.1　土地的自然供给

土地自然供给又称为土地的物理供给或土地的实质供给,它是指土地中天然形成可供人类使用的那部分土地数量,包括已被利用的土地资源和可供将来使用的土地后备资源。一般来说,土地的自然供给是没有弹性的,不会因为受到任何人或者社会经济因素的影响而发生改变。

土地自然供给无弹性的原因是由于会受到以下诸多因素的制约。一是具有适宜于人类生产生活的气候条件。二是具有适宜与植物生长的土壤质地和气候条件。三是具有可以供人类利用的谈水资源。四是具有可供人类利用的生产资源。五是具有一定的交通条件。

1.1.2　土地的经济供给

土地的经济供给是指在土地自然供给的基础上,通过投入劳动进行开发后形成的可供人类直接用于生产、生活各种用途的土地有效供给。土地经济供给是动态的、有弹性的供给,会受到开发新土地、用地结构调整的活动的影响。土地经济供给的增加包括两个方面的内容:一是土地总面积的增加和某种用途的土地因利用效益提高带来的数量上的增长,即土地经济供给的直接增加。二是指单位面积土地产出的增长,即土地经济供给的间接增加。

土地经济供给的影响因素有很多,其中基本的影响因素包括各类土地的自然供给、利用土地的知识和技能、社会经济的发展需求、产品的价格、交通运输事业的发展状况、土地开发利用计划、土地供给者的行为。

1.2　土地需求

人类为了生存和发展而利用土地进行各种各样的生产和消费活动的需求即为土地需求,通常分为农业用地需求和非农业用地需求。其中农业用地需求包括:耕地需求、原地需求、林地需求以及草地需求;非农业用地需求包括商业用地需求、居住用地需求、工业用地需求、休闲娱乐用地需求以及公共设施用地需求。

土地需求的影响因素包括很多,大致可以分为社会因素、经济因素、政策因素以及区位因素四个方面。社会因素包括人口规模与结构、家庭结构、居民生活水平等。经济因素包括经济规模、产业结构、物价水平。此外,对未来土地价格的预期也会影响土地需求。若预计未来一定时期土地价格将会上涨,人们为获取土地价格上涨所带来的额外收益就会加大对于土地的需求;反之,若预计未来土地价格下降,则对土地的需求就会减少。政策因素范围主要包括土地利用规划、土地供给政策、农地保护政策以及住宅政策等各类相关政策。区位因素是指由于位置的固定性决定了土地的绝对位置不可通过人为方式进行改变,但其相对位置如距市场的远近及交通运输条件等是可以通过资源的开发、道路网的改善以及城镇布局的调整等手段而加以改变的。

1.3　土地供需平衡

土地市场的供需平衡状态由土地供给和需求共同决定,是理想状态下土地供求关系变动的结果。理论上说,当土地市场达到供需平衡的状态后,其供给和需求就不会再发生变化,但事实上,土地的供给和需求总是上下波动的,从而对土地供求关系产生影响(见图 5 - 2)。

土地是特殊的商品,其供求关系也受一般商品供求关系的制约,有其特殊性。由于土地自然供给的优先导致土地的供不应求往往是绝对的和普遍的;而供过于求则往往是暂时的和个别的。正因为如此,从长期来看土地价格总是呈现上升趋势。

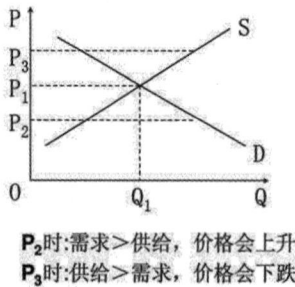

P₂时:需求＞供给,价格会上升
P₃时:供给＞需求,价格会下跌

图 5 - 2　城市土地的供需协调关系

2　边际报酬递减规律理论

土地的报酬递减规律是指在技术水平和其他投入要素不变的条件下,某种变动要素的投入在开始时,所得到的报酬的增量是递增的,但随着该种要素的投入量不断增加,所得到的报酬的增量由递增转变为递减[①]。

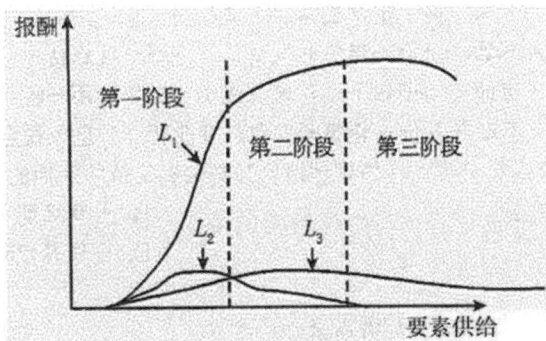

图 5-3　土地边际报酬递减规律

理解土地报酬递减规律需要注意以下五个方面的问题。

(1)土地报酬递减规律并没有准确的表达该规律的本质。该规律是指在一定技术水平下,保持其他要素投入量不变,增加一种可变要素而增加的报酬是递减的。

(2)土地报酬递减规律是有一定的前提条件的。其前提条件是在一定的技术水平下,即保持科学技术水平不变。我们不能把"土地报酬递减规律"绝对化,在考虑到科学技术水平进步的情况下,土地报酬递减规律不一定成立。

(3)土地报酬是在追加投入超过一定限度后才表现为递减的。在可变要素投入前期其报酬有一个递增的阶段,当可变要素超过一定限度其报酬才表现为递减,这是由生产要素投入比例的固定性决定的。可变要素与不变要素之间达到一个合理的比例是非常重要的。

(4)土地报酬递减规律的研究是单一可变要素投入而产生的变化。在研究土地报酬递减规律时,应该保持其他要素投入量都不变,而只改变一种可变要素的投入量。通过改变追加投入的生产要素的种类或组合方式带来的报酬可能并不是递减的[②]。

(5)要注意该规律所适用的时间范围。因为土地报酬递减规律的前提条件是在一定技术条件下,所以它并不适用于人类生产的历史过程。

---

①　大卫·李嘉图.政治经济学及赋税原理[M].北京:商务印书馆.1976.

②　保罗·A·萨缪尔森.经济学(上册)[M].北京.商务印书馆.1979.:40-41.

3 土地可持续利用理论

3.1 土地可持续利用概念

1990年印度农业研究会、美国 Rodale 研究所在新德里举行的土地利用研讨会上提出了土地可持续利用的思想。由于土地可持续利用涉及的内容丰富,学者们根据自己的研究角度对土地可持续利用的概念和内涵提出了许多观点,涉及生态、经济、社会、技术、空间、人与自然等角度相协调。结合土地经济学等学科的相关观点,可以将土地可持续利用定义为:在特定的时间和地区,对于土地资源进行合理开发利用、治理、保护和管理,并通过一系列的合理利用组织,协调人地关系及人力资源、环境的关系,以期满足当代人与后代人生存发展的需要。合理的开发、利用,就是寻求和选择土地资源最佳利用的目标和途径。发挥资源的最大功能;治理就是要采取综合性措施,改造那些不利的资源环境条件;保护就是要保护土地资源及其环境条件中原来有利于生产和生活的状态。为了保护土地资源,就是要加强对土地的立法和管理[①]。因此,开发利用是综合利用土地的核心和主题,而治理、保护和管理,则是合理开发利用的必要保证。

3.2 土地可持续利用的基本原则

依据土地可持续利用的概念和内涵,并结合现有的人地关系,土地可持续利用应该遵循三个基本原则。

一是农地优先原则,这是指在土地的各种用途中,农用地对于土地的限制条件较多,由其他类型的土地转变为农用地的限制性条件最多。因此从土地的适宜性角度出发,农用地应该优先得到保证;农用地的充裕程度也决定了粮食供应的充足。农用地优先对于中国这样的人口大国来说,其重要性不言而喻。

二是集约利用的原则,一般被理解为在一定的土地上尽可能地投入资本和劳动力,从而提高单位面积土地的产量。当然,由于土地边际报酬递减,劳动力和资本也存在一个投入的最为合理的限度。具体而言,土地集约利用要确保每块土地处于产出的最佳点,地尽其用,保证每一块的土地的效用最大化。在一定意义上,土地的集约利用也体现了可持续发展的代际公平原则。通过集约利用可以提高单

---

① 曲福田.土地经济学(第三版)[M].北京.中国农业出版社,2011.:183.

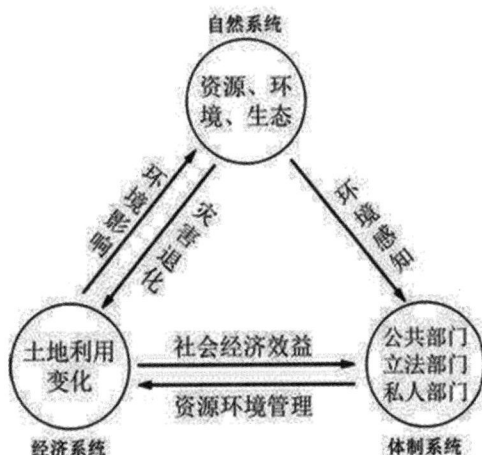

图 5-4　土地可持续利用的理论框架

位土地的产出,减少土地资源的消耗和浪费,既满足当代人的发展要求,又不会对后代人的权益造成侵犯。

　　三是生态建设的原则,体现在可持续发展的兴起很大程度上来源于对环境问题的关注。传统的经济发展模式以破坏生态环境为代价,在土地利用上表现为土地质量的退化、土地生态环境功能的弱化或者丧失,由此引起的各类严重的社会经济问题。过去人们在土地利用过程中忽视生态环境建设,导致生态环境恶化。因此,土地可持续利用必须严格遵守生态建设的原则,强调在开发利用中保护和在保护之中利用。

4　地租理论

4.1　地租的概念和内涵

　　土地经济学地租大多是指的狭义地租,是土地作为自然资源将其使用权让渡给他人使用所获得的报酬,其实质是凭借土地所有者对于土地所有权的垄断向土地使用者索取报偿。而广义地租是指物主把所有的土地房屋或者任何财务租界给他人获得的报酬[①]。

---

① R. Barlowe. Land Resource Economics-The Economics of Real Estate[M]. London：Prentice-Hall. 1978：144.

关于地租的来源与实质内涵,马克思对于地租的概念和定义为:一切地租的占有都是土地所有权借以实现的经济形势,一切地租都是剩余价值,是剩余劳动的产物。马克思对于地租的定义和概念的表述,是对一切地租的定义和概念的表述,可以说是一切地租形态所设定的共同的定义,它是对地租规律的精辟概括,完全适用于多种社会经济条件下的地租个性和共性。

4.2 西方古典地租理论

马克思、恩格斯创立了科学的地租理论,但是,在经济学发展历史过程中,早在马克思和恩格斯之前就有许多经济学家对于地租问题做过深入的研究。

4.2.1 古典经济学派早期的地租理论

早在17世纪后期,英国重商主义派经济学家威廉·配第就对地租理论作出了开拓性的贡献。他的著作《赋税与捐赠论》首次提出,地租是土地上生产农作物所得的剩余收入,并指出由于土壤肥沃,耕作技术高低差异,及产地距离市区的远近不同,地租和地价因为也不同,还阐明了地价可以由该土地所获得的地租配额的资本化算出。

安·罗·雅·杜尔哥是重农学派的重要代表人物之一,对于地租理论也颇具贡献。他于1766年发表的《关于财富的形成与分配考察》中指出,由于农业中存在一种天然生产力,所以能使用劳动者产出的数量大于自己生产劳动力所必须的数量,这是天然恩赐的"纯产品"也就是土地对于劳动者赐予,这就是地租。

亚当·斯密在《国富论》中系统地研究了地租,认为地租是土地私有制发生以后出现的范畴,把地租确定为因为使用土地而支付给地主阶级的代价,并看到了地租的来源是工人的无偿劳动,是一种"垄断的价格"。

4.2.2 李嘉图的差额地租学说

资产阶级古典经济学派的理论主要基于差额地租(即级差地租)的观念,这个理论的个别部分已由李嘉图的前辈创立,但是李嘉图奠定了初步的理论体系[1]。

李嘉图在地租理论的主要功绩在于他有意识地运用了劳动时间决定价值量的原理,创立了差额地租学说。他认为土地的占有就产生了地租,地租是为使用土地而付给地租的生产品,它同利润一样也是劳动创造的由农业经营者从利润中付给

---

① 大卫·李嘉图.政治经济学及赋税原理[M].北京:商务印书馆.1976.;57.

土地所有者剩余所得的一部分。而地主在取得这部分产品时,除了由于占有的土地外,丝毫没有耗费过任何代价。按照他对地租生产问题的说明,地租的存在必须存在两个条件即土地的有限性以及土地在肥沃度和位置上的特殊便利。根据此分析,他认为,由于土地的特性,农产品的价值是耕种劣质土地的生产条件,即由最大的劳动耗费量决定的。因此,优中等土地的产品在价格上,除了补偿生产成本和利润外,还有超额利润,转化为地租给地主所有。这样李嘉图便得出来差额地租量取决于不同等级土地劳动生产率的正确结论。

4.2.3　屠能的地租论

德国农业科学家屠能是继李嘉图之后资产阶级古典地租理论的代表人物。二人都是差额地租论者,但是他们的侧重点不一样,李嘉图从土地肥沃程度不同来解释差额地租;屠能则致力于阐明土地的地理位置与地租的关系。从经济收入看,土地所处的位置和交通条件也很重要,更加不能忽视。

4.3　马克思主义地租理论

马克思主义地租理论把资本主义地租按照其形成条件和原因不同,分为级差地租、绝对地租和垄断地租。

马克思认为土地有限,而且有质量和产生率的差异,从而产生了级差地租。级差地租的实质,就是利用较好生产条件而生产率不同的土地所产生的超额利润;由于土地开发条件和区位条件等的差异,投资在区位条件和开发条件较好的土地上比投资较差的土地会得到更多的收益,所以土地经营者向土地所有者缴纳的地租必须有级差性,而地租的级差性质取决于级差地租的形成条件①。

绝对地租来源于马克思的观点,在资本主义农业中,因为土地私有制的垄断使得最劣等的土地也必须支付地租才能投放资本而被利用,从而形成绝对地租。绝对地租既不是农业产品的社会生产价格与其个别生产价格之差,也不是各级土地与劣等土地之间社会生产价格之差,而是整个农业部门产品价值与生产价格之差②。

垄断地租理论来源于马克思的观点,在资本主义社会中,有农业生产领域雇佣工人创造的剩余价值的一部分,通过超额利润形式转化的级差地租和绝对地租为

---

①　马克思.剩余价值学说史:第 2 卷[M].北京:三联书店.1957:320

②　马克思,恩格斯.马克思恩格斯全集:第 25 卷[M].北京:人民出版社.1975:698.

唯一正常的地租形式。除此之外,在农业中还存在着另一种地租形式,即垄断地租。垄断地租与正常地租不同,它不是来自生产领域,而且来自流通领域,它是由垄断价格带来的超额利润转化而成的地租。

4.4 现代地租理论

4.4.1 克拉克的地租理论

在克拉克的经济理论中,他认为地租不是一个独立的范畴,地租被视为利息的派生形式,确定利息的方法也适用于地租,由此提出地租由土地的边际生产力决定的原理[①]。在现代经济学中,克拉克的边际生产力理论已经成为微观经济学分配理论的主要支柱,但实际上是"生产三要素理论""边际效用论"和"报酬递减规律论"三个理论的混合物。他在否定了萨伊的"三分法"后,却仍然不自觉地将萨伊的生产三要素理论作为其分析的基础,得到劳动——工资、资本、利息、土地——地租三位一体公式。克拉克地租理论的错误不在于对土地的生产力进行边际分析,而在于用边际生产力来说明地租的源泉,否定马克思的劳动价值论和剩余价值理论。

4.4.2 马歇尔的地租理论

马歇尔用折中主义的手法,将供求论、生产费用论、边际效用论、边际生产力等融合在一起,建立了一个以"均衡价格"为核心的完整的经济学体系。马歇尔用土地的供求均衡关系来说明地租的形成。马歇尔认为:地租并不是一种独特的现象,只不过是经济现象这一大类中一种;地租理论并不是一个孤立的经济学说,只不过是一般供需理论的一个特定推论的主要运用而已。地租量的多少受到土地需求状况的影响,决定于土地的边际生产率。他认为:如果对于同一块土地不断投入资本和劳动,那么最初几次投资带来的报酬可能会增加,但是当土地被充分耕作之后,投资报酬便会递减,耕种者会不断对于同一地块土地追加资本和劳动。不论是耕种肥沃的土地还是贫瘠的土地,该点就是耕种土地的边际投资水平,需要有和该投资水平所获得的报酬相等的一个数量,足以偿付他此前的每一次投资。总产量超过这一数量的余额,就是耕种者的生产者剩余[②]。

4.4.3 萨缪尔森的地租理论

萨缪尔森认为土地的重要特性是数量固定,对于价格缺乏弹性。土地的总供

① 　约翰·贝茨·克拉克.财富的分配[M].北京:商务印书馆.1983:11.
② 　阿尔弗雷德·马歇尔.经济学原理[M].北京.中国社会科学出版社.2007:1317.

给量是固定的,一般而言,它不可能为为适应一个较高的价格而增加或者因为使用较低的土地价格而减少。而社会上对于土地的需求则是因为对于土地产品的需求引致的,因此土地需求是一个派生需求[①]。萨缪尔森的地租理论指出了可用地租来优化配置稀缺的土地资源,强调供求关系决定土地资源的价格,没有论及土地资源的价值,其观点只能解释在市场上表现稀缺的土地资源,对于不能在市场上体现其稀缺性的土地资源,特别是人类没有涉足的土地资源缺乏解释力。

5　区位理论

区位理论是区域经济理论起源的基石,是区域经济学的核心基础理论之一,根据其研究内容的差异分为古典区位理论和现代区位理论。

5.1　古典区位理论

5.1.1　农业区位理论

德国农业经济学家杜能是西方区位理论的先驱者,在 1826 年出版的《孤立国同农业和国民经济的关系》中首次提到了农业区位论[②],他认为城市周围土地的利用类型及农业集约化程度,都是随着其与城市距离的远近而呈现带状变化的、由内向外的一系列同心圆,这些同心圆成为“杜能圈”。每个圈都有自己的主要产品和耕作制度,并因其与中心城市的距离不同而引发生产基础和利润收入的不同。

5.1.2　工业区位论

德国经济学家韦伯第一个提出了工业区位理论,被公认为工业区位理论的奠基者。韦伯首先引入“区位因素”的概念,其理论的和核心就是通过分析和计算运输、劳动力及集聚因素的相互作用,找到工业产品生产成本最低的地点,尤其需要把运输费用降到最低限度,作为配置工业企业的理想区位,以实现产品的最终销售。

5.1.3　中心地理论

中心地理论是由德国地理学家克里斯塔勒提出的,是近代区位理论的核心部分。该理论从区位选择的角度,阐述了城市和其他级别的中心地等级系体的空间结构理论。主要涉及市场和城市的布局,即城市区位,因为又被称为城市区位理

①　保罗·A.萨缪尔森,威廉·D.诺德豪斯.经济学(第 18 版)[M].北京:人民邮电出版社.2008:230.

②　约翰·冯·杜能.孤立国同农业和国民经济的关系[M].北京.商务印书馆.1986.

论。核心思想是,城市是区域的服务中心,根据所提供的不同档次,各城市之间形成一种有规则的等级均匀分布的关系[①]。

5.2 现代区位理论

现代区位理论是在古典区位理论基础上发展而来的,其研究内容从单个厂商的区位决策发展到地区总体经济结构及其模型的研究[②];从抽象的纯理论模型的推导变为力求接近区域实际的、可应用的区域模型;扩展了研究的产业部门;考虑了人为及其行为因素等。

现代区位理论的共同核心观点如下:

(1)规模经济:现代区位理论重点描述产业集聚现象,指出"规模经济"是其最大的竞争力来源。由于数量可观的企业集聚在一起形成产业链,造成了很大的规模经济,这种规模经济可以最大限度地降低成本、提高效率,并形成相应的核心竞争优势。

(2)外部性:就是最先进入集聚地点的少数企业,给后来的企业创造了基础设施、劳动力市场、中间产品、原材料的供应渠道、专业知识的扩散等正面的外部效益。

(3)向心力或离心力:上述正面的外部性使得产业集聚会吸引更多相关企业进入,进入的企业越多,规模经济就越大、效率就越高。这种对相关企业的吸引力就形成了向心力或集中力;但是事物发展都要有"度",若企业过多过密,就会使得投资环境恶化,产生交通拥挤、污染、噪声等问题,使得产业集群的规模经济效益下降,吸引力变成了离心力。

第3节 城市土地制度

1 土地制度概述

土地制度是土地关系的总称。在土地经济活动中,各种利益主体之间会形成各种各样的关系,如土地的所有、占有、处分、使用等关系,土地制度的本质就是要反映这些重要的土地经济关系。从内涵和构成上可以具体细分为宽窄不同的各种

---

① 克里斯塔勒.南部德国的中心地原理[M].北京.商务印书馆.2010.
② 沃尔特·艾萨德.区位与空间经济[M].北京.北京大学出版社.2011.

土地制度。一般来说,城市土地的所有、占有、处置和使用关系都是以产权制度的形式予以规定的,所以,土地产权制度构成了土地制度的核心。广义的土地制度还包括土地配置与流转制度、土地收益分配制度、土地市场制度、土地开发制度、土地规划制度、土地保护制度、土地征用制度、土地税收制度和土地管理制度等。

2　城市土地产权的涵义

城市土地产权就是以土地所有权为核心的城市土地财产权利的总和,包括土地所有权及与其相联系的和相对独立的各种权利,如占有权、使用权、经营权等。城市土地产权制度主要包括了城市土地所有权制度和城市土地使用权制度。

2.1　土地所有权

土地所有权是土地所有制关系在法律上的表现,是土地所有者依照法律规定对土地实行占有、使用、收益和处分,并排除他人干涉的权利。在土地产权中,所有权是最主要的、居于支配地位的和统治地位的,其他排他性权力都是所有权的派生权利,如使用权、收益权和处分权等。但是这些派生权利可以与所有权合为一体,也可以相对独立存在。按照土地所有权的归属,可分为土地公有制和土地私有制两种形式。其中,公有制又可分为国家所有和集体所有两种类型。

2.2　土地占有权

土地占有权是指对土地进行实际支配、控制的权利。它是行使土地所有权的基础,也是实现土地使用权能和处分权能的前提。土地占有权可以由土地所有人行使,也可以根据法律,以契约的形式依照土地所有人的意志由他人行使。

2.3　土地使用权

狭义的土地使用权是指依法对土地的实际使用,包括在土地所有权之内,与土地占有权、收益权和处分权是并列关系。广义的土地使用权是指独立于土地所有权之外,包括土地占有权、狭义的土地使用权、部分收益权和不完全处分权的权利集合。土地使用权与土地所有权既可以结合,也可以分离,即土地使用权既可以由土地所有人行使,也可以从土地所有权中分离出来,由非土地所有人行使。

2.4　土地收益权

土地收益权是指依照法律和契约取得的土地所产生的经济收益的权利。尽管土地收益权是与土地使用权紧密相连的,但是土地所有者在将土地使用权分离出去之后仍可以享有土地收益权。所以说土地收益权是一项独立的土地权能,它是土地所有权的一项标志。土地所有权人可以将土地的占有权、使用权甚至部分处分权分离出去,而仅仅保留收益权。

2.5　土地处分权

土地处分权指转让财产的权力,包括出售、租赁、赠送、抵押等更次一级的权利。土地处分权通常由财产所有者行使,在某些情况下可由所有者委托他人行使。处分权能是所有权四种权能中最基本的权能,它决定财产的命运,决定财产的归属,因而是所有权的核心。土地所有者和土地使用者都可以处分土地,使用人只能依照法律和合同的规定处分土地使用权,而不能决定土地的最终命运,只有土地所有人享有土地的最终的处分权。

2.6　土地抵押权

土地抵押权是土地受押人对土地抵押人不转移占有并继续使用收益而提供担保的土地,在债务不能履行时可将土地的拍卖价款作为受清偿的担保物权。在中国,目前法律规定只有城镇土地才准予抵押,农村承包地不得进行抵押。

3　我国城市土地制度的现状

我国《土地管理法》规定:中华人民共和国实行土地的社会主义公有制,即全民所有制和劳动群众集体所有制。我国《宪法》第十条第一款规定:"城市的土地属于国家所有"。因此,我国城市土地所有制为全民所有,即国家所有。

根据我国《土地管理法实施条例》对国有土地的客体进行了具体固定,即以下土地属于全民所有:①城市市区的土地;②农村和城市郊区中已经依法没收、征收、征购的国有土地;③国家依法征收的土地;④依法不属于集体所有的林地、草地、荒地、滩涂及其他土地;⑤农村集体经济组织全部成员转为城镇居民的,原属于其成员的集体所有土地;⑥因国家组织移民、自然灾害等原因,农民成建制集体迁移后不再使用的原属于迁移农民集体所有的土地。

我国的城市土地产权主要分为两种,即划拨土地使用权和出让土地使用权两种类型。划拨土地使用权是指国家通过土地管理部门在服从城市规划、用途管理的前提下,采取协议、招标、拍卖等方式,将一定期限的土地使用权有偿有期限的出让给土地需求者。划拨土地使用权的适用范围仅限于国家机关用地和军事用地、城市基础设施用地和公益事业用地、国家重点扶持的能源、交通、水利等项目用地、法律、行政法规规定的其他用地。

出让土地使用权是指国家以土地所有者的身份,将一定地块的国有土地使用权,有期限地让与土地使用者,并由土地使用者向国家支付土地使用金的行为。土地使用权出让的法律特征为:①出让方的主体资格特定,只能是国家;②土地使用权出让是有偿、有期限、附条件的土地使用权转移;③土地使用权出让属于要式法律行为;④土地使用权出让法律关系是国家与用地者之间的一种资源分配关系,不适用一般民事合同的原则。土地使用权出让的方式主要有协议、招标和拍卖。

4　我国城市土地制度的历史演变

4.1　改革开放前

自中华人民共和国成立到 1954 年,我国城市土地还存在着有偿使用的情况。但自从 1954 年之后,我国城市土地的使用基本上形成了行政划拨,以及无偿、无限期和无流动的"三无"土地使用制度,这一城市土地使用制度一直持续到改革开放才告结束。

根据 1950 年政务院的《契税暂行条例》的内容规定,1949 年之后到 1956 年之前,我国城市土地可以自由买卖、转让、交换、抵押、典当、入股。1956 年开始,城市私有房产的社会主义改造之后,城市私有土地收归国有并禁止买卖。到 1982 年,虽然经过接管、没收、赎买等方式,城市中的大部分土地已归国家所有,但还是有少量土地控制在某些集体和个人手中。这一阶段我国城市土地使用制度的特点是行政划拨、无偿无限期使用、禁止土地使用者之间的转让。

我国传统的土地使用制度存在的弊端:①不利于土地集约利用和合理配置。据测算,1980 年代我国城市土地约有 3%－5%长期处于闲置的状态,约有 40%处于低效利用状态。同时存在城市土地配置不当的问题。工业用地、行政用地所占比例过大,而商业、服务业等第三产业用地比重过小;非经营性单位多占地、占好地,极大地降低了城市土地的产出效益。最终导致土地无法向利用效率高的用户转移。②不利于企业改制。属于行政划拨的土地使用制度,使得企业间的合理公平竞争环境难以形成,不利于企业绩效评估,不利于城市发展,容易导致权力寻租行为盛行。

4.2 改革开放后

上述传统城市土地使用制度的种种弊端导致了政府必须对其进行改革,改革首先要冲破的是城市土地无偿、无限期、无流动的禁区。1982 年经第五届全国人民代表大会第五次会议通过的《中华人民共和国宪法》第十条规定,"城市的土地属于国家所有"。自此之后,我国城市土地使用制度进入改革开放之后的新时期。总体上,改革开放后我国城市土地使用制度的改革过程经历了以下阶段:

(1)征收土地使用费(税)。

1982 年 1 月 1 日,深圳市开始实行《深圳经济特区土地管理暂行规定》,规定了不同用途土地使用的最长年限和不同用途、不同地区每年单位面积土地使用费的征收标准。土地使用收费制度在开始阶段,仅针对深圳特区的外资企业试点实施,之后开始逐步推广到全市范围,并在全国范围内也开始逐步推广。收取城镇土地使用费(税),尽管标准较低,土地仍然由行政划拨,还不能名正言顺的进行市场流通,但是这一创造性的实践,使原本不值钱、随意使用的土地一下子有了"身份",为我国土地使用制度改革取得了历史性突破做好了准备。

(2)城市土地使用权出让和转让试点阶段。

1987 年 9 月 9 日,深圳特区进行城市土地使用权转让的试点。深圳市人民政府将 5321.8 平方米的住宅使用权,以总价 106.4 万元的价格转让给中国航空技术进口公司深圳工贸中心,使用期限为 50 年。这是中国城市土地使用制度改革的重要转折点,打破了长期的土地无偿、无限期、无流动的使用制度,引入市场机制配置土地资源的新制度。1988 年 4 月 12 日,七届人大第一次会议通过了《中华人民共和国宪法》有关修正案,将宪法中规定的不得出租土地改为"土地使用权可以依照法律的规定转让。"《土地管理法》也对此做出相应调整,规定"国家依法实行国有土地的有偿使用制度。"至此,城市土地使用制度改革有了法律的依据。

按照《招标拍卖挂牌出让国有土地使用权规定》(国土资源部令 11 号)的解释,

除了国有土地划拨以及协议出让的非公开形式外,国有土地出让方式还包括:招标、拍卖、挂牌的公开土地出让形式。

土地划拨是指经县级以上人民政府依法批准,在土地使用者缴纳补偿、安置等费用后,取得的国有土地使用权,或者经过县级以上人民政府依法批准后无偿取得的国有土地使用权。划拨的土地用途一般包括国有企业的土地、军事用地以及公共用地等。

协议出让国有土地使用权,是指国家以协议出让的方式将国有土地使用权在一定年限内出让给土地使用者,由土地使用者向国家支付土地使用权出让金的行为。划拨和协议出让国有土地一般不走招拍挂等公开出让土地的形式。

招标出让国有土地使用权是指市县人民政府土地行政主管部门发布招标公告,邀请特定或者不特定的公民、法人和其他组织参加国有土地使用权投标,根据投标结果确定土地使用者的行为。

拍卖出让国有土地使用权。是指出让人发布拍卖公告,由竞买人在指定时间、地点进行公开竞价,根据出价结果确定土地使用者的行为。

挂牌出让国有土地使用权,是指出让人发布挂牌公告,按照公告规定的期限将拟出让宗地的交易条件在指定的土地交易场所挂牌公布,接受竞买人的报价申请并更新挂牌价格,根据挂牌期限截止时的出价结果确定土地使用者的行为。

第4节　城市土地市场

1　城市土地市场概述

城市土地市场,就是指城市土地这种特殊商品在流通中所发生的经济关系的总和,体现着土地供求双方为确定土地交易价格而进行的一切活动。在土地市场中,市场的主体是土地的供给者、购买者和其他参与者,市场的客体是交换的目的物,即土地权利。在土地交换过程中,不只是市场的买卖双方参与土地交易,而是有众多的参与者,要发生多方面的经济关系。

土地市场作为市场的组成部分,具有市场的一般特性。同时由于土地还是一种特殊形态的商品,具有区别一般商品市场的明显特征。

(1)交易实体的非转移特性:一般市场交换表现为商品的实体的运动,而在土地交易过程中,由于土地位置固定性,交易对象不移动,只发生产权的转移,土地交易的实质是土地产权契约的交易。

（2）土地市场的地域性：土地位置的固定性决定了任何一宗土地只能就地开发、利用，并要受制于其所在的空间环境，如邻里关系以及当地社会经济条件等，所以，土地市场不存在全国市场，更不存在全球性市场，而是一个地区性市场，其供求关系、价格水平和价格走势等都是地区性的。

（3）土地市场的垄断性：土地资源的稀缺性和土地位置的固定性，以及土地市场的地域性分割，导致地域性土地市场的不完全竞争和土地价格不完全由供求关系来决定，加之土地交易数额较大，所以土地市场容易形成垄断。

（4）土地供给弹性小：土地是一种稀缺的不可再生资源，其总量是不变的，土地的自然供给完全无弹性。由于土地资源用途变更的困难性，土地的经济供给弹性也很小。

2　城市土地市场的构成

表 5 - 1　城市土地市场构成关系

市场类型	交易主体	交易客体	交易方式	市场特征
土地所有权市场 （农地征购市场）	政府、农村集体 经济组织	土地所有权	征购	政府单向购买
使用权初级市场	政府、土地使用者	土地使用权	出让、出租等	政府垄断、纵向流转
使用权次级市场	土地使用者	土地使用权	转让、转租等	政府调控、横向流转

城市土地市场包括土地所有权市场和土地使用权市场，其中土地使用权市场又包括城市土地使用权初级市场（一级市场）和城市土地使用权二级市场（次级市场）。二者共同构成了完整的城市土地产权市场。

土地所有权市场是指由于我国实行的是土地国有制，土地所有权不允许买卖，所以不存在政府和土地使用者之间的土地所有权交易市场，但是存在政府和农村集体经济组织之间通过土地征收、征购的方式单向从农村集体组织手中购买土地所有权的途径。

土地使用权初级市场（一级市场）是土地使用权的出让市场，是城市土地所有者将土地使用权在一定期限内让与城市土地使用者而形成的市场；反映的是土地所有者与土地使用者之间的经济关系。我国城市土地归国家所有，政府是城市一级土地市场的唯一供给者,所以城市土地一级市场是一种垄断性市场。城市土地一级市场主要市场活动又可以看作是国家以土地所有者的身份,将土地使用权依照规划要求和投资计划及使用年限,出让给土地使用者或开发商。

土地使用权次级市场(二级市场)即土地使用权转让市场,是指城市土地一级市场的土地使用权受让者将剩余年限的土地使用权让与其他土地使用者而形成的市场,反映的是土地使用者与土地使用者之间的经济关系。其主要市场活动是开发商根据政府的有关规定和出让条件对土地进行开发和建设,并将经过开发的土地使用权连同地上定着物进行转让、出租、抵押等。

3 城市土地市场的宏观调控

土地宏观调控就是以土地资源供求关系为核心,通过综合运用土地经济、土地法规、土地行政等手段,调控宏观经济运行,以实现国民经济全面、协调、既好且快的可持续发展的目标。土地宏观调控主要是进行土地的总量供给和总量需求的调控,一级各类用地结构和土地收益分配调控等。

土地宏观调控的功能主要包括以下四个方面。一是调控固定资产投资规模,保持宏观经济平稳运行。二是调整产业结构,促进产业布局优化。三是引导集约节约用地,保护与合理利用土地资源。四是规范土地市场,创造公开公平的发展环境。

土地宏观调控主要包括五点内容,即土地供应总量调控、结构调控、区域供地政策调控、土地价格调控、土地收益分配调控。

(1)土地供应总量调控:土地供应总量调控主要是是建设用地总量调控。建设用地总量是影响经济发展速度和效益的重要因素,控制建设用地总量,是调控经济运行的重要手段。建设用地总量调控主要通过编制科学合理的土地利用总体规划和土地利用年度计划来实现。

(2)土地供应结构调控:通过对不同用途土地的供应,促进产业结构调整和产业优化升级,这就需要按照国家产业政策,实施调整工地政策,对符合国家、省市产业结构调整方向的项目予以用地扶持;对于禁止性项目停止供地;对于限期性项目,提高供地标准和条件。

(3)区域供地政策调控:不同的土地供应政策会形成不同的激励与约束机制,会导致政府、组织和个人在土地利用中做出不同的行为选择,从而产生不同的土地资源配置效率,利用土地供应政策进行宏观调控,其实质是一种中央政府为主的国家各级政府通过对全国或者本辖区内土地资源的供应总量和结构性的干预,对于一定范围内宏观经济的总体运行进行引导和调节的过程。

(4)土地价格调控:由于我国城市土地属于国家所有,地价关系反映着国家与投资者之间的利益分配关系,因此,国家完全可以通过地价杠杆来实现让利与取利,从而实现有效的调节资本在不同的级差土地以及部门和产业间合理流动,直接或者间接制约甚至决定投资的方向,从而对经济与社会发展进行调控。

(5)土地收益分配调控:我国现行的土地收益主要表现为土地资产性收益和各种税费,土地资产性收益不但体现了国家与企业、个人的利益关系,而且反映了中央政府与地方政府的利益分配。

第5节　城市土地政府管制

"管制"一词来源于英文的 regulation。其含义是指按照一定的规则、方法或确立的模式进行调整,依照一定的规划或者限制进行指导,或受管理性原则或法律、法规的管辖。政府管制是指具有法律地位的、相对独立的政府管理者(机构),依照一定的法规对被管制者(主要是企业)所采取的一系列行政管理与监督行为。城市土地的政府管制具有政府管制的特征,本章从城市土地政府管制的依据、方法两个角度对城市土地政府管制进行介绍。

1　城市土地政府管制的依据

1.1　城市土地市场的垄断性

土地的异质性决定其具有较低的替代性,因此土地需求的弹性较低。同时,土地市场的资金门槛较高,参与市场交易的人数不多,土地市场参与者的有限导致其具有通过合作进行价格垄断的利益动机。土地市场对当地供求状况的依赖及产品的非标准化,土地市场没有激烈的竞争。因此土地市场交易者间存在合谋的问题。

由于城市土地市场具有的垄断性特性,仅仅依靠市场机制并不能维持城市土地市场的健康运行。首先,作为垄断势力度较大的垄断竞争型市场,垄断势力会造成社会成本的浪费;其次,对消费者而言,土地市场的垄断会面临价格和购买数量方面的损失,对于企业而言,会因垄断限制产量而造成损失,以及为维持垄断地位而造成的资源浪费。因此,出于纠正城市土地市场垄断性问题、保证土地市场良性运行的目的,需要政府对土地市场进行管制。

1.2　城市土地市场的外部性

土地市场既具有正的外部性,也具有负的外部性。例如,绿地建设导致城市空气质量变好,道路开通为附近居民提供方便等,这都表现出土地利用的正外部性,但是具有正外部性的情况下,由于边际社会效益大于边际个人效益,因此市场机制不鼓励私人生产达到社会理想的水平,这就导致企业实际产出水平低于有效产出水平。但是另一方面,工业用地附近的环境破坏等土地利用的负外部性也普遍存在,而负外部性的条件下边际社会成本大于边际个人成本,因此市场机制存在鼓励过多产出的作用。

因此,由于外部性的存在,人们往往会选择一种逆向选择的行为,从而造成土地资源无法得到优化配置,会导致资源配置的扭曲现象。虽然绿地建设会产生更多的正外部性,但是如果政府没有对开发商提出容积率、建筑密度、绿化率等要求,开发商不会主动地向居民免费提供足够的绿地。因此,土地利用和开发中外部性的存在及其影响,使得政府对土地市场进行管制有其显著的必要性和意义。

1.3　城市土地市场的信息不对称

不对称的信息会导致市场失灵,产生逆向选择与道德风险问题,并使得市场的运作效率低下。土地交易不仅是实物交易,更是各种不同土地权利的交易,明确土地权利状况对于购买人而言至关重要,而土地交易和市场的天然特性决定了土地供方往往比需求方更了解土地权利的状况,从而形成了信息不对称的状况。在信息不对称的情况下,在土地交易中极易出现各种纠纷和道德风险。因此,解决信息不对称而带来的各种问题,政府对土地市场进行管制的必要性依据。

1.4　城市土地市场的分配不公平

土地作为极端重要和稀缺的资源,是城市生产生活活动开展的基础和必要条件。土地既是可交易买卖的商品,也可通过合理的开发利用而形成增值收益、创造新的财富。因此,土地既是财富本身,也是财富的源泉。土地的不公平分配也必然表现为社会财富的不公平分配,从而引发严重的社会问题。正如乔治·亨利在其名著《进步与贫穷》中所指出的,土地财富的不公平分配是"国家越进步、社会越贫穷"的问题根源之所在,也是资本主义社会发展初期出现极端的经济社会矛盾的重要原因之一。因此,需要通过政府管制的途径,对土地垄断等土地第一次分配的极端不公平现象进行限制和纠正,对土地市场价格的变动等土地财富的第二次分配进行合理有效的调控,从而促进土地财富的公平分配。

2　城市土地政府管制的主要内容

城市土地政府管制的调控目标包括保证城市经济社会活动对各类用地的需要;保证市场经济基本原则的实现,并且排除非市场因素的干扰;提高城市综合效益的同时维护城市的生态平衡;调节城市土地收益,增加城市收入,补偿城市政府投资支出。但是,我国城市土地政府管制也必须遵守依法调控、适度调控以及调控行为规范的原则。

根据管制问题的类别和领域,城市土地政府管制主要包括针对城市土地所有、城市土地使用、城市土地交易活动及其价格、土地税收等四大类别的管制内容。不同的管制内容和领域,分别包括了不同的管制方式和管制手段。

2.1　城市土地所有的政府管制

针对城市土地所有的政府管制,首先包括对于土地权利主体资格的限制;例如,基于国家安全的考虑,许多国家都禁止外国人购买本国的土地。其次包括对于权利客体的限制,其中主要包括:第一,对不可私人拥有的土地类型进行限制,比如涉及外交、军事、重要政府机构和重大公共设施等的土地不能私有;第二,对于土地的面积进行限制,一些国家通过制度性限制个人或家庭保有的土地面积不能超过一定的规模,以防止土地过度集中;第三,对取得土地的方式进行限制,如我国国有土地使用权的获得方式仅限以招标、拍卖、挂牌等方式;第四,对租赁期限的限制,例如有些国家的永佃制旨在保证租赁者永久或半永久性的拥有土地的使用权,以此保护土地使用权者的权益,使得中低收入阶层的经济社会活动得以稳定持续的开展。

2.2　城市土地使用的政府管制

针对城市土地使用的政府管制主要是运用各类规划等政策手段,对各类土地利用和开发活动的内容、强度、时序、布局等进行有效的调控,以期实现城市土地持续利用的管理目标。具有直接政策效果和影响的政策手段主要包括各级行政单位编制实施的土地利用规划、供地计划、国土开发规划、各类城市规划等。对于城市土地利用的规划政策及其管制方式在本章的第 6 节进行详述。

2.3　城市土地交易及价格管制

为了保证土地交易顺利进行,提高市场运行效率,对城市土地市场的各类交易活动进行适当的政府管制,是促进土地市场有序发展的必要手段。土地登记制度、土地估价制度、土地租用制度、土地交易许可制度、强制性价格管制以及指导性价格管制等制度,是不同国家较为常见的针对城市土地市场的政府管制手段。

土地登记制度是指国家土地登记机关按照法定程序,将申请人的土地各项权利的取得、转移、变更及土地的自然状况、经济状况等,详细登记于土地登记簿,从而使土地的权利得以确认,为土地的安全交易提供法律保障。如德国土地登记制度规定,土地权利的取得或变更若未登记于政府的土地登记簿上,将不发生效力。国际上采用的土地登记制度大致可以归纳为三种基本类型,一是以法国为代表的契约登记制度;指对于土地权利的变更,只要当事人意见一致,订立契约即可生效。登记机关根据契约所载内容办理登记,而不进行审查,其登记的土地在法律上不具有公信力。二是以德国为代表的权利登记制度;指对于土地权利的变更,必须由登记机关按法定程序进行实质审查,确认权利的得失与变更,才能生效,并供第三者查阅。三是以澳大利亚为代表的托伦斯登记制度,指为便利土地权利的转移,经登记后具有确认产权的效力。登记具有绝对公信力,经登记的土地权利受法律保护。中国现行的土地登记制度是一种法律登记制度。其特点是:①无论初始土地登记还是变更土地登记,都带有强制性;②经登记的土地权利受国家法律保护;③登记机关对权属的合法性、界址、面积、土地用途、地价等要进行实质性审查;④登记具有绝对公信力;⑤颁发土地证书。

土地估价制度是以规范土地估价行业有序发展为目的而制定的各类法律法规和管理办法的总合。土地估价又称土地评估,是指土地估价人员依据土地估价的原则复、理论和方法,在充分掌握土地市场交易资料的基础上,根据土地的经济和自然属性,按土地的质量、等级及其在现实经济活动中的一般收益状况,充分考虑社会经济发展、土地利用方式、土地预期收制益和土地利用政策等因素对土地收益的影响,综合评定出某宗地或多宗地在某一权利状态下的某一时点的价格。因此,土地估价制度的主要内容以对土地估价人员和机构的资质管理、估价的管理与审核以及行业管理等内容为主。

土地租用制度是通过签订租约的形式,政府将土地租给开发商或土地使用者使用,租约明确规定土地的用途、租用年限及租金等的一种制度形式。例如我国的土地批租制,对土地批租的方式、即拍卖、招标、协议等作了明确的规定。

有些国家在房地产业快速发展的特定时期,还会制定和实施一些针对土地市场交易行为的特殊制度,从而加强土地市场管理,规范土地交易行为,确保土地交易的合法性和安全性。例如,在日本,为了控制由于经济高速增长期的地价飞涨与土地投机买卖,保证土地的合理利用,政府从 20 世纪 70 年代开始建立了一整套以闲置土地交易为主要目的的土地交易许可制度[1],以期直接控制某些地区(以地价上涨显著的城乡结合部为主)的地价水平和土地使用目的。该制度的主要内容包括:确定土地交易的限制区域;对于土地交易进行审查;最后对于土地交易申请的审批规定期限。此外,日本和韩国还在不同时期制定和执行了土地交易价格管制政策,其中分为强制性价格管制和指导性价格管制两种类型。强制性价格管制是由政府规定交易价格的上限,若超出则政府将停止交易或不予批准。政府通过价格管制的直接干预市场的办法,解决土地市场自然垄断领域存在的信息不对称问题。对于房地产企业进行土地价格上的强制性约束。指导性价格管制是指政府对于土地价格合适与否的标准和依据进行认定,其依据往往是公示地价,而公示地价不具有强制性,对超过公示地价水平过高的土地交易活动往往通过劝告的方式,不服劝告的则将其公示,以起到警示作用。

2.4 城市土地税收

国家通过合理的土地税收、房地产税费等机制,可以实现土地收益的合理分配。在我国,除了土地出让环节征收的土地出让金之外,政府通过在土地开发、转让和使用环节征收有关的税费,以完成土地收益的合理分配[2]。我国现行土地税收制度是从 20 世纪 80 年代初改革开放以后逐步建立和完善起来的[3]。中国现行

---

① Kazuo Sato. Bubbles in Japan's urban land market: An analysis[J]. Journal of Asian Economics . 1995(2)

② 周诚.土地经济学原理[M].北京.商务印书馆.2003.

③ 靳东升.我国土地税收制度改革设想[J].中国土地科学 2006.(11):7-9.

的土地税收大体上可以分为耕地占用税、城镇土地使用税、土地增值税、地产营业税和契税等五种。

(1)耕地占用税:是对占用耕地建房或从事其他非农建设的单位和个人,就其占用的耕地征收的一种税;这里的耕地占用纳税人是指占用耕地建房或者从事非农建设的单位和个人。税额的确定以所在的县、市人均实际占用耕地面积为依据,一般以国务院于2008年1月1日实施的新《中国华人民共和国耕地占用条例》为准。耕地占用税推行十多年来,在保护耕地资源、积累农村生产建设资金等方面起到重要作用。

(2)城镇土地使用税:长期以来中国城镇土地实行的是无偿使用制度。实践证明,土地无偿使用制度极不利于城镇土地的充分合理利用。为了合理使用城镇土地,用经济手段加强对于土地的控制和管理,调节不同地区、不同地段的土地级差收入,促进土地使用者节约土地,提高土地使用收益,国务院于2006年12月31日颁布《中华人民共和国城镇土地使用税暂行条例》,针对在城市、县城、建制镇、工矿区等范围内使用土地的单位和个人征收土地使用税。在加强企业的经济核算、促进土地使用者合理、节约、有效的使用土地,理顺国家与土地使用者之间的分配关系等方面发挥重要作用。

(3)土地增值税:为了规范房地产市场,有效抑制土地炒卖投机活动减少并防止国有土地资产收益的流失,有效调控引导合理配置投资结构,完善我国土地税收制度。1993年11月26日国务院第十二次常务会议通过了《中华人民共和国土地增值税暂行条例》。土地增值税是对有偿转让国有土地使用权及其地上建筑物和其他附着物的单位和个人征收的一种税。设置该税种的目的就是为了规范房地产市场,抑制土地投机,调节土地收益,维护国家土地权益。

(4)地产营业税:地产作为特殊商品进入市场经营,即土地使用权转让及出售地上建筑物的经营或营业性行为,是属于商业性经营活动范畴之内的,从事土地使用权转让及出售建筑物业务所取的收入额属于商品流转额和非商品营业额范畴。因此国务院于1993年12月13日决定,在《中华人民共和国营业税暂行条例》规定纳税人出租转让土地使用权转让应该向其所在地缴纳营业税。

(5)契税:在中华人民共和国境内土地、房屋权属承受的单位和个人为契税的纳税人,对于国有土地使用权出让、土地使用权转让,包括出售、赠与和交换、房屋买卖、房屋赠与、房屋交换等行为征收契税。契税可以依法适当免征或减征。

2.5 我国城市土地政府管制

我国城市土地政府调控的手段包括土地征用、土地规划、土地估价以及土地税收制度等内容。

土地征用:新中国成立后我国进行建设所需要的城市土地,除了少数原来依靠国有土地解决外,大部分需要靠征用城乡非国有土地来解决。土地征用是指为了国家建设的需要,强制把集体土地变为国有土地,并给与补偿的行为。补偿主要包括土地补偿费、安置补助费以及地上附着物和青苗补助费。

土地规划:我国土地利用规划是国家为了实现土地资源优化配置和土地的可持续利用,保障社会经济的可持续发展,在一定区域、一定时期内对土地利用所作的统筹安排和制定的调控措施。我国土地利用规划可以分为土地利用总体规划、土地利用专项规划和土地利用规划设计。

土地估价:我国《城市房地产管理法》第33条规定:"国家实行房地产价格评估制度。房地产价格评估应当遵循工作、公平、公开"的原则,按照国家规定的技术标准和评估程序,以基准地价、标定地价和各类房屋的重置价格为基础,参照当地的市场价格进行评估。

土地税收:城市土地税收是指国家以城市土地为征税对象,依靠政治权力而取得的社会集团、社会成员的部分城市土地收益。城市土地税收具有三个基本特征:强制性。税收是国家凭借政治权力依法强制征收的,不以纳税人的纳税意愿与否为征收的要件;无偿性。指国家向纳税人征税不以任何代价为前提;固定性。指国家在征税前就以法律形式对纳税人、征税对象和和税率等基本课税要素均作了明确规定,国家职能按照预定的标准征税。

第6节 城市土地利用规划管理

1 土地利用对城市发展的影响作用

土地是城市各类经济社会活动的主要载体,也是城市发展不可缺少的重要资源,因此土地利用变化对城市发展具有十分重要的影响。土地利用对城市发展的影响主要体现在经济发展、社会空间分化以及城市生态环境这三个方面。

1.1　对城市经济发展的影响

(1)土地利用对城市经济发展的影响主要体现在土地利用结构、城市产业经济结构和城市功能结构的密切关联。土地、劳动力和资本是城市发展的基础性要素，城市经济发展和功能提升需要依靠以不同类型土地利用为载体的产业经济活动才能得以实现，因此，土地利用的强度和结构不仅影响着城市产业经济活动的效率和活力能否有效保持，也影响着城市功能的集聚和辐射作用能否有效发挥。首先，土地利用强度对城市经济增长起促进或制约作用。作为经济要素的土地，其配置效率和利用程度的高低将直接通过土地的承载力、产出效益得以体现，从而影响城市的经济效益。这中间既有土地供应总量必须保证的问题，又有土地的集约性利用问题。其次，土地利用结构直接影响城市经济结构和功能结构。城市的经济结构和功能结构决定土地利用的结构，但是优化、合理、科学的土地利用结构将强化城市功能，增加城市的辐射力和吸引力，同时降低城市运行的商务成本和布局成本，促进产业结构的升级、转型。土地利用结构是指国民经济各部门占地的比重及其相互关系的总和，是各种用地按照一定的构成方式的集合，具体包括数量上的对比关系和空间上的相互位置关系，以及权属上的所属关系。数量上的对比关系为土地利用数量结构，一般用各类土地面积(如居住用地、工业用地等)占区域范围内土地总面积的百分比组成表示；空间上的相互位置关系为土地利用空间结构，一般用各类土地利用在空间上的组合关系特征来描述；权属上的所属关系为权属结构，一般用各类用地面积(如国有土地、集体所有土地、权属不清的土地等)占区域内土地总面积的百分比表示。合理的土地利用结构有利于促进国民经济各部门之间合理分配土地资源和实现土地利用效率最大化。如果土地利用不能满足城市产业经济活动发展的需要，城市的经济活力、增长效率和城市功能提升等发展目标都难以实现。

(2)城市土地的市场运作能够为城市筹集更多的资金，为城市经济增长提供动力。我国城市土地的所有权归国家所有，但是可以通过招标、拍卖、挂牌的公开方式进行城市土地土地使用权的有偿出让，土地出让获得的土地收入收归地方政府，为城市公共服务的生产、供给与基础设施建设提供重要的资金来源，为城市经济发展提供动力。此外，各类土地税收作为政府主要的财政收入来源之一，也是城市建设发展的重要资金保障。土地市场在为城市建设筹集资金的同时需要兼顾社会的公平和效率的统一。

(3)城市土地利用直接影响企业的外部聚集经济效益。企业内部规模效益同该企业所处的城市土地利用状况密切相关,并影响企业生产要素的配置,科学合理的城市土地区位将保证企业以较低成本聚集生产要素,享受生产性基础设施产生的优势。

(4)土地利用是城市生态经济的基础。城市生态由自然生态、社会生态和经济生态组成,土地利用将直接产生生态的效益和成本,决定城市未来可持续发展的环境。

1.2 对城市社会空间分化的影响

在土地私有制的国家和城市,土地利用中由于市场机制的作用会形成显著的城市社会空间分化现象。城市地理学的经典模型,如同心圆模型、扇形模型和多中心模型等,都试图解释土地利用对城市社会空间分化的影响机制。由于城市土地利用活动的竞争性特征,具有更优开发条件和环境品质的空间往往被中高收入阶层占有,而中低收入阶层则受困于相对劣势的地区中,参与城市社会经济活动的机会受到限制。当城市社会空间分化的结构性特征在土地利用市场机制的推动下日益显著,城市空间的公平性问题会受到更为显著的影响,不同社会阶层间的矛盾将会随着分化空间中的社会隔离、社会排斥等问题的演进而日益加剧,这将严重影响城市社会的和谐稳定,危及城市发展的有序性和整体性,甚至有成为引发社会骚乱的主要隐患。因此,通过对土地利用的积极有效干预,降低和减少土地利用市场机制的负外部性问题,促进社会阶层的融合,是发挥土地利用对城市社会融合的积极作用,促进城市和谐有序持续发展的重大问题。

1.3 对城市生态环境的影响

城市土地利用是一种高度实行地表人工化的利用方式,虽然城市土地面积占所有土地面积的比重不大,但是资本密集、人类活动集中的背景下,过度的城市土地开发是导致生态环境恶化的主要原因。城市土地利用对生态环境的影响主要包括:①人工化的土地形成"热岛效应"或"尘丘",形成局部的捕获搜集污染物的气流循环。②产业活动和居民消费大量能源。污染物以及有害物质排放集中,造成周围生态环境的污染,城市排放物可分为废水、固体废物和废气,对生态环境恶化明显。③土地利用对周边生态环境作用不是单一的,而是多种效应共同发生、互相叠加交织在一起,对生态环境产生影响。造成植被破坏、动物迁徙、物种减少、土壤侵蚀增加,大范围还会造成降水减少、气温升高、旱涝灾害增多甚至造成全球气候变化。因此,通过对城市土地利用的积极有效干预,减少对自然生态环境的负面影响,是维持良好的城市生态环境,提升城市生活品质的重要路径。

2　城市土地利用的核心理念

2.1　土地利用与环境的协调

城市土地利用需要有助于促进经济环境、社会环境、生态自然环境的协调发展。第一,土地利用经济效益的改善和提高对于促进城市经济发展、保持城市竞争力和发展活力具有重要的意义,因此,城市的土地利用和开发应有效体现不同区位条件下土地的经济效益。第二,不同的土地利用方式具有不同形式和不同程度的社会经济效应,对城市社会空间分化具有显著影响,进而影响着城市社会融合和稳定发展。因此,从维护社会稳定和和谐的角度出发,土地利用和开发应有助于促进各社会阶层间的融合,有助于改善弱势群体的社会经济条件,使其能够公平分享城市发展的成果。第三,土地利用与生态环境保护之间存在着密切的双向关联,二者相互依赖、相辅相成、相互促进和相互制约,构建土地利用与生态环境保护的协调机制是处理好二者关系、推动二者协调发展的根本选择。土地利用与环境协调机制构建的基本目标应既能促进土地利用的生态化目标的实现,又能为生态环境保护及生态质量的改善提供一个基本途径,也就是按照土地资源可持续利用和生态环境保护的基本规律和内在要求,通过坚持土地集约利用与生态环境改善并举,以此实现土地资源利用与生态环境保护的互利发展。

2.2　开发利益的公共还原

开发利益的公共还原,是实现土地利用的社会公平价值诉求、保持开发利益可持续增长的重要因素。美国经济学家亨利·乔治(Henry George)最早提出了影响广泛的土地增值收益理论,认为土地价值之所以增加,是人口的集聚和生产的需求,而非某个人的劳动或投资引起的,因此土地增值的收益应归全社区所有;但是由于缺乏利益共享和公平分配的机制,造成了"社会越进步,民众越贫困"的现象①。土地的开发利益作为一种增值收益,并非土地所有人个体努力的结果,而是包含了政府对基础设施、公共服务等的投资以及全社会共同努力的结果,因此,土地开发利益理应在三类主体间进行公平的分配。反之,如果开发利益不能得到公平合理的分配,则会出现政府公共服务和基础设施的资金来源无法保障、公共服务和基础设施的不足导致环境品质和区位条件下降,影响开发利益的持续实现,并进而形成公共投资、开发收益与环境品质间的恶性循环。

开发利益公共还原理念体现了对于政府有效调节市场机制下土地开发成本与收益分配整体结构的要求,体现了实现社会公平的价值追求。随着城市发展环境的复杂化和现代行政国家背景下公权力领域的扩大,开发利益的概念也正在变得越来越多样化。从早期局限于公共项目本身所产生的利益,到政策与管制的市场效应调节以及公共服务供应成本与收益的平衡,进而向城市发展和经济社会进步所带来的整体利益全面扩展。从英美等国的相关经验来看,随着开发利益内涵的不断扩展,开发利益公共还原的理念实现也需要从以公共项目为中心、以"受益者负担"为原则的税费形式以及面向产权人统一征收的房地产税形式,逐渐发展为面向所有开发项目、综合反映公共物品需求和城市经济社会发展目标、资金补偿与规划调控相结合的土地开发综合规制制度②。

2.3 可持续的土地利用

对于土地的可持续利用原则,按照可持续发展概念,可以定义为既能满足当代人的需求,也能满足后代需求又不会构成危害的土地资源利用方式;具体而言,应包括土地利用的延续性、土地功能的增长性、利用时序的持久性这三方面的内容。土地可持续利用基本原则意味着土地的数量和质量要满足不断增长的人口和不断提高的生活水平而对土地的需求。土地是可更新资源,利用得当,可循环永续利用,如果利用不合理,土地生产能力就会部分或者全部丧失。例如耕地乱占滥用,森林乱砍滥伐等土地过度利用方式,使得土地人口承载能力与日益增长的人口数量越来越不协调。目前在国际上被普遍接受的可持续土地利用的内涵,主要包括了生产性、安全性、保护性、可行性和可接收性等的五大原则。生产性是指保持和

---

① [英]乔治·亨利.进步与贫穷[M].北京:商务印书馆,1995:258-272.
② 王郁.开发利益公共还原理论与制度实践的发展.城市规划学刊.2008(6):57-60.

提高土地生产力,安全性是指降低土地生产风险,保持性是指保护土地资源潜力和防止土壤与水质退化,可行性是指土地开发利用方式在经济上可行,接受性是指土地利用开发内容、方式和强度等对于社会来说可以接受。

3 城市土地利用规划管理的基本原则

3.1 宏观调控与市场机制的协调

运用市场力量和政策调控,建立有效的发展机制,控制和引导各类土地开发活动。土地资源配置的宏观调控与市场的自我调节的矛盾一直是土地利用规划中讨论的热点,经济学家主张充分运用市场的杠杆作用,推动土地资源与资金、劳动力等其他社会生产要素的优化组合,实现社会生产效益最大,而社会学者则呼吁加强政府对土地这种特殊商品的宏观调控,从全社会的福利最大化来配置土地资源。因此完善我国土地利用市场的宏观调控与市场机制的协调刻不容缓。毫无疑问,强调人为控制土地利用的规划可能会导致各种用地的价格扭曲。为了协调土地市场的规范化运营,关键是如何尽量减少这种扭曲,这种影响最容易在城镇的房地产市场中体现,由于规划确定了用于建房的土地供应量,而人们对房屋的需求随着人口不断的增长、收入的增加而不断增大,在限量供应而需求不断增大的情况下,开发商哄抬房地产价格成为了一种必然,结果是地价增长远远大于房价的增长速度。但是,离开规划,就会出现市场失灵。把价格信号引入规划编制决策中,就是有利于缓和规划中可能引起的土地价格扭曲,特别是在城镇土地利用规划中,将有利于稳定城镇房地产市场,维持居民的公共福利。

3.2 保障土地开发的公平性

保障土地开发的公平性主要体现在五个方面。第一,在利益分配上使得整个社会均能享受土地开发所带来的利益,实现开发收益对社会回报的原则。城市土地增值收益的形成并非仅来自土地业主,而是来自于政府对于公共服务与基础设施等的大量投资以及全社会为城市发展而做出的努力。因此,土地开发的收益应由全社会公平分享。第二,在成本负担上贯彻使用者付费和受益者负担的原则。"谁使用、谁负担;谁受益、谁负担"是实现利益分配公平性的基本原则。合理的成本和收益分担机制才能促进土地开发的有序发展。第三,在时间尺度上应该保证资源利用的世代内和世代间的公平分配。体现了土地资源开发利用的可持续发展原则,当代的土地开发对后代的土地利用不产生过度的负面影响。第四,在空间尺度上保障城乡协调发展,协调城乡土地开发的利益分配机制,避免出现牺牲农业和农村利益以换取城市发展的现象出现。第五,在程序上需要重视程序正义和规则公平,所有土地开发的过程、程序需要经过公平、公正、公开的流程,切实保护各方主体的利益。

3.3　可持续发展

生活、生产与生态环境并重。在土地利用规划领域也需要遵守可持续发展的原则。城市的土地规划与城市可持续发展有着直接的关系,不仅关系着城市发展前景,更关系着土地资源的利用效率。科学的认识城市可持续发展与土地规划之间的关系,能够促进土地规划的科学化,从而在高效利用城市土地资源的基础上,促进城市化的快速发展。

4　城市土地用途管制

城市土地用途管制,是指为了保证城市土地资源合理利用,促进社会、经济和环境协调发展,依据土地利用规划,在城市内划定土地用途分区,确定各分区的用途限制内容,实行用途变更许可的一种制度。在实行城市土地用途管制,首先按照当地土地资源状况和社会经济发展对土地资源利用的要求,考虑到对土地资源保护和利用相结合,编制土地利用规划,划定不用的土地用途区,并确定各用途分区的用途限制内容,凡是经规划确定的用途,如需变更,必须申请许可,否则不允许变更土地用途。

土地用途管制主要方式包括:①对土地进行分类:这是土地用途管制的基础。按照《中华人民共和国土地管理法》的规定和土地的自然属性及土地的利用状况,将土地分为农用地、建设用地和未利用地。农用地可以分为耕地、林地、牧草地和农田水利用地、养殖水面等;建设用地可分为住宅用地、公共设施用地、工矿用地、交通水利设施用地、旅游用地、军事设施用地等。②编制土地利用总体规划:土地利用规划是国家为了实现土地资源优化配置和土地的可持续利用,保障社会经济的可持续发展,在一定区域、一定时期内对土地利用所作的统筹安排和制定的调控措施。各级人民政府按照《中华人民共和国土地管理法》的要求,编制土地利用总体规划,对土地利用做出长远的计划和安排。县级和乡镇土地利用总体规划应划分土地利用区,明确土地用途,乡镇土地利用总体规划要根据土地使用条件,确定每块土地的用途,为土地利用、农用地转用审批提供依据。③严格按用途审批用地:各种建设项目使用土地都必须严格遵守和执行土地利用总体规划,各级土地行政主管部门必须严格按照土地利用总体规划确定的用途审批建设用地,要严格控制农用地转为建设用地。不符合土地利用总体规划确定的用途,不得批准建设项目用地。要严格把握用地审批权限。④对违反规划用地的行为要严厉处罚:要按照《中华人民共和国土地管理法》《中华人民共和国土地管理法试试条例》和《基本农田保护条例》等土地管理法律法规对违反土地利用总体规划的行为给与严厉处罚,以法律手段强制保证土地利用总体规划的实施[1]。

城市土地用途管制的重点是非农业建设用地的用途管制,主要包括增量非农业建设用地的用途管制和存量非农业建设用地的用途管制,其中增量非农业建设用地用途管制与农用地许可转移管制密不可分,因此非农用地用途管制的重点应该是存量非农业建设用地的用途管制。存量土地用途管制就是指存量建设用地土地利用结构调整和土地利用方式置换的管制,实际上就是盘活存量建设用地。存量建设用地主要指非农业闲置或低效利用的,在现有经济技术条件下可以挖潜利用的土地。存量土地的用途管制同样是依据土地利用总体规划。对象主要包括以下四个方面。

一是土地使用用途因用地功能的改变而发生的调整,如旧城改造、污染企业搬迁、退二进三等。旧城改造是指局部或整体的有步骤改造和更新老城市的全部物质生活环境,以便根本改善其劳动、生活服务和休息等条件;退二进三主要是用在工业企业改革上,为加快经济结果调整,鼓励一些产品没有市场,或者濒于破产的中小型国有企业从第二产业中退出来,从事第三产业的一种做法。

二是土地使用用途和方式因为土地使用、经营方式的改变而发生的调整,如原地翻建。

三是因土地资产处置方式发生变化的调整,如划拨土地入市、企业改制土地资产处置等。划拨土地入市一般是指经过土地管理部门批准,划拨土地可以进行公开招拍挂的形式进行市场交易,划拨土地所有者将拍卖所得的土地出让金补缴税

---

①　王晓川.运用规划手段不断提高城市土地使用效率[J].中国土地科学,2003(04):43-47.

费的出让方式;企业改制土地资产处置一般也是将企业所有的工业用地进行土地使用权性质变更,并补缴土地出让金的形式。

四是利用不充分或者闲置土地再利用。主要是提高土地利用效率,盘活存量土地,切实保护耕地资源,遵守土地利用总体规划。

5 城市土地利用规划

在我国学术界,对于土地利用规划概念和认识有多种,但是总体归纳起来可做如下定义:所谓土地利用规划是指以经济、技术、法律等学科为基础,从某一特定区域的自然、社会、经济条件出发,在国家有关法律及方针、政策和计划的规范和指导下,根据市场需求,研究合理组织土地利用规律的一门科学。它一方面组织土地的合理利用,另一方面调整土地关系,做到在国民经济各部门、各用地单位之间合理的分配土地资源,建立合理的土地利用结构与土地组织形式,在较少的投入下获得最大的经济效益、社会效益和生态效益。

土地利用规划按照其规划范围和内容,可以分为区域性的土地利用总体规划、土地利用专项规划及土地利用详细规划①。

5.1 区域性的土地利用总体规划

土地利用总体规划是指在一定区域范围内,根据当地自然和社会经济条件以及国民经济发展的需要。对土地资源的利用结构和布局进行的一种战略性安排。根据我国经济管理体制的特点和土地利用规划的可操作性,土地利用总体规划主要按照行政区域来编制,划分为国家、省、市、县和乡(镇)五级,并通过各执政府的行政手段进行落实执行。土地利用总体规划由各级人民政府组织编制,可对一定行政区划内的土地利用起到总体控制作用,时进行土地利用管理的重要手段,是对土地利用进行宏观调控的战略安排,具有综合性、权威性、长期性、区域性和指导性。

5.2 土地利用专项规划

土地利用专项规划是在土地利用总体规划的框架控制下,针对土地开发、利

---

① 曲福田.土地经济学(第 3 版)[M].北京:中国农业出版社.2011.

用、整治、保护的的某一专门问题或者某一产业部门的土地利用问题而进行的固话。我国目前的土地利用专项规划可分为两大类型：一类是保护土地，提高土地利用率和土地生产力，保证以土地资源持续利用为主的专项规划，如土地整治规划、土地开发规划、土地保护规划、城镇低效用地再开发专项规划，高标准农田建设规划等。这类规划一般是在同级行政区域内进行，是同级土地利用总体规划的深化和补充。也有跨行政区域界限，在更广泛的范围内进行的规划，如小流域治理整治规划、草场规划、水产养殖规划、村镇建设用地规划、交通用地规划、水利用规划，如林地规划、草场规划、水产养殖地规划、村镇建设用地规划、交通用地规划、水利用规划等。这些规划属于各产业用地的内部规划，一般由各相关部门进行编制。不管是哪种类型的专项规划，都必须在土地利用总体规划的指导控制下进行，必须符合总体规划要求。各种类型的专项规划目前在各地都有编制，但就全国来说，开展的最为普遍的主要是村镇建设用地规划和土地整治规划等。

5.3　土地利用详细规划

土地利用详细规划是在土地利用总体规划的控制和指导下，详细规定各类用地的各项控制指标和规划管理要求，或直接对某一地段、某一土地使用者单位的土地利用做出具体的安排和规划设计。土地利用详细规划一般以土地使用单位和土地所有单位为单位进行，如农场土地利用规划、林场土地规划、茶园规划、果园规划、养殖场规划、工业小区规划、村庄用地规划、休闲农业园区用地规划和开发区用地规划等。

5.4　城市土地利用规划

土地是每个现代城市所依托的空间环境基础，在一定面积土地上形成依附于其上的人口、产业集聚和城市社会支持系统，产生了城市土地功能的集中性与多样性。许多用地功能彼此之间往往是相互依存、渗透的，有时又是互相矛盾和制约的。因此，城市土地利用规划就是要代表社会整体利益和长远利益，统一协调城市各个分散的土地利用活动，避免各种建设活动的互相干扰，消除土地利用过程中消极的外部性影响。城市土地利用控制性规划内容主要就是合理确定城市用地的总体布局与功能分区，规定各地段、各种用途的具体用地范围、用地强度、用地要求和用地限制。具体指导城市直接用地规划主要是通过详细规划体现，城市详细规划一般包括:规划地段各项建设的具体用地范围、建筑密度和高度限制、总平面布置、工程管线综合规划和竖向规划。由此可以发现,尽管我国没有明文规定单独编制城市土地利用的规划,但是其内容都包含在现行的城市规划中。

复习思考题

(1)土地具有哪些基本特性?

(2)为什么需要由政府对土地市场进行管制?

(3)土地制度的主要构成要素是什么?

(4)土地利用对于城市经济社会发展的意义是什么?

参考文献

[1] [美]R.科斯、A.阿尔钦、D.诺斯等.财产权利与制度变迁——产权学派与新制度学派译文集[M].上海:上海三联书店.1994.

[2] 毕宝德.土地经济学(第5版)[M].北京:中国人民大学出版社.2009.

[3] 陈坤秋,王良健,屠爽爽,龙花楼.效率与协调:土地市场助推城镇化发展的证据[J].经济地理,2019,39(03):37-47.

[4] 陈利根.土地用途管制研究[M].北京:中国大地出版社.2000.

[5] [美]道格拉斯·C·诺斯.理解经济变迁过程[M].北京:中国人民大学出版社.2008.

[6] 黄鹏,卢静.国外城市土地利用规划的启示[J].现代城市研究,2004(08):53-56.

[7] 蒋贵国,何伟.城市土地管理(第2版)[M].北京:科学出版社.2019.

[8] 孔凡文.城市土地利用与管理(第2版)[M].大连:大连理工大学出版社2018.

[9] 李建建,戴双兴.中国城市土地使用制度改革60年回顾与展望[J].经济研究参考,2009(63):2-10.

[10] 李梅.城镇土地收益分配机制理论研究[J].经济问题,2009(09):46-47+74.

[11] 李晓文,方精云,朴世龙.上海城市用地扩展强度、模式及其空间分异特征[J].自然资源学报,2003(04):412-422.

[12] 李元.中国土地资源(第一卷)[M].北京:中国大地出版社.2000.

[13] 林坚,赵冰,刘诗毅.土地管理制度视角下现代中国城乡土地利用的规划演进

[J].国际城市规划,2019,34(04):23-30.

[14] 刘凯.中国特色的土地制度如何影响中国经济增长——基于多部门动态一般均衡框架的分析[J].中国工业经济,2018(10):80-98.

[15] 刘盛和,吴传钧,陈田.评析西方城市土地利用的理论研究[J].地理研究,2001(01):111-119.

[16] 刘书楷,曲福田.土地经济学[M].北京:中国农业出版社.2004.

[17] 刘卫东.中国城市土地开发及其供给问题研究[J].城市规划,2002(11):37-40.

[18] 钱忠好.中国农村土地制度变迁和创新研究[M].北京:中国农业出版社.1999.

[19] 曲福田.经济发展与土地可持续利用[M].北京:人民出版社.2001.

[20] 曲福田.土地经济学(第3版)[M].北京:中国农业出版社.2011.

[21] 王宏新,勇越.城市土地储备制度的异化与重构[J].城市问题,2011(05):67-71.

[22] 王郁.开发利益公共还原理论与制度实践的发展——基于美英日三国城市规划管理制度的比较研究[J].城市规划学刊,2008(06):40-45.

[23] 姚士谋.中国大都市的空间扩展[M].合肥:中国科学技术大学出版社.1999.

[24] 张志辉.中国城市土地利用效率研究[J].数量经济技术经济研究,2014,31(07):134-149.

[25] 周诚.土地经济学原理[M].北京:商务印书馆.2003.

第6章 住房问题与住房政策

第1节 基本概念

住房自远古人类时期就已经出现,其历史源远流长,并与人类发展历史相伴。住房是容纳和承载人类生活工作的重要空间,与人类的生存发展息息相关。进入城市化时代,住房无论是对城市居民个体,还是对城市地区宏观层面的社会和经济活动发展,都具有着越来越重要和深远的影响。

1 住房的概念及其演变

1.1 住房概念

住房作为一种城市建筑和设施的类型,具有经济、社会、文化等层面的多重含义。基于多学科的视角,住房这一概念具有不同的内涵。

从建筑学的视角来看,住房是为满足人类居住生活的功能性要求而形成的建筑空间和技术工艺。比如,在我国的南方气候炎热而多雨潮湿,北方则相对较为寒冷干燥,因此,南北方住居建筑的材料、结构和空间设计等都有显著的差别。南方往往为了通风、遮荫而使用当地木材和砖材,建造深檐高脊的住居建筑;我国北方的住居建筑以合院建筑最为常见,适合于大家族居住,往往建有利于采光通风的中间庭院,庭院四周设厢房,建筑材料以砖和土木为主,为防风保暖而多采取厚墙小窗的设计。

从社会学的视角来看,住房是人类关于居住的价值、风俗、规范、观念与符号的总体。如北方合院建筑院的布局,基本呈对外封闭的矩形形态,分为内院和外院,以强调儒家传统的"内外有别"的观念;家中长辈、正房或位尊者居于中轴线上的房间,晚辈和位卑者的住房落在中轴侧面或次轴的位置上。传统住居建筑的布局设计体现了儒家伦理道德中的"孝""礼""长幼有序"等传统文化中的礼仪规范和伦理秩序。

从经济学的视角来看,住房是为满足人类的居住需要而对住房所进行的加工与创新。比如住房开发商付出成本投资,取得一定的土地或者建筑,住房供应者在土地上建设或者更新房屋建筑,并将房屋建筑在供应到市场上进行交易,以满足消费者们的居住需求,而住房生产者或开发商从住房的建造和市场交易的过程中获得各自的收益。尤其是进入工业化社会之后,随着建筑业和房地产业的不断发展,住居建筑的设计、生产建造和交易等各环节的市场化分工和专业化水平不断提高,住房市场中与住房相关的设计规划、开发建设、建筑材料、中介经济、物业管理等诸多行业,都成为了国家、地区和城市经济的重要组成部分。

1.2 居住生活的影响因素

(1)自然环境对居住生活的影响。

自然环境直接为人类修建住房提供可以方便利用的原材料,因此,不同自然环境中的地理和资源禀赋条件对于人类的居住选址以及居住的形式和结构具有显著的影响。工业社会之前,住房所需的建筑材料主要来自各地区的自然环境中能够较为方便地获得的土木沙石等原材料。在中国上古时期的巢氏的"构木为巢",仰韶文化时期的"掘穴而居",都是人类就地取材、建房居住的例子。长期的农业社会中,我国城市住房所用的材料以木材、石材和以土石材料制造的砖瓦为主,这些建筑材料都是主要来自当地及其邻近地区的山脉、森林、土壤、丘陵等自然环境之中。近代之后,随着建筑工业的发展,人们利用自然环境中获取的原材料进行再加工的技术得到了进一步发展,建筑材料的种类随之不断增多,水泥、混凝土、金属、陶瓷、玻璃等,都是进入工业化社会之后陆续出现的近现代建筑材料。随着生产技术和生产方式的不断发展,生产这些新型建筑材料所需的原材料受到局地产出的影响和限制不断减弱。

自然环境不仅对于住房的建造材料,还对住居的选址有显著的影响。地形、气候、水文、地质地貌等因素,都是人们选择适宜长期居住地点时主要考虑的因素。原始社会与农业社会时期,保障水源供应、易于防守是影响人类生存基本安全条件的首要因素,与此同时,不易受自然灾害影响、气候宜人、适宜耕种的地区也是居住选址中需要考虑的重要条件。据文献记载,华夏民族择优选址居住的思想和活动始于华夏文明起源的早期。《黄帝内经》中记载的"宅,择也,择吉地而营之也",指居住选址要注意选择地势、采光、通风、朝向良好地方。此外,传统风水理论中也形成了有关住房选址布局的传统方法论。例如,"阳者,山南水北也,背山,面水",是指山的南面和水的北面属于阳,即阳指面向南方的有利地理条件,而阴则反之,面向北方属于不利的居住地点。华夏文明起源于中国古代黄河中游地区,位于北回归线以北,所处的温带或亚热带季风区的气候条件,该地区冬季有偏北风南下,在一年中仅有太阳斜射;当阳光受到地表山峰阻挡时,只照射其南面,不能照射其北面,因此"山南"的方位会有更好的光照和保暖条件;"水北"是指因为河流流经处地势凹陷,与山峰正好相反,河流南面地势高处阻挡斜射阳光,河流南面为阴,河流背面则阳光照射,为易于居住的方位。"背山,面水"指的是建造住房时应选择背靠山峰、面朝河水的地方,背山减少冷风入侵,面水则视野开阔、日照充分;因此,背山面水的地方显然具有更加适宜居住的采光和保暖的环境条件。

不仅是微环境中的自然地理条件,不同区域的自然环境条件也是影响居住形式的重要条件,包括降水强度、气温高低等气候条件都对住居的形式和结构具有显著的影响。

我国北方气候较干燥、地势高亢,黄土厚重敦实直立不易坍塌,因此冬暖夏凉且可避风的穴居类住居形式较为普遍。例如,黄土高原地区为温带大陆性气候或者温带季风气候,冬季寒冷、夏季炎热,气候干旱、降水量少且集中于夏季,风沙大,当地黄土具有直立不坍塌的性质,因此,形成了黄土高原地区特有的住居形式——窑洞。窑洞的建造采取由山体侧面横向挖掘的方式,具有较好的稳定性,且冬暖夏凉,背风居住还可以抵挡风沙。再例如,蒙古草原大部分为温带大陆性气候,四季分明;冬季漫长寒冷并有大风,夏季短暂、昼夜温差大,春秋短促。蒙古草原常见的住居形式——圆形蒙古包,毛毡保暖防潮性好,方便抵御寒冬、大风和雨雪浸泡。草原地区年降水量小,植被为温带草原或部分温带针叶林,居民以放牧为生,因此,方便拆卸、搭建和运输的蒙古包适用于游牧生活,也凝聚着草原文化的鲜明特色。

南方气候炎热潮湿,可散热通风、躲避地面虫害的木材搭建的巢居类住居较为常见。例如,我国西南地区多为亚热带或热带季风气候,夏季炎热多雨,冬季凉爽少雨,大部分时间多雨潮湿,吊脚楼的木质结构和斜顶大窗有助于排水和通风防潮并防止野兽侵扰,且当地地形多为高原山地,河流多;为适应地形特点,吊角楼一边建在实地上其余部分悬空。

总体而言,北方寒冷干燥,降水少,为了保暖防风,北方的住居形式多为平顶房,屋顶较厚;周围墙体较厚,门窗占比较少。而南方地区潮湿多雨,房顶坡度较大且薄,围护墙体厚度较薄、门窗宽且薄、层数少,其目的就是为了易于通风散热。

(2)经济社会条件对居住生活的影响。

首先,生产力水平对住房的建造方式具有显著的影响,从而会影响住房的形式和类型。人类社会不同发展阶段的生产力水平具有较大差异,住房的建造方式和建筑类型也在随之变化。原始的渔猎社会时期生产力水平较为低下,住居形式以原始的巢居和穴居为主;农业社会的生产力水平有所提高,开始进入到以土屋、草房为主要住居形式的时代;一直到工业社会,生产力水平极大提高之后,更高水平的建筑技术和工艺的出现使得高楼层和高密度的集合住宅形式成为主要的城市住房形式。

其次,建筑的生产方式也对住房类型具有显著的影响。在原始社会时,社会资料公有、集体劳动平均分配,住房主要是由集体共同建造。进入农业社会之后,随着社会分工的分化,除了以家庭为单位的住房建造之外,专业建造房屋的工匠作为一种职业开始出现。工业革命之后,随着住房开发的工业化程度不断提高,与住房开发相关的建筑业、房地产业等各类行业的专业化程度也随之提高,集合住宅正是在这一背景下产生的新的城市住房类型。

此外,不同地区的民族传统和习俗对于居住生活的影响也普遍存在,民族传统及风俗习惯在住房类型和居住方式上都有所体现。例如,在云南西双版纳等傣族生活居住的地区,新房落成要贺新房,先上楼的是小伙子,抬着牛头,唱祝福歌,壮年男子抬箱子,已婚妇女抱被褥,姑娘们端着饭菜依次而上,然后在火塘上支好象征着红宝石、金宝石、吉祥的三脚架,摆桌置酒备菜,唱贺新房歌,乡亲们还要给主人送一些象征吉祥的礼物。

(3)宗法观念在居住文化中的积淀。

除了自然环境、经济社会条件等因素之外,传统的宗法伦理观念也会对居住生活产生显著的影响。比如我国儒家文化中的传统伦理道德观念强调"长幼有序、男尊女卑、内外有别",这种观念在传统民居——四合院中有着突出的体现。四合院对外封闭,内部各厢房在内院处设门;整个庭院分为内院和外院,内院是家庭中女眷的生活区域,私密性较强;女眷一般不能随意出到外院,访客也不可随意进入内院。在各厢房布局上,按照严格的等级秩序设置,主次建筑对向布局,主要建筑(如正房正室)的面积、装饰程度、质量、朝向等都高于厢房和偏房;所有房屋按照轴线布局,长辈或位尊者的住房为正房,坐落在中心主轴线上,晚辈和位卑者作为附属,其住房落在次轴上;内院中位是正房,一般为家中长辈老爷、夫人居住,其中堂屋用于全家人起居活动,招待来宾和祭祖,正方两边一般为长辈的卧室;两侧厢房则由晚辈居住,其中左厢房优于右厢房,左厢房住长子,右厢房住次子(见图6-1)。总体而言,四合院建筑的布局设计通过"前公后私""前下后上""正高侧低""左右匀称"等空间秩序的建立,突出体现了儒家文化中的传统宗法伦理观念和思想。

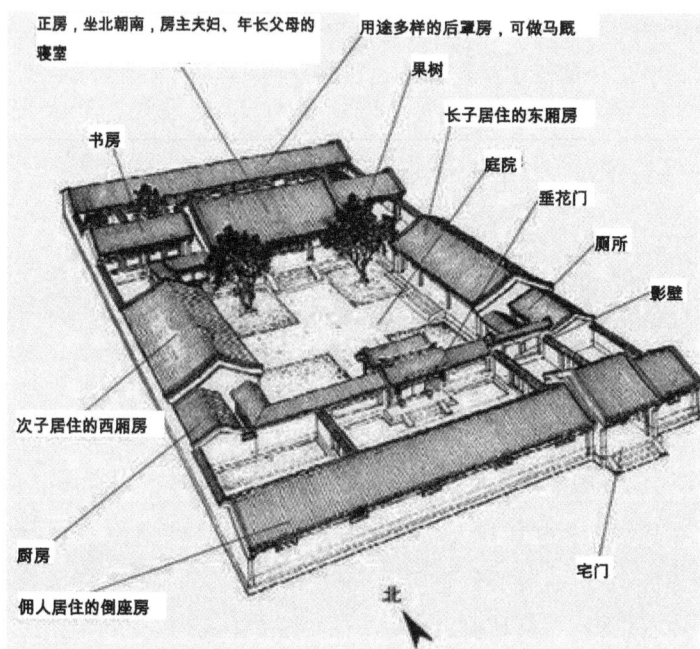

图6-1 四合院布局及内部构造

(出处:北京建筑研究院.北京四合院建筑要素图.中国建筑设计标准研究院.2006)

1.3 欧洲城市住房类型的演变

在欧洲,古罗马共和国时期的奥斯提亚城中,就已经出现了沿四周道路、围绕中庭建造的公寓形式的城市住房,但这一住房建筑内部尚未出现排水卫生设施。

到公元 4 世纪的罗马城里,大约有独院式住房 1797 所,而公寓式住房却有 46602 所,可见住房已经成为城市的重要组成部分,并决定了城市大部分地区的景观和空间肌理形态(见图 6-2)。16 世纪以前,罗马的公寓式住房因其肮脏和拥挤而闻名。公元 6 年的城市大火烧掉了罗马城的1/4之后,奥古斯都曾经规定公寓不得超过 20 米高。图拉真时期又规定城中住房限高为 18 米,且禁止相邻房屋共用墙垣,用砖石代替木料,柱廊部分用平屋顶,便于上房救火,并设消防通道和防火隔离带,底层整层住一家,有院落,上面几层分户出租,楼上有阳台。质量差的,底层开工场和店铺,作坊在后院,上层居住。最差的公寓每户沿进深方向布置几间房间,采光和通风都很差。

图 6-2　古罗马共和国时期的古罗马公寓 奥斯提亚城

(出处:沈玉麟.外国城市建设史.中国建筑工业出版社,1989)

1833 年,美国纽约出现了第一幢近代的城市共同住宅(tenement house),占地 7.62m×30.48m,平均每栋住 65 人,土地覆盖率达到 100%,前后墙为唯一采光来源,每一层楼平均容纳 2 至 4 户(见图 6-3)。这一时期的共同住宅大部分为木造楼梯,木地板,防水性差,且大部分无淋浴设备或只能与他人共用,私密性全无,厕所置于户外。1900 年在美国纽约,12 至 16 层的公寓式集合住宅问世。1910 年达到 15 至 16 层,1920 年中期达到 16 到 20 层,1930 年时出现了 30 层的超高层集合住宅。

19 世纪中期开始,随着城市人口的激增,德国的房地产投机商集团开发建设了大量出租房屋。这些出租房屋大多围绕着旧城带状分布,密度高、层数高,柏林因此而获得"出租营城市"的恶名,集中反映了这一时期城市住房条件的恶劣、等级差别和社会矛盾。典型的出租房屋是带有多重院落的多层住房,沿街的前楼住房光线充足、空间整齐,而后院和侧翼住房较差,仅朝向内院的一侧有窗[①]。

---

① 李振宇.城市·住宅·城市:柏林与上海住宅建筑发展比较[M].南京:东南大学出版社,2004.

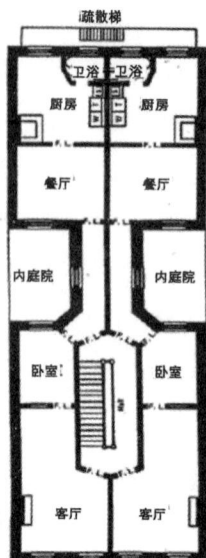

图 6-3　1833 年美国的第一幢共同住宅（tenement house）

（出处：陈志华.外国建筑史.中国建筑工业出版社,2010）

二战后 1940—1950 年代的日本,为了解决城市人口的住房问题,在向西方学习和借鉴的过程中,通过标准化构建的设计和工业化的生产方式,推出了 nLDK(L"代表起居室 living room"D"代表饭厅 dining room"K"代表厨房 kitchen")的住房设计方案,降低了住房的造价,使得住房的大量生产和普及推广成为可能。1969年日本进一步提出住房产业化的政策导向,开始发展以住房部件化为核心的通用体系,将住房设计中各主要部件都进行标准化、专业化生产。1975 年后的通用体系住房实验,更使得标准化生产的集合住宅在城市得到了快速的普遍推广（见图 6-4）。

1.4　我国城市住房类型的演变

(1)传统合院住宅。

合院住宅是我国具有传统特色和代表性的住房形态,具体如北方的四合院和南方的江南民居等。

四合院文化在中国的发展源远流长,早在周代就出现了合院建筑这种住宅建筑形式。四合院为内院式住房,其形状一般由东南西北四面房子围合而成,正房、

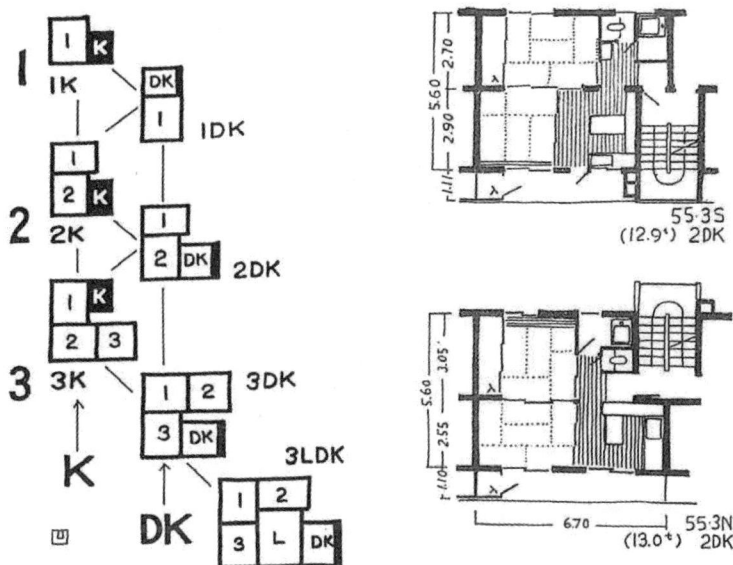

图 6‐4　日本 nLDK 集合住宅单元平面

东西厢房和倒座房包围起来而构成矩形,将庭院合围在中间,中心线为轴、左右对称,院内的主要建筑沿轴线布局。四合院一般坐北朝南,中间是宽敞的庭院,庭院中植树栽花、养动物,也供人们穿行、采光、通风、纳凉、休息、或进行家务劳动。四合院呈方形的建筑布局有利于房屋在冬季采光采暖,在夏季使院内都有阴影供人纳凉,冬暖夏凉。与此同时,四合院有着丰富的文化含义,体现着儒家思想。家族中不同年龄、地位的家庭成员以及仆人等居住在具有不同空间方位的房间,具有不同居住条件和不同的身份等级含义,体现了家长为主,尊卑有序、内外有别的儒家思想和封建社会的伦理制度。

南方的江南民居是中国传统合院住宅的一种形式,多依水而建,错落有致,白墙黑瓦,素雅明镜、优雅别致。江南水乡民居的历史可追溯到距今七千年的河姆渡文化;商朝形成初具规模的民居聚落,魏晋南北朝时期大量人口南迁,江南地区得到迅速发展,唐代江南形成较大规模官宅;明清时江南成为全国经济重心,商人、达官和文人在此地建宅,形成的园林和房宅令人叹为观止[1]。和北方民居一样,江南民居也是坐北朝南、注重采光。其布局较为紧凑,院落占地面积较小以适应南方城

---

① 丁俊清. 江南民居[M]. 上海:上海交通大学出版社,2008

镇人口密度高、节约用地的特点。住房大门多开在中轴线上,迎面为大厅,后院常见二层楼房,中有天井用作采光和排水,"四水归堂"以适应南方潮湿多雨的气候。江南民居的建筑结构多为穿斗式或抬梁式木架,以木梁承重,以砖、石、土护墙,有雕梁画栋和别致的屋顶屋檐。不同厅堂的内部以罩、屏门、隔扇分隔,建筑基本单位有间或室,公共空间为堂,纵向串联的一组厅堂建筑则为"进"。

(2)近代集合住宅。

从近代开始,我国一些城市开始出现集合住宅的形式,例如上海等租界城市中的里弄住宅、公寓式住宅等。集合住宅是一种单元式住宅,是现代社会城市生活方式下产生的一种居住建筑。相对于在同等面积土地上的独立式平层或低层住宅,集合住宅拥有更多的、独立的住户单位,是一种密集型居住建筑。集合住宅可以同时容纳大量的住户和家庭,其中独立而互不干扰,住户间以一定的垂直、水平交通方式联系。

近代上海的发展是一个中西文化合璧的过程,其居住建筑也体现着中式建筑和西式建筑的交融,形成带有独特"海派文化"的住房[①]。1843年上海开埠,各国纷纷在上海划定租界。同时上海对外贸易发展,人口快速增长,在这一背景下,里弄住宅作为早期的近代城市住宅开始出现。上海最早开发的早期里弄住宅既具有江南传统院落式住宅的建筑特征,又融合了西方联排式住宅的平面布局特征。上海为亚热带季风气候,春夏季潮湿多雨,因此,里弄住宅大都采用坡屋顶,利于排水和夏季通风。其建筑结构大多为砖墙承重和木屋架结构,后来陆续出现一些钢筋混凝土结构。1890年代后出现的老式石库门里弄住宅相对于早期里弄住宅每户占地面积少,布局更为紧凑,继承江南民居的平面,规模较小,大门在中轴线上,中有天井,主屋的正中为客堂间,左右为次间和厢房间。老式石库门里弄为砖木结构,立贴式承重,砖墙分隔居室内外,材料是土窑砖,颜色有青红两种,多为青砖。1910年代后出现的新式里弄住宅的平面大都为行列式,平面和开间上变化较多,餐室、书房乃至汽车库等功能性房间增多,更适应当时中产阶层家庭的居住生活需求。其建筑材料主要采用灰浆三和土和部分混凝土,房间多为钢筋混凝土结构,在结构上较前有所改进。20世纪二三十年代大量出现的公寓式住宅一般占地不大,一般从公共楼梯进各单元,单元一般是一梯两户,单元组合有独立式的和联列式以半独

---

① 沈华.上海里弄民居[M].北京:中国建筑工业出版社.2018.

立式为多,用绿地和树木进行分隔。单元的功能划分比较细,平面布置一般比较紧凑。室内装修注重细节和简洁,考虑周到。建筑用材上有混合结构和钢筋混凝土框架结构①。

(3)现代集合住宅。

1949 年后,我国城市中出现了多种不同的新住宅形式,有新中国成立初期的工人新村、苏联式集体宿舍,也有 1980 年代后出现的更高密度的高层住宅。

1949 年新中国成立之后,随着城市生活条件得到改进,科技的发展,医疗卫生条件的改善,人口也有很大增长,对城市住房的需求也随之增长。在新中国成立初期,我国居住建筑贫富分化严重,很多城市居民的居住条件简陋,配套和环境状况较差,人民基本生存居住问题亟待解决。此时工人新村应运而生,集合住宅得到最初大规模兴建。这些新村规划简单,单体设计比较简易,空间单一,为平房或二三层单元式宅,一幢住宅楼中的单元数不多。当时平均每人居住面积 3.6 平方米。工人新村以及职工住宅的典型例子如上海的曹杨新村、北京百万庄地区的住宅区和天津中山门工人新村等。当时,我国国力贫乏,工人新村这种大量建设的集合式住宅建设,以其快速、实用、简单的特征,较好解决了大批人民群众的居住问题(见图 6 - 5、图 6 - 6)。

图 6 - 5　北京 1950 年代集合住宅

1953 年到 1957 年,我国与苏联保持较好外交关系,是社会主义阵营盟友,苏联的集合住宅发展比较成熟,尤其是经济性住宅和大量性集中式住宅的建设方面,具有较为成熟的经验;因此在这一时期,我国开始比较系统全面地开展引进苏联的

①　王绍周.陈志敏.里弄建筑[M].上海:上海科学技术文献出版社.1987

图 6-6　上海 1960 年代工人新村

住区规划和住宅单体的设计概念。这种住宅完全是单元式布局,为走廊式布置,为节约资源而加大进深、减小开间,增加独立房间,同时改善厨房与卫生间条件,以图在有限户室面积的条件下增加居室。进行住宅的标准化和构件的定型化的同时,兼顾外形和环境。苏联住宅建设经验使我们取得经济、速度上的成效,但是照搬其图纸和标准,未考虑本国情况,未能修改完善设计中的不合理之处,致使存在长期使用不便的弊端。

1980 年代的改革开放以后,国家建设的重心转向以四个现代化为核心的经济建设,建筑业再次得到新的发展。为了解决人口数量增长和住房数量不匹配的问题,政府投资大量资金进行住房建设,以改善城市居民的居住需求。在住房类型上,根据不同家庭的居住需求,各种类型的集合式住宅应运而生,如广东"大厅小室"的套型和上海为适婚青年提供的"青年公寓"等。这一时期的集合式住宅,在居住环境上注意住房单体与环境的融合,空间设计中会考虑室内家具的设计配套。随着城市化进程的加快,一方面城市人口急剧增加、城市土地的紧张以及建设单位提高用地容积率等现实背景的影响,加之实现城市的现代化需要高层建筑的观念,高层集合住宅的萌芽在此时得到了快速的发展,如上海的漕溪北路高层建筑,是1980 年代我国早期城市高层居住建筑的代表。

回顾我国城市住宅类型的发展演变,可以发现从传统城市到现代城市,从传统的大家族共同居住、以家族为居住单位的四合院和江南民居,到近代独立单元的上海里弄住宅、建国初期独立分割住户单元的工人新村,乃至 1980 年代后的高层住宅和公寓住宅小区,城市居住方式由以前的人口众多的大家庭为单位的低密度居

图 6 - 7　上海首批高层住宅:漕溪北路高层

住,向现代城市的小型核心家庭为单位的高密度居住的特征逐渐转变。与此同时,随着住房建造生产的工业化程度的不断提高,四合院和江南民居等传统城市住宅中突出的地方性和文化性的特征也逐渐淡化和减少;进入 1980 年代后,随着集合住宅和高层公寓的大规模开发,住房开发建设的标准化和商品性的特征日益显著,更加快速取代了传统城市住宅的地方性和文化性的特征(见图 6 - 7)。

2　住房与城市居住生活

2.1　构建居住生活的条件

住房是满足人的生存需求的必需品之一,也是城市居住生活的核心要素。对于一个家庭而言,住房不仅是一个安居之所,同时也成为家庭的主要资产和社会关系网络的建构基础。对于城市而言,住房不仅是构成城市的一种建筑要素和用地类型,更是影响城市经济繁荣与社会和谐的重要的经济资本和社会资本。住房为城市居住生活提供了作为物质载体的空间,居住空间中承载的内容反映了城市居民的经济社会活动和精神需求。住房是构成城市居住生活的中心内容,城市居住生活围绕着住房这一核心而展开,但稳定安宁的居住生活并不仅仅由住房本身而决定,住房周围社区整体的居住环境条件以及居住者的居住形态都具有显著的影响。

城市居住生活的稳定持续则不是仅仅依靠住房这个单一要素就可成立,而是需要诸多其他服务性和保障性要素的共同作用。城市居住生活的内涵,既包括了安全的生活空间和居住条件的获得,也包括了有尊严的生活环境的保障、稳定安宁和谐的生活秩序的建立。三者之中任何一个因素的缺失都会降低城市居住生活的基本质量。因此,从居民的角度来看,城市居住生活需要具备居住空间、居住环境和居住秩序三个基本要素。居住空间指的是用于居住和开展家庭生活的住房空间,住房空间的基本要求是安全和便利宜居,能够为居民提供安全保障和舒适的居住条件。居住环境指居所周边和区域的整体环境,包括公共服务、配套设施以及社区空间密度、环境安全等交通、教育、医疗、商业等诸多设施,能够为居住生活提供较为全面的支撑性和保障性服务的基本条件。居住秩序指围绕着居住生活而发生的各类经济社会关系和权利秩序,包括住房的可负担性、社区关系、居住权益保障等。

2.2 城市居住生活的影响因素

从居住空间的层面来看,安全和便利宜居是住房需要具备的基本条件,也是影响居住生活的重要因素。这要求住房具备安全的基础、建筑结构和防护材料等设计条件,还需要有合理的户型、朝向和厨卫储藏等设施,以满足家庭生活的基本需要。即使在人类文明已经高度发达的当代城市,城市居住生活仍面临着基本的生存安全问题。建筑老旧、设施不足、高密度居住的城中村、群租房、老城区,低收入阶层居住的这些地区往往是火灾、建筑坍塌、刑事治安等安全事件的高发地,成为影响城市居住生活安全性的重要因素。城市产业经济高速发展背景下,工业垃圾、气味、噪音、辐射、生态污染以及易燃易爆有毒物等高危产业,也对城市居住生活的安全性造成了极大的威胁。

从居住环境的层面来看,安宁和谐的社区关系、社会福利保障的享有、教育医疗交通等公共服务配套齐全,是建立有尊严、体面的城市居住生活的基础条件,也是良好的居住环境的形成条件。社会福利保障和公共服务供给作为城市居住生活的重要支撑,对于居民在城市社会经济活动中的参与机会和参与成本具有显著的影响。如果缺乏这些重要的支撑,低收入与中等收入阶层都将在社会融入、生活秩序的建立、生活环境的改善等各方面面临极大的压力。

从居住秩序的层面来看,可负担性、权益保障和社区关系等是建立安宁稳定的居住生活的基本条件和重要影响因素。20世纪后期以来,中产阶级化背景下对投资渠道的巨大需求,房地产业市场化程度提高为资本深度介入提供的良机,经济全球化为金融投资提供的便利性,这一系列因素推动了城市住房市场发生的变化。

随着金融资本在住房市场的深入参与,城市开发和住房建设日益受到资本市场控制,而变为投资获利的金融工具。这一变化带来的剧烈的住房市场波动不仅直接影响住房的可负担性和家庭消费活力,同时也会对居住权益的保障和家庭财产安全性造成潜在的威胁,从而对城市居住生活中的各种经济社会关系和权利秩序具有显著的影响。

3　居住权

3.1　概念的来源

居住权是指对他人所有的住房及其附属设施占有、使用的权利。从其渊源来看,居住权的概念最早产生于罗马婚姻家庭关系中,起源于古代罗马法的人役权制度,而且与财产继承制度紧密相关,最初是作为生活保障的制度设计而存在的。古代罗马法中的居住权源于与地役权合称的役权,设立的根本在于满足非所有权人对所有权人之物的利用需求,实现具有特定身份关系人的生存权,满足其基本生活需求。

在现代社会中,居住权是基本人权的重要组成部分。对于居住权的概念,联合国大会《世界人权宣言》、伦敦《住房人权宣言》和《经济、社会、文化权利国际公约》等国际组织的公约和宣言的相关内容都对此进行了明确的定义。根据 1948 年联合国大会颁布的《世界人权宣言》,"人人有权享受为维持他本人和家属的健康和福利所需的生活水准,包括食物、衣着、住房、医疗和必要的社会服务"。根据 1981 年伦敦《住房人权宣言》,"享有良好环境,适宜于人类的住所"是"所有居民的基本人权"。1997 年,我国政府签署并加入了联合国《经济、社会、文化权利国际公约》。根据这一国际公约中对于居住权内涵的具体阐述,认为居住权是"获得适度住房的权利",是一种"居住"的权利、而非"产权权利",指出居住权应人人可享有,且应满足人的生存、安全、尊严的基本需求。

1991 年,联合国经济、社会和文化权利委员会进一步对居住权的内涵进行了诠释,即(居住权)"不单单是一种商品","不仅仅有可以遮住头部的屋顶",而是能够使人"安全、和平、有尊严地生活"的场所,它意味着"适当的独处居室、适当的空间、适当的安全、适当的照明和通风、适当的基本基础设施及使用、以及基本设备的合理 配置","一切费用合情合理"。并且,"不论收入或经济来源如何","所有人都享有"的居住的权利[①]。

3.2 居住权的内涵

居住权在现代的大陆法系和英美法系的主要国家的民法典中都有相关的规定。基于公法的视角来看,居住权在一般意义上被认为是住房权,是全体社会成员取得与逐步改善住房的权利,属于基本人权。基于社会法的维度来看,居住权是一种保障弱势群体居住利益的民生权。我国《物权法(草案)》规定,居住权属于他物权中的私权性用益物权。

根据联合国国际公约的内容,居住权的内涵包括住房使用权的法律保障,服务、材料、设备和基础设施的提供,力所能及,具备乐舍安居的安全条件,住房机会得到合理的保障,周边环境局部适宜生活的基本条件,具有地方居住文化特色等七个方面的内容。

(1)住房使用权的法律保障。

首先,住房使用权的法律保障意味着保障公民对住房的依法占有、使用和免遭他人外力的驱逐威胁。因为住房使用权的形式具有多样化的特征,法律应保护人民占有和使用不同形式的住房。具体应包括租用(公共和私人)住宿设施、合作建房、租赁、房主自住房、应急住房和非正规住房,以及对土地和财物的占有等的使用权形式。其次,法律除了保障人民对自有住房占有使用外,还应防止他人与外物对正当占有的干扰和剥夺,应该通过合理的制度设计以及法律途径,确保各类居住者免遭强制驱逐、骚扰和其他威胁。

(2)服务、材料、设备和基础设施的提供。

居住权不仅要保障人民对于居所和空间的占有,也要保障住房内有基本的生存必需品;需要提供相关的服务、材料、设备和基础设施用于满足住者卫生、安全、舒适和营养的需要。如安全安保服务,水电煤等基础设施条件的提供以保障必要的生活用水、用电、取暖等的条件;配备不同功能的居室,如厨房、厕所、卧室等;以及基本的家具、电器和通讯设施,保障居住者的基本生活和社会交往需求。

(3)力所能及。

力所能及指住房应该具有经济上的可负担性。可负担性(affordability)意为

---

① 联合国经济、社会和文化权利委员会,经济、社会和文化权利国际公约,1966 年 12 月 16 日第 2200 (XXI)号决议通过,1976 年 1 月 3 日生效。

经济上可承受,居住方面的市场价格相对于大多数城市居民的平均收入而言具有相应的可负担性。近年来全球范围内城市化进一步发展的同时,土地资源日益紧缺,城市房价和租金大幅上涨,越来越多居民无法负担住房支出,住房可负担性的下降使得不同收入阶层的群体改善居住状况的需求难以得到及时有效的满足。为改善和提升城市的住房可负担性,各国政府采取了各种直接供给和间接扶持的灵活方法,为具有住房问题的中低收入阶层提供更具有可负担性的住房。

(4)乐舍安居。

乐舍安居是指住房具有安全性,居住其中的人身安全应该得到保障,安全稳定的居住生活有所保障。住房是人们居住栖居的居所,也给予人们一个遮蔽所,因此,住房应满足人类生存最基本的安全需求,保障人身安全和财产物品安全,从而为人们开展稳定持续的生活、工作、娱乐活动提供基础性条件和保障。

(5)住房机会。

保障住房机会的公平,重点在于保障弱势群体能够充分而持久地获得适当的住房资源。作为保证住房机会公平性的重要条件,首先,需要面对不同群体和地区实现充分、均衡的住房资源供给,因为住房供给短缺和地区间的供给不均衡是影响住房机会公平性的主要因素。其次,住房供给中的社会排斥和社会隔离问题是影响弱势群体住房机会公平性的重要问题。例如,在欧美等发达国家的城市中,郊区中高档居住区中出现的社会排斥以及公共住宅区中的社会隔离等现象和问题不仅造成了不同社会群体间住房机会的不公平,使得城市社会空间分化日益加剧,也在不同程度上影响了城市社会经济的持续稳定发展。

(6)周边环境的宜居性。

居住权的保障不局限于对住房的占有使用的权利,也包括延伸的周边居住环境如社区、基础设施和公共服务、环境景观等维持居住生活的服务性条件的保障。居住地点的周边环境应处于方便就业、保健服务、学校、儿童看护中心和其他社会设施之地,居住者可以便利接近周边的公共服务设施。居住者有权利使用这些基本公共设施,可接近可进入,以保证居住者日常的就学就医、休闲娱乐等各项活动得以实现的基本条件。

(7)文化适当。

文化适当指住房的建造方式、所用建筑材料、支持住房的政策应能恰当体现住房的文化特征和多样性,体现独有的住房文化特色,与当地的地方文化内容具有一致性和吻合恰当性。如住房的外观和建筑类型应符合当地的文化传统、审美和习俗,支持住房的政策应与当地的社会习俗、生活生产方式、交往习惯相吻合。

第 2 节 住房的特性

1 住房的生产

住房的生产具有丰富的含义,一方面包括居住环境的生成,另一方面还包括其中各要素与周围环境的互动、分布和利用,这些因素与周围环境共同构成城市经济、社会、文化及政治生活的物质框架。

住房的生产受到多种因素的影响和制约,包括宏观经济的情况、市场供需情况、经济周期循环及经济周期波动。住房的生产也受宏观政策以及社会政治制度结构影响。住房的生产体现着各类社会主体的社会关系及其功能,住房的生产与社会各方有关(包括土地所有者、投资商、金融家、发展商、建筑师、设计师、建筑工人、商务和社区负责人以及消费者),政府作为其中的一个重要主体,是各方主体之间竞争关系的协调者[①]。

住房生产主要有以下四种模式,即自我生产、个人合同生产、大规模合同生产和投机性生产[②]。

住房的自我生产指消费者自己直接修建住房,这也是住房生产的主要方式。人类社会发展至今的大多数历史时间中,住房都是通过居住者自我生产的方式实现的;只是在进入工业化时代之后随着社会分工的日益细化,住房的自我生产才开始逐渐被工业化大生产所取代。但即使如此,现代大城市中,大量的贫民区与低收入社区中,低收入群体仍在通过自我生产的方式实现自身居住条件的实现和改善。

个人合同生产是指社会中相对富裕的消费者雇用建筑工人来为自己修建住房的住房生产方式。在这种情况下,住房还是真实和完整的体现家庭社会经济地位的重要载体,可以把家庭或私人的社会关系、自信力、血统和审美观等信息记录保存下来。

大规模合同生产是指个人或者机构雇用建造商来修建大量多处住房的住房生

---

① [美]保罗·诺克斯,史蒂芬·平奇,城市社会地理学导论[M],北京:商务印书馆,2005.

② Cardoso, A, Short, J R. Forms of Housing Production: Initial Formulations[J]. Environment and Planning A, 1983.15(1):917-928.

产方式。私人部门中的产业资本家们有方法来维持和控制生产中高生产率,同时公共部门要求建造的房屋,数量大,标准统一,此类住房适用于工业化住房生产方式。

住房的投机性生产是指基于城市金融体系支持的提前开发新建住房的住房生产方式。一些私人开发商修建住房以满足普通民众的住房需求时,这些住房的修建通常在被购房者购买之前,为了筹措建房资金,开发商会基于金融体系募集建房所需资金,从而实现提前开发住房。

由于住房作为地上物必须依附于土地而存在的自然特征,住房的生产不可避免地在很大程度上受到土地这一因素的影响。土地的可获得性、权属关系和价格等因素,直接影响着住房的供给方式和成本。

2 住房供给

住房供给是指由供给方(政府或市场)向住房消费者提供其所需的住房实体或住房服务的过程。住房的供给方式主要有私人租赁、业主自住和公共福利住房三种模式。

住房的私人租赁指在住房市场上,房屋业主向租住者出借房屋使用权,并获得租金。一般来说,住房租赁市场上私人租赁的数量是需求和房东所得到的相对回报率的函数。业主自住指居民购买住房所有权,作为住房所有者居住于住房内。由于住房的价格远高于其他消费品,大多数业主自住型供给方式都需要依赖于外部信用体系和金融贷款政策等的支持。公共福利住房是指将住房使用权作为一种福利品,政府在购买或修建住房之后,将住房以远低于市场价的租金,租借给符合政策条件的住户。之所以能够收取较低的租金,是因为公共福利住房共同租赁(rent pooling)和直接补贴体系的存在。

3 住房需求

3.1 住房需求的定义

住房需求是指在一定时期内人们对于住房的规模数量和居住质量进行改善的要求,其中既包括消费需求,也包括投资需求。广义上,每个人和家庭都存在改善居住条件的要求,其中既包括增加数量、扩大居住面积的数量提升型需求,也有提高居住环境质量、配套设施条件等质量改善型需求。

3.2 住房需求的影响因素

一般来说,经济收入、家庭生命周期阶段、种族身份是影响个人与家庭的住房需求的主要因素。此外,人口和家庭结构改变、社区单元的瓦解等因素,都会对住房需求产生不同程度的影响。

第一,个人的收入水平和支付能力是直接影响住房需求的重要因素。在纯粹的住房市场上,住房分配完全以个人及其家庭的支付能力为基础而得以实现。但在很多国家,为了弥补市场分配机制的失灵和分配不公平的缺陷,保障社会整体的公共福利,政府会面向存在住房问题的中低收入阶层提供各种类型的公共住房,如西欧国家的公共福利住房计划,以需要而非收入为基础为低收入阶层提供公共住房;日本在二战后的较长时期,也通过各种灵活的方式向有需要的居民提供多种产权形式的住房供给。

第二,个人在生命周期中的不同阶段具有不同的家庭结构特征,家庭人数、生活方式和收入状况也会随之有所变化,从而影响个人和家庭的住房需求。不同生命周期阶段的住房需求特征具体如表6-1。

表6-1 不同生活周期的住房需求

不同阶段	家庭结构	住房需求
年轻单身	单身家庭	相对便宜的单身租赁型公寓(小房型)
结婚并子女出生	核心家庭	成熟居住区附近的自购或租赁房(大中型住房)
养育孩子	核心家庭	成熟居住区附近的自购或租赁房(大中型住房)
孩子离家	空巢家庭	郊区的中型住房
晚年	空巢家庭或单身家庭	养老机构/公寓

第三,种族、宗教等社会身份是影响住房需求的重要因素之一。在北美等移民国家,少数族群在城市特定区域聚居的现象较为常见。种族聚居为少数群体提供了安全保护,维持少数群体与家乡或母国的联系,为他们在陌生的环境中搭建起共同的语言文化平台和社交网络。除了种族之外,不同城市的不同社会环境下,对于某些宗教、特殊职业、社会等级等各种社会身份的人群的歧视和社会排斥,是催生

这些社会群体特定住房需求的主要原因。在我国的城市中,由于户籍政策的限制,农民工的城市融合长期以来存在各种限制和阻碍,处于较为弱势的经济社会环境中,这也催生了一些基于地缘特征的农民工聚居区,例如北京、深圳等城市曾经出现过的河南村等现象。

第四,家庭结构的变化。随着人类社会进入工业化时代,传统多代同堂的大家庭不断瓦解,取而代之的是更小规模的核心家庭(父母及其未婚子女的两代人组成的家庭),核心家庭的数量及所占比例的上升是现代城市社会的普遍特征。核心家庭的快速普及导致了居住生活的核心化,从而影响住房需求。自 1980 年代以来,随着发达国家进入后工业化时代,社会主流价值观的变化带来了婚姻家庭观念的转型,人口的老龄化不断加速,在这一系列因素的影响下,单亲家庭、同居家庭、丁克家庭、空巢家庭等新的家庭模式不断出现,家庭结构在发生新的变化,这也将成为影响住房需求的重要因素,值得持续的关注和研究。

第五,社区单元的瓦解。传统小农社会社区单元"生活共同体"的消失,居住社区由相互间联系较少的独立家庭构成,这也导致了传统社会中曾经由社会共同体承担的某些服务性、社交性和娱乐性等功能需要由其他主体(例如政府、其他市场主体与社会组织)来承担,因此,现代城市的居住区周围往往需要数量充足、类型丰富的各类生活服务性设施,如育儿、医疗、养老、教育、邮政等,为居民提供充足的配套服务和公共产品,才能支撑起完整的居住生活的基本条件。因此,现代城市中的住房需求不仅仅是对所居住的房屋空间的使用需求,同时也包括了对相关的各类生活服务功能的需求。

总体而言,住房需求具有多样化和多变性的特征。一个地区的人口结构、收入水平、生活方式、家庭结构等多重因素共同对于住房需求产生作用,而且这些因素在不断发生变化,从而带来居住需求的城市间差异和变化。

3.3 住房需求的两重性

住房需求(needs,广义需求)具有两重性的特征,即显在需求(demand,狭义需求)与潜在需求。

当人们改善居住条件的要求转化为对住房市场中某一特定产品的选择时,这种住房需求就转化为一种显在需求(demand)。住房市场所提供的每一种产品都可视为一种显在住房需求,也是住房市场对于一种特定的住房需求积极回应的结果。但需要关注的是,由于需求者的消费能力、产品生产者的利润、政策条件等多重因素的影响,总是有一些居住改善的需求并不能转化为对住房市场中一种特定产品的选择,或者说住房市场不会对这种需求作出回应,不会提供能够满足这些需求的产品。因此,这样的需求无法或难以从住房市场的运行中得到识别,从而只能成为潜在需求。例如,郊区新居住区周边充足方便的公共服务配套设施、低收入阶层可负担的住房等,都是当前我国城市住房市场中难以得到满足的潜在需求。潜在需求的长期积累往往就会转变为某种住房问题,影响城市经济社会的有序发展。市场机制决定了住房市场必然会高度关注显在需求,而政府则需要更多地关注和跟踪被住房市场忽略的潜在需求,避免严重的城市住房问题的形成和恶化。

3.4 住房过滤理论

住房过滤理论(filtering theory)最早由美国社会学家伯吉斯在 20 世纪 20 年代初期研究芝加哥住宅格局时提出[①],他认为"过滤"是住房市场上的客观现象,即住房作为经久耐用品,因为时间流逝会出现老化,房屋的质量老化则会到来市场价格的降低;当中高收入阶层的收入增长后,为了追求更好的居住条件而不断迁移到更新、更好的住房,这时他们原来的住房就会重新进入住房市场,而较低收入阶层居民则有机会迁入被中高收入阶层放弃的住房中,这就形成了住房向下一个收入阶层逐渐过滤的迁移更替过程[②]。住房过滤理论揭示了住房市场机制作用下城市居住更替这一客观现象背后供需关系互动下的市场机制,发现了不同收入阶层居住迁移行为之间的互相影响机制。在住房过滤理论出现的早期,其政策含义得到了广泛关注。部分观点认为,既然只要高收入阶层的住房需求得到满足,通过住房的过滤过程,中低收入阶层的住房条件就自然能得到改善,因此,可以认为住房市场机制就能解决各收入阶层的住房需求和住房问题,而无需政府的过多干预。这一观点至今仍是美国住房政策的基础。

但是,需要关注的是,过滤理论并不能解释住房市场中供需关系互动的全部特征,这一理论本身存在着一定的漏洞。例如当高收入阶层迁入更好的住房,他们原来拥有的住房并不一定会重新进入住房市场,一个高收入家庭拥有多套住房的现

---

①　[美]埃里克·谢泼德,[加拿大]特雷弗·巴恩斯. 经济地理学指南[M],北京:商务印书馆,2009

②　Hoyt H. Structure and Growth of Residential Neighborhoods in American Cities.[M]. Washington DC: Federal Housing Administration,1939.72 – 78.119 – 122.

象极为普遍。此外,虽然存在着较低收入阶层获得了曾经的高档住房的居住机会的实例,但是并不能依据这一局部现象就得出住房过滤的市场机制足已解决低收入阶层住房需求的乐观结论,相反在现实中可以看到,当低收入阶层进入多年前的中高档住房中的时候,往往意味着这些住房的建筑和设施已经老化到相当严重的程度,难以提供合理的居住环境和基本生活条件。因此,这一类的住房过滤往往并不意味着低收入阶层住房问题的解决,而是意味着贫民区的形成。这些现象反映出住房过滤理论存在着两大缺陷,即数量和质量的缺陷;当住房向下一个收入阶层过滤的过程中,数量的减少和质量的降低都会发生,因此,并不能依据过滤理论而做出一个简单的乐观结论,即依靠市场机制,各收入阶层的住房需求都能够通过住房的过滤而得到满足。

4　住房的社会性

住房是人们的居所,与城市居民的各种生产和生活活动、密切相关。随着工业化时代住房开发相关产业的不断快速发展,房地产业和建筑业已经成为影响国家和城市经济社会发展的重要因素。因此,无论是在个体家庭和邻里社区的微观层面,还是在城市、区域的宏观层面,住房的社会性意味着这一因素对于城市经济社会发展的重要意义和多重影响。从住房与居民生活以及城市发展的关系的角度出发,住房的社会性主要体现在住房与就业、土地、收入、社区这四个方面的关系。

4.1　住房与就业的关系

就个体而言,就业状况的主要特征是影响个人及其家庭居住状况的主要因素。由于个人的就业特征包括行业、工作地点、收入、职位等因素,都会直接影响个人及其家庭对于居住地点和居住方式的选择。从宏观层面来看,城市产业结构影响着城市的就业结构和收入结构,不同职业居民的社会经济地位存在差异,居住方式和生活习惯不同,对住房的偏好也不同,因此,城市居住空间分化的空间格局综合反映了城市产业经济和社会要素的结构性特征及其相互间的影响。城市产业的布局和选址影响居民的居住选择,城市产业结构的调整和转型通过影响城市就业结构和收入结构,也会影响居民的居住选择和居住迁移,进而使得城市居住空间结构发生不同程度的变化。

4.2 住房与土地的关系

住房是依附于土地而存在的地上建筑物,住房和土地之间不仅存在着天然的依存关系,还存在着密切的社会、文化、经济性的关联。在微观层面上,城市中的土地具有较强的异质性的特征,即使是同一街区中两块相邻的地块都存在一定程度的开发条件的差异,因此,除了土地本身的地理地貌、相邻建筑关系等开发条件之外,周边的交通条件、人文社会环境、配套设施条件等等长期的土地利用开发所形成的区位条件(location),都是影响住房开发条件的主要因素。在城市整体的宏观层面,城市整体的功能空间结构,影响着城市居住空间结构的形成和转变。正如扇型结构理论和多中心理论中总结的城市居住空间结构的形成规律,经历过工业化时代的城市中,传统制造业密集地区的临近地带往往是贫困的工人聚居区和低收入社区的集中地,而高档居住区则往往在远离工业区与工人聚居区的相反方位的地区形成和发展,因为这些地区才是不受工业区环境污染等的负面影响、具有优质居住环境的地区。正是因为城市功能空间布局对于城市居住空间结构的形成具有显著的影响,因此,当城市产业经济结构转型开始出现,也会对城市居住空间结构与社会空间分化格局产生一定程度的影响。例如,很多中国城市在 2000 年后经历了产业结构由第二产业向第三产业的转型阶段之后,城市居住空间结构的转型也随之发生。随着以白领为主体的中等收入阶层的崛起,近郊区快速成为新兴的中高收入阶层居住区的同时,城市中心区和远郊区也随之发生显著的变化,中心城区的居住区日益高档化的同时,远郊区则随着动拆迁安置区的大规模开发,而成为低收入群体集中的区域。

4.3 住房与收入的关系

收入是影响居住者在住房市场的选择的重要因素。个人与家庭的收入水平直接影响着个人及其家庭在住房市场中的消费能力,也影响着居民的居住方式和消费偏好。在宏观层面上,城市居民整体的收入结构和收入水平对于住房市场的产品结构、活跃程度和运行状况具有显著的影响。因此,当城市整体的收入结构和收入水平发生变化的时期,住房市场也必然会受其影响而出现各种相应的供给数量、价格等的变动。

由于市场机制根据个人与家庭的收入水平进行住房的市场分配,从而造成一些中低收入阶层存在不同程度和形式的住房问题。因此,在很多国家和城市,为缓解和改善城市住房问题,政府往往会采取各种手段对住房市场进行干预,以图克服市场失灵的问题,改善中低收入阶层的居住状况,提供充足的公共服务,保障社会公平和促进公共福利。政府对住房问题的干预,实际上就会使得市场机制作用下形成的收入与住房之间的匹配关系得到一定程度的改善和纠正。

4.4　住房与社区的关系

住房是人们居住栖居的居所,人们在自己的居所进行家庭生活和休闲娱乐活动,同时在居住的社区也有进行各种社区交往的需求。因此,人们在选择居所的同时也在选择邻居和居住的社区。与此同时,社区的特征也会对居民的态度、行为乃至社会经济状况的影响,即所谓邻里效应(neighborhood effect)[①]。美国社会学家威尔逊最早提出这一概念[②],认为特定人群聚居产生的邻里效应,会通过一系列内部和外部的机制作用于居住在其中的个体的态度和行为。邻里效应的内部机制包括社会集体(social collective)、模范/群体效应(role/peer model)、社会网络(social networks)、竞争(competition)和相对剥夺(relative deprivation)等;外部机制包括邻里名声(neighborhood reputation)、制度或资源的限制等。例如,生活在贫穷社区或存在广泛失业人口的社区的人们,就被隔离于由受雇佣人群所组成的社会网络,从而难以获得关于工作机会的信息。社区与经济机会(特别是工作)和公共交通等硬件条件的物理距离和隔离,作为一种相对剥夺,会显著影响社区中弱势群体参与社会经济的机会。对于青少年而言,群体效应具有显著影响;如果一个居住区存在更多的青年犯罪群体,在缺乏模范效应的环境中,非犯罪群体的青年更可能被拉入犯罪群体。邻里效应不仅具有社会学视角下的深刻含义,城市经济学视角中的邻里效应也同样值得关注。经济学意义下的邻里效应具体表现为单栋住房的市场价格往往会受到周围房价的影响。这是因为,一个个体住户的住房消费与维护行为会影响到周围邻居住房的市场价值,进而影响到社区其他居民的走与留,从而对整个社区的住户构成产生长期、动态的影响。

微观层面的邻里效应通过对社会群体的经济社会行为特征的影响,对于居住

---

① Durlauf S N. Neighborhood Effects[J]. Handbook of Regional and Urban Economics,2004(4): 2173-2242.

② Wilson W J. The Truly Disadvantaged:The Inner City,the Underclass,and Public Policy[M]. Chicago:University of Chicago Press,1987.

分化现象的出现具有显著的影响。在很多发达国家的大城市中,由于1950年代的郊区化首先是由中高收入阶层的居住迁移而带来的,因此,郊区形成了大量的中高收入阶层居住区,而大量的低收入阶层则仍留在城市中心区。这一居住分化格局一旦形成,中高收入阶层基于利益保护的目的,通过各种方式抵制低收入阶层的进入和融合,社会隔离和社会排斥进一步加剧,这就使得城市社会空间分化格局基本固化而难以改变,不同阶层间的矛盾日益加剧,从而影响了城市经济社会的持续发展。在这一矛盾最为尖锐的1970年代,发达国家的大城市普遍出现了严重的城市中心空洞化问题(inner city problem)。2000年之后,随着我国住房政策的改革,城市居住空间分化现象也开始显现。虽然尚未出现类似于发达国家的城市中心空洞化问题,但居住分化导致的社会隔离和社会排斥问题仍然是值得高度关注的住房问题。

综上所述,住房与社区的经济社会特征间具有密切的互动关系,邻里效应的社会意义在于其反映出城市居住条件会直接影响到每个个体的身心健康,进而影响其道德水准、社会行为规范、社会认同感乃至就业等经济机会和收入状况。而个人的社会经济状况则对周围社区与当地社会都有着直接的外部性作用。因此,城市居住条件通过对个人经济社会行为的影响,对城市整体的社会经济发展具有显著的影响。基于这一特征,住房应该被视为城市经济社会发展所需的重要的社会资本。

第3节　住房问题及其产生机制

1　住房问题的基本特征

1.1　数量不足

从问题的本质特征而言,住房问题主要是数量不足和质量不足的两类问题。住房的数量不足问题是指住房的供应数量不能满足城市居民的各类需求而造成的问题。住房数量不足的问题主要在于住房供给量和住房需求量的均衡协调。由于受到人口结构、经济水平、相关政策等城市经济社会诸多因素的影响,城市住房需求具有复杂的分化而且变化快速的结构特征。此外,与一般商品供给相比,由于住房市场的非流动性而导致的局限性、住房建设周期长等特点,使得住房供给具有相对的滞后性。因此,在以上因素的影响,往往容易产生住房供给的数量不足问题。一般而言,由于市场机制决定了住房市场往往更关注中高收入阶层的住房需求及其变化,因此,数量不足的住房问题大多集中在中低收入阶层。

我国在衡量城市居民居住水平时,一般用"人均居住建筑面积"这一指标进行测度。但是,人均居住面积这一指标虽然在一定程度上能够反映城市间居住水平的整体性差异,但是,在居住条件和水平分化较为显著的城市,由于这一指标客观上中和了整体性的差异特征,难以反映城市居住条件的实际状况和结构性差异。

1.2　质量不足

住房的质量不足问题是指由于包括住房在内、但不仅限于住房本身的整体性居住质量难以满足实际需要而导致的住房问题。影响居住质量的主要因素,主要包括住房、居住环境、居住秩序三个层面的要素。

1.2.1　居住的质量问题

表6-2　居住质量问题的影响要素

住房		安全性	结构、防火、耐火性、安全通道
		卫生性	日照、采光、通风、换气、浴室、卫厕
		便利性	住宅规模、房间数、储藏空间
		居住密度	人均房间数、人均居住面积
居住环境	住房周围	空地	面积、建筑密度、容积率、建筑高度
		安全	排水、地基
		景观	建筑设计、庭院绿化、树木
		建筑间关系	日照、私密性
	社区	配套服务	教育设施、商业设施、步行道、停车场、绿地、公园、会所等
		空间区位	人口密度、通勤距离
居住秩序		居住费用	房价、房租
		保障	权益保障、担保、保险
		物业管理	住房与社区的管理

住房本身的物理状态和使用方式直接影响居住者在房屋内的生活条件和生活状态,需要满足人们对于安全、卫生和便利的需求,因此,是影响质量问题的首要

因素。

住房的物理状态的质量主要由其安全性、卫生性和便利性的三个方面因素所决定(见表 6-2)。住房的安全性是指从居住安全的角度考虑,住房应具备良好的房屋结构、防火耐火性、合理的安全通道设置等条件。房屋的结构和材料会影响房屋的耐久性和抗腐蚀性和抗震性,设计较好的建筑结构有较好的抗震防灾的效果,安全性更高。房屋的建筑材料直接影响房屋防火耐火性,住宅设计是否设有防火分隔物和设置防火间距等都会影响到住房火灾的发生率和控制难度。在住房设置安全通道和紧急疏散通口可以在自然灾害、火灾或紧急事件突发时及时疏散人员和财产,保障人财物安全、降低损失是保障居住安全条件的重要设施。

住房的卫生性是指住房的日照、采光、通风、独立的浴室和厨卫等内部空间设计和设施条件决定了居住和使用过程中的卫生状况,进而对居住者的健康产生直接的显著影响。日照条件主要指太阳光照在居室内的时间以及住房内能得到的自然光线。一定时间的阳光照射不仅有助于保持室内空气的清新,也有利于人体的健康需要。住房内每天照射 2 小时是维护人体健康成长的最低需要。窗户的有效透光面积和房间地面面积之比不应小于 1:5。住房内空气流通和更换可以稀释住房室内污染物和废气浓度、促进空气流通,保证优良的室内空气质量和足够的清洁度。浴室和卫厕是供居住者便溺、洗洁和盥洗的空间,也是居住者进行卫生清洁的空间,浴室和卫厕管道集中且存放卫生器具,要注意空间的充分利用和保持洁净,保持良好的防水、防潮、排水、防滑隔音以及通风换气和采光。

住房的便利性是指住房的面积规模、房间数、户型设计、储藏空间等各因素共同形成的便于灵活开展各项丰富的家居生活的基本条件。住房的面积规模、房间数等户型设计应适宜于当前主流的家庭生活的活动内容和需求,面积过大或者房间过多会造成空间利用不足、浪费和利用不便,空间过于狭小和房间过少会,影响私密行为和伦理关系。住房的储藏空间用于储放闲置物品,使得居住空间有序整洁,便于居住者的家庭活动。

居住密度是反映居住者对住房的使用方式的重要因素。居住密度指单位居住面积上居住人口的密度,可以通过人均房间数、人均居住面积等指标来衡量。人均房间数越少、人均面积越小,居住越密集,居住空间越挤,居住质量越差;反之,人均房间数越多、人均居住面积越大,居住空间越宽敞,居住质量越高。

1.2.2 居住环境的质量问题

除了住房本身,住房周边的居住环境也是影响住房质量问题的重要因素。影响住房周边居住环境的主要因素可以从邻里和社区的两个层面来看。在邻里层面的主要因素有住房周边的建筑空间关系、安全性、景观质量、邻里设施等,在社区层面的主要因素有配套服务设施和空间区位条件两方面。

住房周边的建筑空间关系,是指需要保证住房周围的开发密度和强度较为合理适宜,有宽敞的户外空间和空地,有利于保证良好的日照通风采光条件,保证建筑间的合理距离、朝向和位置,从而使得居住空间内部活动的私密性不受影响和干扰。如果住房所在地块的建筑密度较高,相对的空地面积变小紧迫,低层住宅空气不易流通,光线较暗。开发密度和强度过高会导致居住环境品质的下降。

衡量居住环境的安全性主要受到住房周边的排水条件、地基的稳固程度等因素的影响。排水系统用以除涝、防渍,用以保证洪涝灾害时,居住环境的安全性免受其威胁。地基是指建筑物下面支承基础的土体或岩体,地基承载住房建筑重力,稳固的地基可以防止建筑倾覆失稳或沉降,保护建筑抵抗一定的地震波,保证建筑的安全和坚固耐用。

居住环境的景观性是指居住建筑设计的美观、庭院绿化设计等能否为居住者带来赏心悦目的景观空间,形成优美的居住环境。

配套服务设施的完备程度和便利程度是影响居住环境质量的重要因素。邻里社区中是否有合理的步行道设置、充足的停车位、绿地公园、会所等公共空间,教育、医疗、交通、菜场、银行、超市等各类配套公共服务设施的可达性,都会影响居住环境和居住生活的品质。

空间区位条件主要包括社区的人口密度、与市中心的距离等因素。这些因素不仅是影响居住者生活、就业、社会交往等各项活动的基本条件,也是影响社区社会经济发展的重要因素。过疏或过密的人口密度都不利于良好的居住环境的形成。此外,在很多大城市越来越严重的远距离通勤使得城市居民不堪重负,已经成为普遍的大城市住房问题之一。

1.2.3　居住秩序的质量问题

居住费用、权益保障和物业管理是影响居住秩序的质量要素,也是产生城市住房问题的重要原因。

居住费用是居住者在市场上获得一定的居住条件而支付的资金,具体形式有购买住房支付的房价、向住房所有者购买短期暂时性居住使用权的房租。一般来说质量较高的住房,居住费用也越高。房价收入比这一指标通过测算城市中平均房价与居民平均收入水平间的关系,是可以用来判断房价可负担程度的指标。国际上通用的房价收入比的计算方式,是以住宅套价的中值,除以家庭年收入的中值。一般而言,房价收入比在 3－6 倍之间为合理区间,如果考虑住房贷款因素,住房消费占居民收入的比重应低于 30%。如果房价收入比高于这一范围,则认为其房价偏高,住房的可负担性较低[①]。房价和房租过高不仅加重了居住者的经济负担,影响居住质量的有效提升,还会对居民的整体消费能力造成显著影响,从而造成城市消费经济增长乏力、缺乏内在动力,从而影响城市经济的整体性持续发展。

权益保障包括居住者的消费权益保障和使用权益保障、担保(保障义务方对于权益方履行义务)、保险(是否为房屋设立保险)等因素。加强权益保障可以减少居住者在购房、租房、居住、房屋维护保养等方面的风险,降低家庭经济和生活风险,提升居住生活质量。

住房与社区的物业管理影响到住房的正常使用、物理状态、寿命和安全性。物业管理有助于维持社区秩序,促进社区活动的有序和活力,满足居民社会交往和精神需要。

2 住房问题的差异性特征

除了以上住房的数量和质量等因素对城市住房问题具有显著影响,不同区域、不同社会阶层的住房问题则有其特殊性,住房问题需要在具体环境和条件下具体分析。

2.1 不同收入阶层的差别

不同社会群体和阶层往往面临着不同的住房问题,总体而言,中低收入阶层和一些弱势群体比高收入阶层面临更多的住房问题。这是因为高收入阶层有较强的经济实力,依靠自身能力就能够实现居住条件的改善住房市场也会更积极地对高收入阶层的住房需求作出回应,高收入阶层的住房需求往往通过市场渠道较易得到解决,因此,高收入阶层可以在住房市场购买物理质量、周边环境、权益保障或者物业管理等条件更好的住房,获得更好居住条件和更优质的维护管理,降低居住风险,因此高收入阶层面临较少的住房问题。

---

① Quan Gan,Robert J. Hill. Measuring housing affordability:Looking beyond the median[J]. Journal of Housing Economics. 2009(2)

但是,中低收入阶层的经济能力相对较低,市场供给机制决定了中低收入阶层的住房需求容易被住房市场忽视,往往只能居住于物理状态、环境较差和管理运营不良的住房中,这会为住房质量问题、居住矛盾留下隐患,造成各种住房问题。而社会隔离和社会排斥则更会使得弱势群体的住房需求难以得到适当的满足,因此,中低收入阶层和弱势群体往往面临着更多的住房问题。

2.2　不同地区的差别

在不同城市和城市内部的不同地区,往往存在不同的住房问题。

大城市与中城市之间的差别首先表现为,大城市交通条件较为方便,购物环境较好,有完备的公共服务配套设施,如完善的地铁、公交、学校和医院;但环境污染问题较为显著,交通拥挤状况较为严重。而中小城市购物环境和交通条件相对较为不便,公共交通不发达、公共服务设施较差,但环境、空气较为清洁,工业污染较少。在住房市场结构上,中国大城市个人购房率高、住房租赁市场较大,中小城市住房的一级与二级市场均较小;但在国外发达国家,大城市个人购房率低、住房租赁市场较大、人均居住面积较小,中小城市住房的个人拥有率及人均居住面积均较大。因此,不同城市住房市场结构的差异也会对各自的住房问题产生显著影响。

在城市的中心城区与城市边缘地区,住房问题也具有不同的表现形式。中心城区的住房问题主要表现为,一些地区由于住房建筑和配套设施的老化、居住人口的社会经济状况低下而导致的贫民区和低收入社区的形成。而在城市边缘地区,住房问题则往往以住房的乱开发、配套公共服务设施不足、远距离通勤等问题为主。

3　住房特性与住房问题

3.1　商品特性与住房问题

住房作为一种特殊的商品,与其他一般性的消费商品相比,住房本身及其生产方式、供给方式都具有一定的特殊性。第一,住房需要建筑在土地上,由于对土地的天然依附性,因此住房具有不可移动的固定性。第二,因为住房的使用年数长,且为生活的必需品,需求具有一定的刚性,所以住房的价格高昂。第三,住房的生产方式是现场施工,生产周期长,建设工程规模大,不可能进行有存量地大量生产,因此,住房的供应量较为有限,而这些因素共同决定了住房市场具有非流动性、地方性、狭小性的特点。正因为如此,住房的这些商品特性决定了住房市场的供需平衡关系非常容易因外界的影响而受到破坏,从而产生住房问题。

3.2 公共物品特性和住房问题

邻里范围内的居住环境的形成不仅包括住房本身,还包括了各类公共空间和公共设施,如楼梯间、走廊、小区道路、绿地。住房的所有权或使用权一般属于特定的个人,即住房所有者或居住者。然而,住房附近的公用空间(走廊、楼梯、绿化区等)、共同利用的服务性设施(停车场、会所等)的所有权和使用权一般属于小区中所有业主的共同产权,因此具有公共物品的特性。不同类型的住房邻里中,公共物品的特性有一定的区别。例如,独立式住房小区的公共空间和公共设施主要包括小区绿地、花园、车库、小区会所,公寓式集合住宅则包括走廊、公用楼梯、绿化区、停车场、会所等。这些公共空间和公共设施的所有权属于不特定的多数人、即小区全体业主所有,其价格也由于产品的非标准化等原因而具有一定的不确定性。因此,开发商没有充分的积极性,提高数量足够和品质良好的公共空间和配套服务设施,这就往往会导致因公共空间和公共设施的供给不足或质量低下而造成的住房问题。

第4节　住房政策

1　住房政策的意义和目的

1.1　住房保障的社会责任

居住权作为基本人权的组成部分,是公民不可剥夺的一项基本权利,是以人格为基础的福利权和正当需要。从维护社会公平正义的角度出发,这一权利应得到普惠性的基本保障[①]。解决住房问题是政府为公民提供基本生活保障、保护公民居住权的基本要求。

住房是人们生活的基本需求之一,当人们的住房需求集合在一起就成为一种

---

　① R. Forrest；A. Murie. Selling the Welfare State：Towards Sustainable Housing Policies for the UK [M]. London：Paul Chapman Publishing，1997.

社会需求。如果这种社会需求不能被充分且适当满足,就会出现住房问题。住房问题的出现不是由于个人因素,而是由社会经济体制造成的。例如,贫民区这样城市住房问题的形成并不都是因绝对收入不足、而是由收入不平等所引起的;正如阿马蒂亚·森所指出的,这一住房问题的实质在于不平等带来的剥夺感和尊严的丧失,尤其是在一个社会内"对收入而言的相对的贫困,会产生对可行能力的绝对剥夺"①。因此,作为社会问题的住房问题不可能通过个人的努力就能得到解决,而需要政府制定合理的政策,对住房市场进行适当的干预,以纠正住房市场机制失灵而导致的各类住房问题。

住房作为一种商品,既有普通商品的一般属性,又有不同于一般商品的特殊性。特殊性表现在兼具消费价值和投资价值,兼具经济属性和社会属性,具有个人问题和社会问题的双重含义。当市场的价格机制失灵时,就会出现住房的数量或质量不足的问题。由于住房问题不仅影响着个体层面的经济社会行为、生活品质和发展机遇的公平获得,而且对城市经济增长、社会融合、有序发展具有突出的影响,因此,住房问题的改善和解决具有十分重要的经济社会意义。

解决住房问题需要政府进行干预。政府既要承担对市场化下住房供给的宏观调控和市场监管,纠正市场失灵的问题,更要作为公共住房的直接管理者和服务提供者,主导公共住房的供应和分配,保障广大居民的居住权利,促进城市经济社会的有序发展。

1.2　住房保障的政策目的与内容

基于住房的基本特性以及住房问题对于经济社会发展的显著影响,住房政策的目的应包括保障居住权与社会资本的形成这两个层次的内容,通过住房的供给和各类公共服务水平的提高这两个方面,对住房市场进行适当的干预和调控,以图改善各种形式的住房问题、促进城市经济社会有序发展。

作为政府不可推卸的责任,保障公民的居住权、提供基本的居住空间以及相应的生活条件是住房政策的首要目标。例如作为新加坡住房政策的宣传口号,"居者有其屋"就反映了住房政策以居住权保障为核心目标的基本理念。但是,由于住房问题与城市经济社会发展的复杂关联和显著影响,住房不仅是城市生活的基本生

---

① 　[印]阿马蒂亚·森.以自由看待发展[M].北京:中国人民大学出版社,2002.

存条件和权利内容,更是影响城市经济社会发展的重要的社会资本。以住房和社区为载体所形成的社会关系与社会网络作为社会资本,极大地影响着个体行动者的社会地位状况、关系特征,进而影响着不同的个体与群体所能获取社会资源的能力和机会。在宏观层面,住房作为一种社会资本,反映了社会主体(包括个人、群体、社会)间紧密联系的状态及其特征,对于改善城市包容性、提高社会融合度以及城市高质量发展具有显著的影响。因此,住房政策不能止步于仅仅解决住房本身的充足供给、居住权保障等底线保障问题,还需要从促进形成良好的社会资本这一视角出发,制定和实施多样化的政策内容,完善城市住房政策体系,加强住房开发与居住环境建设对于促进城市经济社会和谐持续发展的正向推动作用。

2 住房政策体系的主要内容

自 19 世纪以来,西方发达国家在住房政策的制定和实践方面积累了丰富的经验,形成了较为成熟的住房政策体。从居住权保障和社会资本建设这两个政策目标出发,可以将住房政策体系的主要内容进行系统的梳理。

基于居住权保障的政策目标,住房政策首先包括针对不同收入阶层的权益保障的政策内容。针对低收入群体的住房政策主要包括公共住房的供给和房租补贴等内容,针对中高收入阶层的住房政策则是从消费者权益保护的角度出发,以对住房市场的有效监管为主要政策内容,改善对消费者的服务质量。

基于社会资本建设的政策目标,住房政策包括了以住房单体建筑、居住区和各类建设开发为政策对象的各类政策内容。针对住房建筑单体的住房政策,主要着眼于老旧住房的维修和改建,制定合理的建筑评估标准和相应的维修改建措施。针对不同居住区的各类问题,住房政策主要着眼于居住社区衰退的预防、改善和更新,制定合理的社区评估标准、评估机制和社区更新机制,以图维持和改善社区整体的居住环境质量。针对开发建设项目,租赁住房主要着眼于住房的可负担性和供给数量的保障,商品住房则着眼于优质住房的建设和销售等开发质量和市场秩序的监管。针对开发建设项目的监管,住房政策主要着眼于建筑的结构安全和设备检修、城市边缘区乱开发的开发管制等。针对建筑业的发展,住房政策主要着眼于建筑材料和施工方法的合理化,标准化程度的提高等问题。

政策目的　作用领域　　　政策课题　　　　　具体内容

社会资本形成（对物）
　建设项目
　　租赁住房——廉租住房的建设管理
　　商品住房——优质住房的建设与出售
　　住房金融——购房款的低利融资政策
　控制引导
　　建设控制——住房的结构安全和设备的检修
　　开发控制——防止乱开发
　　工业化生产——材料与施工方法的合理化
　地区对策
　　住房再开发——不良社区的改造更新
　　地区改造——居住环境恶化的预防和改善
　单体对策
　　住房维修——老化住房的维修和改建

居住权保障（对人）
　低收入层政策（租赁户）
　　福利住房——保障弱势群体的居住权
　　房租补贴——低收入层的房租补贴
　中高收入层政策（购房户）
　　消费者保护——市场的消费者服务

住房政策

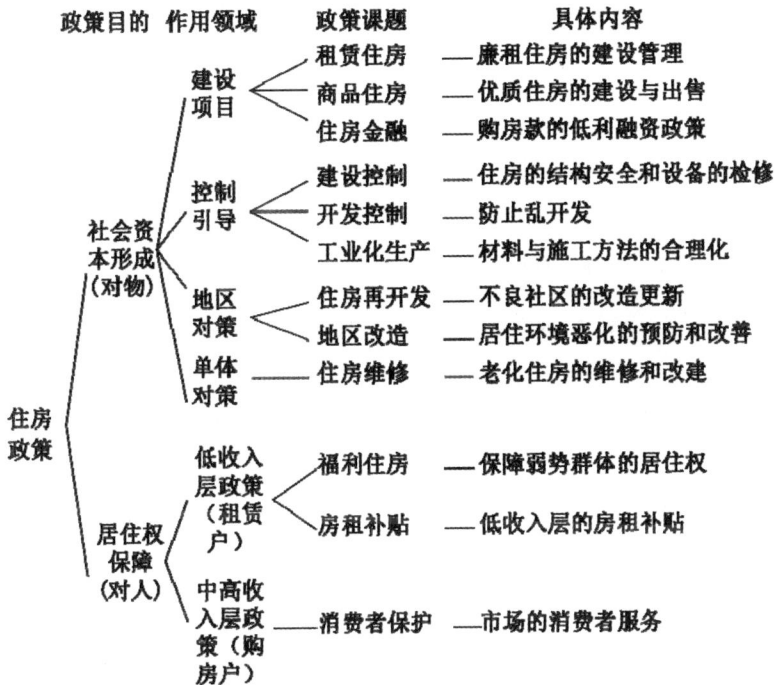

图 6-8　西方国家住房政策体系的主要内容

3　住房政策的发展历程

在工业化初期,大量无产阶级无房可住或居住简陋,西方国家主要采取集中安置产业工人的方式提供住房服务;二战结束后建设福利型国家时期,各种社会保障所引发的福利与效率争论较为激烈,较多国家主要采取大规模兴建保障性住房的方式提供住房福利①。20 世纪 90 年代以来,住房政策的推行与实施中衍生了诸多问题,西方国家更加强调政府和保障对象双方的责任,在具体方式上则主要采取货币补贴、混合居住等手段。

3.1　19 世纪中期——二战前

3.1.1　经济社会背景

17—18 世纪工业革命首先在英国爆发,机械化大规模生产模式促使大批农村劳动力进入城市,欧洲城市开始迅速爆炸式的扩大和蔓延,随之出现了百万人口的

---

① Larry Bourne. The Geography of Housing[M]. London：Edward Arnold，1981.

大型城市,引发了许多社会问题,最严重的是住房短缺和城市贫困问题。城市人口的大量增长和外来农村人口涌入,迫切需要大量住房。因此,许多投资商人在工厂附近建造大量廉价的住房,提供给在工厂工作的工人。由于这类住房都是以最低的成本建造,不考虑住房的卫生及居住条件,空间狭窄,因此产生了大量的贫民区。

自 19 世纪开始,随着火灾和瘟疫等灾难的频繁发生,城市贫民区中拥挤的居住环境和恶劣的居住条件逐渐引起英国社会的高度关注。人们逐渐意识到住房问题无法通过市场本身解决,促使人们通过其他渠道解决这些问题。19 世纪中叶开始,一些慈善组织开始开展慈善住房的建设,少数工厂主试图为自己工厂雇佣的工人们提供宿舍,以缓解城市中的住房问题。这些项目建设为之后的公共住房建设提供了一些经验和教训,特别是在经济性和舒适性之间的平衡问题上取得了经验。但是,这些努力并未从根本上改善城市住房问题。尤其是 1914 年第一次世界大战爆发,导致了整个欧洲范围的住房建设完全停止了四年之久。同时,在战争期间有大量住房被破坏,战争之后出现了一个对住房需求的高峰。这使得以贫民区蔓延为核心的城市低收入阶层的住房问题日益加剧。这也使得这些国家日益认识到,城市住房问题无法通过市场得到有效解决,而必须有政府的介入。

3.1.2 住房政策的产生

工业革命之前,建造住房是农民或城市市民个人的事情,国家很少干预,也很少立法管理,更没有专门的住房政策。首先,在当时的条件下国家没有能力也没有必要对住房进行干预;其次,城市中的住房问题还没有引起严重的社会问题。直到工业革命引起的城市问题日益严重,国家才对住房和公共卫生等公共利益的问题进行干预。

英国是工业革命发生最早的国家,也是最早从制度的层面系统性地解决城市住房问题的国家。最早的住房问题的立法是 1848 年英国出台的《公共卫生法案》,这项法案是在当时因贫民区蔓延而引发严峻的城市公共卫生危机背景下出台的,开创了国家对住房问题进行干预的先河。在英国的《公共卫生法案》出台后两年,法国也出台了类似的公共卫生法律,其中不少内容都涉及与住房和居住条件有关的公共卫生问题的解决。1851 年,英国出台的《劳动阶级租住公寓法》通过了补贴住房法令,成为世界各国政府干预住房问题的开端和社会住房历史的起源。这标志着社会已经认识到,在因贫民区蔓延而带来城市火灾和瘟疫频繁发生,日益威胁人类在城市生存的基本安全条件的现实背景下,国家有责任而且必须对住房问题进行干预和协调。以图为国民的基本生活提供必要的保障,这也是保障国民的基本健康条件、维持和提高国力所必须的基础条件。

在英国的影响下,欧洲各国都开始不再放任住房问题由市场解决,各国日益增加了对公共卫生和住房等社会问题的政策干预。但在这个阶段,住房保障尚未形成相应的政策体系,所采取的措施也只是出于一种工具性的目的,即促进产业发展和维护社会稳定。

3.2 "二战"结束后——20世纪60年代

3.2.1 经济社会背景

"二战"期间,欧洲各国的住房建设陷于停顿,同时战争导致了大量住房被战火摧毁。"二战"以后,各国都遭遇了严重的住房危机,包括建筑的毁坏,历史建筑缺少维护,有限的住房不符合基本居住要求,以及大量农村人口涌入城市,导致住房短缺问题加剧。因此各国进行了大规模的住房建设,以图解决战后的住房危机。"二战"后二十多年也是西方世界经济发展的黄金时代,到1970年代,西方各国经济都达到相当的繁荣程度。当时的主流经济理论认为,提高工资和福利水平、创造购买力、扩大终端消费能够促使经济长期健康发展。

3.2.2 政策特点

"二战"后初期,为尽快解决住房短缺问题,欧洲各国政府开始介入住房市场,关注重点在于如何在较短时间内建设大量住房,解决住房危机。在当时的经济理论指导下,各国的战后住房政策大多都带有浓厚的社会福利色彩。住房、社会保障、医疗和教育被视为福利型国家的四大支柱,这其中围绕住房保障的争论尤为激烈,住房保障是西方福利国家最关键的政策内容。在当时,有关住房保障的争论主要围绕三个问题展开,即政府是否应该提供住房保障,政府提供住房保障是否有效率,福利与效率如何平衡。

各个国家对战后重建方案采取类似的强有力的干预措施,其中包括冻结租金、大量投入建设资金和征用的土地、大力推行住房建筑业的标准化生产等。一系列大规模与标准化的住房建设在当时是具有积极意义的,各国相继建造了大批面向社会中低收入阶层的公共住房,在很大程度上化解了战后的住房危机,但当住房数量得到一定的满足后,人们随之开始对住房建设的质量提出了要求,从而产生了一系列新的社会问题。

3.3 20世纪70—80年代

3.3.1 经济社会背景

进入1970—1980年代,随着发达国家城市住房需求的相对满足和生活水平的不断提高,生活质量的提高日益成为社会关注的重点;呼吁改善已有的城市生活环境,大规模的住房建设以及拆除重建式城市更新逐渐被小规模渐进式社区更新项目所取代。城市住房建设由优先保证数量的阶段进入了讲求居住质量的阶段。战后经济复兴期大量在最低标准指导下建立的住房已不符合现代化的城市生活标准,经历了郊区化高潮后,中高收入阶层大量向郊区迁移,而低收入阶层与移民则留在了中心城区,中心城区的社会结构日趋贫困化与边缘化,低收入阶层集中的公共住房区域内犯罪率上升,各种社会问题越来越严重。

1970年代起,西方国家的整体经济发展轨迹开始转变,石油危机加速了经济发展模式的转变,引发了经济危机,出现了经济发展缓慢、停止甚至衰退和通货膨胀并存的局面,结束了资本主义世界长达20多年的经济发展黄金时代。这一经济背景直接影响到西方各国的住房建设,例如在1977—1978年,英国政府由于财政困难,一次性就削减了高达10亿英镑的政府住房投资,没有了政府资金支持,公共住房发展开始变得缓慢。

3.3.2 政策特点

这一时期是住房政策的重要转折时期,战后住房短缺的情况基本解决,大规模的公共住房项目基本停止。整个欧洲进入了1970年代经济衰退期,原来以政府为主导兴建的低租金公共住房体系日益暴露出其弊端与缺点。公共住房维护管理导致的公共支出上升加重了政府的财政负担,住房大规模建造带来的居住区衰退、犯罪率上升等社会问题日益凸显,这使得发达国家、尤其是战后的福利型国家开始思考住房政策新的发展方向。

一些国家开始重视市场机制在住房供给中的基础性作用,有的国家开始推行出售公共住房,有的国家鼓励私人投资建设住房,实行私有化的住房政策[①]。例如,1979年英国政府对住房政策进行了一些改革,开始推行公共住房的私有化的

---

① [美]保罗·诺克斯.城市社会地理学导论[M].北京:商务印书馆,2009.

同时,提高公共住房的租金标准;又于 1980 年对《住房法》进行了修订,引入了购买权,实施租赁型公共住房优先出售给其中的居民。这些政策的主要目的在于降低租赁型公共住房的比重,推动住房私有化,增加个人选择住房的机会。此外,法国于 1977 年进行了住房政策的改革,鼓励住房供给多样化,并设立了"个人住房补贴"。此补贴是根据居民的收入和住房水平,提供不同形式和数量的资助,帮助他们改善居住条件;而对于贫困家庭,政府则直接发放货币补贴,使他们能以较低的价格租住公共住房;对于有一定经济实力的家庭,主要提供低息贷款,鼓励购买住房,以此拉动房地产市场的活力[①]。

3.4　20 世纪 80 年代后

3.4.1　经济社会背景

进入 1980 年代之后的时期,住房的供应数量基本满足了全社会的需求,住房数量匮乏的问题已不再是主要问题。整个欧洲的政治、经济和社会都发生了巨大变化。由于宏观经济增长缓慢、政府财政收入减少的影响,各国政府也都减少了公共住房投资,大大削减了租赁型公共住房的供应,如英国通过直接削减公共投入来实现此目标,从而刺激了私人住房租赁市场的租金价格上涨。住房抵押市场的变化导致了住房的自由化市场环境发生变化。由于受到宏观经济变化的影响,发达国家主要城市的住房价格稳步上升且已不可能跌回到 1970 年代前的水平。另外,不稳定的住房市场对住房生产方面产生了影响,高度统一化、大规模的住房建设和管理机构已经让位于更灵活和松散化的小规模机构,住房开发更关注其产品的市场前景。

3.4.2　政策特点

这一时期的住房问题主要是低收入阶层的住房保障问题。在权利的视角下,住房保障是一种与责任相伴随的权利[②]。国家有责任维护和履行提供住房保障的义务,个人也有责任维护和使用好住房保障的载体。

20 世纪 80 年代以后,对中低收入阶层的住房补贴和寻求新的住房金融来源的责任逐渐转移到地方政府身上,中央政府还鼓励地方政府重新导入诸如租金和

① 赵明,弗兰克·合雷尔.法国社会住宅政策的演变及其启示[J].国际城市规划,2008,23(2):62-66.

② Paul Balchin. Housing Policy [M]. London:Routledge,1995.

分配方面对私人住房市场的管制,以确保低收入阶层的住房需求①。围绕不同社会阶层的社会融合、保障对象的社会参与等主题,不少国家采取了一系列措施,这与福利时代的住房政策有着较明显的差异。例如,英国政府加快了住房私有化,1980 年《住房法》导入购买权政策,将出租公房出售给原住户,加快住房私有化。美国制定相关法律,规定除特殊情况以外的所有公共住房居民每个月必须参加 8 小时的社区服务,以此作为承租条件。德国则规定,申请公共住房的居民必须参与助老、助残、社区卫生保洁、社区保安等社会服务,而且管理部门将根据居民参加社会服务的时间计算积分,只有达到一定的积分才有资格申请社会住房。

总的来说,自 18 世纪末住房问题开始被政府日渐重视,第二次世界大战后,政府对住房问题的干预越来越全面和深入,进而演变为发展公共住房的主导政策。

住房政策的保障对象与标准等随着经济的发展及时进行调整,不同的历史发展阶段,住房的供求关系发生了很大的变化,住房保障的需求程度和发生作用的范围也会相应有所改变。在住房严重短缺时期,住房供应不能满足需求时,住房价格和居民家庭平均的住房支付能力相差较大,需要政府介入,提供保障,目标对象包括了中、低收入阶层。而在住房供求相对缓和时期则相反,住房短缺问题逐步解决,其目标对象范围逐渐转向低收入阶层。在更进一步的住房改善后,住房保障对象基本锁定在低收入阶层。

在发展过程中,政府的干预方式由直接转为间接,趋向以市场调节为主,政府开始将住房市场逐步开放,鼓励市民购买或建造自有住房,建立形式多样化的福利补贴体系。在住房危机和居民收入水平低下的阶段,政府直接参与和控制住房建设、分配的所有过程,直接投资建房、甚至是控制住房租金,实施对供求双方直接给予扶持的政策。在市场功能恢复、住房供求趋于平衡、居民收入水平提高的时期,政府逐步从住房直接供给的领域退出,补贴转为对少部分困难居民的补贴,主要集中在对最低收入群体的援助方面。这一变化过程以英国、德国、法国等国家为典型,其中英国最具代表性。1980 年代之后,英美等国家在对住房问题的直接干预逐渐减少的同时,开始更积极地通过为 NGO、NPO 等社会组织提供各种政策帮助的方式,扶持第三方社会组织参与到贫民区等低收入社区改造之中。这些社会组织则采取了与以往拆除重建式改造完全不同的方式,通过为低收入社区居民提供就业培训、

---

① [英]戴维·莫林斯.英国住房政策[M].北京:中国建筑工业出版社,2012.

小额贷款、戒毒、住房维修等多种社会援助的方式,全方位地帮助低收入社区居民改善和提高其经济社会状况,同时实现小规模渐进式的社区居住环境的改善。

4　发达国家住房政策的主要特征

4.1　英国的住房政策

英国是最早城市化和工业化的国家,城市住房问题的出现也出现在相对较早的发展时期,也是最早对住房问题和住房市场进行政府干预的国家。从 19 世纪初城市贫民的居住问题引起社会广泛关注之后,公共住房政策的制度实践开始起步,到 1970 年代公共住房政策由盛而衰,1980 年代进入住房政策改革的时代,再经过 1990 年代的完善发展,英国住房政策经历了复杂的演变过程(见表 6 - 3)。

英国的住房政策自起步期开始就主要着力于低收入阶层的住房保障领域,住房政策的社会福利性质十分鲜明,这也是英国住房政策的一个特点。从城市规划体系到维护住房,都非常注重向低收入群体提供低价房;鼓励私营公司提供低价房,满足本地的住房需求;由地方政府自行组织,保险公司进行房地产投资、抵押贷款等房地产金融活动,住房融资的畅通为住房自由化提供了较好的金融支撑;同时英国政府为了鼓励居民购房,实施减免税政策;对公共出租住房按住户的承受力,采取不同的价格政策出售给原承租住户,把提高住房自有率作为主要的住房政策目标[①]。

表 6 - 3　英国住房政策发展

时　期	住房问题	相关政策	目标
1885 — 1945 年的初创期	工人住房条件差 购房与租房难 房荒问题显现	1885 年,"工人阶级住房法" 1990 年,"工人阶级住房法" 1909 年,"住房和规划法" 1915 年,"房租和抵押贷款利率增加法" 1919 年,"住房和规划法" 1923 年、1930 年、1935 年、1936年、1938 年,"住房法"	创设住房建设制度、初设住房分配制、开立住房补贴制度、设置住房管理制度 1.让工人有房住 2.改善住房环境 3.明确房屋功能定位

---

① 　Kleinman Mark. Housing Welfare and the State in Europe：A Comparative Analysis of Britain, France and Germany.Cheltenham：Edward,1996.

（续表）

时期	住房问题	相关政策	目标
1945－1979 年的发展期	房荒问题加剧 公房条件差	1954 年,"房屋修缮和租金法" 1957 年、1961 年、1964 年、1974 年,"住房法" 1959 年,"房屋购买和居注法" 1977 年,"无家可归人员住房法"	建房法律制度的完善、住房设施补贴法律制度的引入、住房管理制度的扩充;提升住房质量,改善全民住房条件
1979 年后的现代化成熟期	住房问题复杂化 政府财政困难 住房市场低迷 移民住房问题显现	1980 年,"住房法" 1982 年,"社会保障和住房福利法" 1984 年,"缺陷住房法" 1985 年,"住房法" 1986 年,"住房和规划法" 1988 年、1996 年、2002 年、2004 年,"住房法" 1997 年,"房屋建设协会法" 2008 年,"住房和规划法"	住房分配制度的多样化、购买权制度为主的公房退出机制、政府对住房管理制度适度 1.促进住房市场化 2.保障移民的住房 3.促进住房公平

出处:笔者整理。

  1890 年《工人阶级住房法》是第一部现代意义上的住房法。该法吸收了 19 世纪 70 年代以来颁布的众多住房法的内容,如 1875 年法、1879 年法、1882 年法。可以称得上是一部集大成的住房立法,其在英国住房法体系中占有重要地位。1890 年《工人阶级住房法》(*housing of the working classes act*)分为"非卫生区域"(unhealthy areas)、"非卫生住房"(unhealthy dwelling houses)和"工人阶级住所"(working class lodging houses)等七个部分①。具体内容包括,第一,政府必须对非卫生地区进行监督管理。地方政府中的房屋管理机构设有卫生官员,专门负责本辖区内非卫生地区的调查。在调查核实确定某地为非卫生地区后,应迅速制定整治计划,提交市议会审议,被批准之后再由政府付诸实施。实施计划所需资金,政府可以通过贷款的形式解决。同时,为保证计划顺利实施,政府有权使用或者取消使用任何周边的土地;拓宽道路并在屋内更新修建通风设施;做好一切有利于保证卫生条件的事项。在实施整治计划时,地方政府可以购买工程所需要的土地,也可

---

  ① Housing Act of Working-class,1980.http://www.legislation.gov.uk/

以选择出售或者出租纳入整治计划区域的土地,但是要确保购买者和租赁者实施整治计划。地方政府可以同土地托管组织、社会团体甚至个人进行合作,由他们来执行整治计划,政府不得亲自实施该项计划或者重建房屋,除非土地被政府所收购,政府才有权铺路、埋设管道兴建工程等。

第二,地方政府应对不适宜居住的房屋进行改造。卫生官(medical officer of health)应对辖区内对外出租房屋的卫生状况进行调查,一经确认为不合格房屋,要向地方政府及时报告。地方政府应向房屋房主发出要求修缮的命令,费用由房主自行承担。如果拒不执行,政府可以要求房主在三个月内拆除房屋;如果三个月后房主依然没有行动,那么地方政府可直接代为拆除或迁移,并将房屋建材出售,所得收入在扣除拆迁费用后余款应交还给原房屋所有者。当不卫生的房屋被完全拆除或迁移后,才允许在原先的地区重新进行修建,如有任何修建行为违反以上规定,那么地方政府有权予以拆除。在房屋拆除过程中必须向房屋所有者予以补偿。其中,补偿款的数目由地方政府委员会所指定的仲裁方决定;仲裁方应根据房产的情况不同(如房屋被用于非法目的、过度拥挤、处于防疫地带等情况)而界定不同的补偿数目。

第三,政府应在解决工人阶级住房问题上担负应有的责任。政府被授予为解决工人阶层的住房问题而修建房屋的权力,改变了以往住房只由建筑公司和慈善团体建造的传统。授权地方政府占有土地,建造或者改造一些建筑以适合工人阶级居住;公共工程借贷管理局(Public Works Loan Commissioner)被授权为此目的而垫款。地方政府在其所拥有的土地上,有权为工人阶层建设适宜的住房;对于原有的建筑物,政府有权将其转换为工人的住房,继而对其进行改造、修理和扩建,同时也可以使用一切必要的设施、家具来修缮、装饰这些房屋。这些房屋投入使用后,其管理由当初负责建造的地方管理机构负责。它们可以为这些房屋的管理和使用制定相应的地方法以及房屋的有关细则;房屋内应当张贴或悬挂这些地方法和细则的文本以供人们了解。另外,铁路公司、港口公司等以盈利和制造为生的企业、社团、协会等,务必在各自所有的土地或通过其他途径所控制的土地上为所雇佣的工人修建住房。这些住房必须符合各地方政府所制定的地方法的要求。

另外 1919 年的《住房与城镇规划法》也尤为重要,这部法律的颁布实施着重解决了住房财政补贴和住房建设标准这两个最具争议的问题。这是英国第一部明确将公民提供住房定义为政府责任的法律,对战后的住房建设和之后的住房立法具有重要影响①。法律全文总共有 52 条,分为四个部分,即"工人阶级住房"(housing of the working classes)、"城镇规划"(town planning)、"小型住房的获得"(acquisition of small dwellings)和"总结"(general)。第一部分即法案的 1—41 条是关于工人阶级住房相关问题的内容。这部分占到全文内容的近 80%,是本法案最核心、最重要的部分。对于解决工人阶级住房问题,这一部分主要是从三个方面做出了规定,一是第 1—6 条明确了地方政府应担负的责任,二是第 7—25 条对住房建设财政补贴的办法做出说明,三是第 26—41 条的内容明确了住房建设的标准。第二部分即法案的 42—48 条是关于城镇规划的内容。这一部分的大多数条文实际上是对 1909 年《住房与城镇规划诸法》的修订。法案的第三、第四部分内容较少,总共只有四条,是关于小型住房的获得方法和一些补充及总结性条款。

1919 年《住房与城镇规划法》为保障一战后英国住房建设的顺利进行,对住房建设的各事项做出了详细规定。从法案的内容中,可以看到政府在解决住房问题中起着举足轻重的作用,与 19 世纪的住房法相比,政府的干预力度愈发强大,各项措施也更加完善。无论是住房还是城镇规划,卫生部和地方政府管理委员会都具有极大的权力,并对地方政府机构形成节制。

4.2 美国的住房政策

美国住房政策产生背景并非像欧洲国家那样来自两次世界大战产生的住房短缺,而是产生于 20 世纪 30 年代的经济危机,因而政府关注住房问题的初衷也不非如欧洲国家那样来自于政府满足公民居住需要的职责,而是出于摆脱经济环境不景气的需要,旨在刺激建筑业、改善高失业率问题、维护按揭市场的信心,并以此作为寻求经济复苏的重要步骤。

美国住房政策的主要特点是依赖市场去配置,且强调住房自有,政策的主要内容是以对中高收入层提供购房支持为主,通过担保贷款等方式帮助居民拥有自己的住房,通过住房抵押贷款获得资金,国家提供低息贷款,通过住房自然更替满足中下层住房需求②。相对于欧洲的福利型国家而言,美国住房政策中对于住房市场的干预力度和公共住房建设数量都较为有限(见表 6-4)。

---

① Housing Act,1919.http://www.legislation.gov.uk/
② Alex Schwartz. Housing Policy in United State:An introduction[M]. Routledge, 2010.

表 6 - 4 美国住房政策发展

时期	住房问题	相关政策	具体内容
1865—1929 年的萌芽期	内战前城市化初步发展、内战后到 19 世纪末城市化鼎盛期、20 世纪初城市化完成期；贫民窟与居住隔离等社会问题出现	1886 年纽约市创建第一个社区改良会所—"社区协会"（Neighborhood Guild） 1901 年"纽约经济公寓住房法"（Tenement House Act）颁布，成为以后此类法规的范本 1917 年美国国会正式提出解决住房问题，进行了大量的财政投入	美国中产阶级知识分子发动了一场声势浩大的城市改革运动； 美国近 40 个城市也颁布了类似法规，促成了美国的区划法规的逐步形成； 为之后联邦政府干预全国公共住房奠定了实践基础。
1930—1964 年的探索期	1929 年经济危机爆发引起的住房短缺二战后军人复员与军工企业裁员带来大量的住房需求	1932 年，"联邦住房贷款银行法"（Federal Home Loan Banks Act） 1933 年，俄亥俄州颁布"俄亥俄住房权力法"（Ohio Housing Authority Law），是第一部州公共住房法 1934 年，"全国住房法"（National Housing Act） 1937 年，"美国住房法"（United States Housing Act） 1940 年，"全国国防住房法"（the National Defense Housing Act） 1944 年"士兵福利法案（GIBill）" 1949 年，"1949 年住房法"（Housing act of 1949） 1954 年，"1954 年住房法"（Housing Act of 1954）	鼓励修缮和建造私人住房，向金融机构以优惠的条件向房主放款，它为住房贷款提供了更加完善的保障体系； 第一次制定了为低收入家庭修建公有住房的长期计划，对公有住房建设标准做了明确的规定； 成立退伍军人管理局（VA），建立了 VA 住房担保计划，符合条件的退伍军人可获得一笔低息、高杠杆贷款用于购房，特殊情况下可不必支付首付款； 继续实行城市更新计划，以补助、津贴或者降低房地产税收的方式，刺激和鼓励投资者与开发商承担城市更新费用。

（续表）

时　期	住房问题	相关政策	具体内容
1965－1973年的发展期	爆发了以种族骚乱为标志的城市危机;中心城市严重衰退	1965年,"住房与城市发展法"(Housing and Urban Development Act of 1965),推出"人头补贴"计划 1968年,"住房与城市发展法"(Housing and Urban Development Act of 1968),推出"砖头补贴"计划	政府补贴的额度为住房租金与租户收入的25%之间的差额,部分私人住房转变为公共住房,成为60年代以后美国房地产开发商住房开发的一大投资热点; 通过利息补贴的方式为公共住房的建设环节提供资金,提高私人开发商或非营利性机构参与公共住房建设与供应的热情。
1974年后的成熟期	经济停滞与通货膨胀;开展保守主义的改革	1974年"住房法和社区发展法"(Housing and Community Development Act of 1974);推出"租金证明计划" 1987年"1987年住房法和社区发展法"(Housing and Community Development Act of 1987),推出"租金优惠券计划" 1998年,推出"住房选择优惠券计划"	叫停了正统公共住房计划,完成补贴方式由"砖头补贴"向"人头补贴"过渡; 给予低收入家庭在住房选择方面更大的自由度。

出处:笔者整理。

　　美国住房政策的发展历程中先后运用了公共住房开发、补贴住房建设和房租补贴三种主要的住房政策手段。在住房短缺现象严重、需要保证居民的基本住房需求的1960年代之前的时期,政府启动了公共住房开发计划,通过政府直接建房的方式刺激住房的市场供给。在当住房供求关系较为缓和的时期,房租补贴的形式更具有选择性,有利于资金支出从而发挥市场本身的作用。

　　1974年的"住房法和社区发展法"(*Housing and Community Development Act of* 1974)颁布实施,这是美国联邦政府公共住房政策与住房保障制度走向成熟阶段的重要标志,初步完成了 20 世纪后期直至今日的美国住房保障方式的制度化。自此之后,美国针对低收入阶层的住房政策基本上以房租补贴政策为主。此外,联邦政府的住房援助由住房供应领域转向住房消费领域,补贴一步到位让低收入阶层直接受惠,完成了由"砖头补贴"向"人头补贴"的过渡。此外,这次住房法吸收了 1965 年住房法中的有利因素,充分调动了地方政府和房地产开放商的参与热情。

1974 年的住房政策主要包括两项新计划,一项是用社区发展的一揽子拨款基金计划,这项计划取代了 1968 年住房法中的 236 条款,其具体内容表现为联邦政府打算减少自己在住房建设环节中的作用。另一项便是著名的第 8 条款存量住房计划(The Section 8 Existing Housing Program),也称租金证明计划,为低收入家庭提供房租补贴,把联邦住房援助从住房的供应者转向需求者。第 8 条款租金证明计划的核心思想是任何家庭用于住房的支出不应超出家庭总收入的 25%(1983 年这一比例上浮到 30%)。低收入家庭、62 岁以上的孤寡老人、残障人士、无家可归者等,在住房市场上所租住房的"公平市场租金"(fair market rents)若超过这一限度,政府都将为租户提供"差额"补贴。按照当时的收入水平,接受政府援助的家庭其收入一般不会超过地区平均收入的 50%,而参加政府计划后每月所需支付的房租平均约为 163 美元。具体的做法是,符合申请该计划补贴资格的低收入住户需要先从地方住房管理机构获得租金证明(rent certificate),然后再到市场上去租符合(HUD)规定的质量等级和租金限额以内的住房。地方住房管理机构则负责界定房客所选的区位,协助求租者与房主间的租金谈判,并按市场租金额度,直接支付总租金给房主。此外,接受补贴的低收入住户每 5 年接受重新审查,最长补贴期限为 20 年。

根据第 8 条款,联邦政府正式取消了 1968 年住房法案的补贴住房建设的计划,是美国住房政策在 20 世纪 70 年代中一项战略性的选择。该计划在一定程度上是对约翰逊政府在 1965 年提出的房租援助计划的一种继承。1965 年住房法虽然实施了房租补贴计划,但因为资金问题效果不明显。其后,房租补贴在许多法案与计划中都有涉及到,但一直没有受到绝对的重视,直到 1974 年住房法出台,最终将这项补贴计划推上了联邦政府城市住房政策的核心位置,直至今天[①]。

---

① Merrill Matthews Jr. Vouchers Come Home [J]. Policy Review,1998,(6):7－8.

此租金计划与之后的租金优惠券计划相比,两者的主要区别是,当持租金优惠券的房客在市场上所租住房的租金低于政府规定的市场租金(FMR)时,允许房客保留未花完的优惠券,下次继续使用;也可租住高于市场租金的住房,多出的费用自掏腰包。而参加租金证明计划的房客,则只能在市场上租住不高于政府规定标准、固定区位范围的住房,政府根据住房总租金的实际情况补贴差价。里根政府时代,政府对这两个计划中的低收入阶层认证等方面作了进一步修改。之后的提案大大扩展了租金优惠券计划的实施。克林顿政府提出计划,将传统的住房 计划彻底私有化,并且将所有的补贴计划都转为租金优惠券计划,以使低收入者能自由选择住所和房租水平[①]。

4.3 日本的住房政策

在日本城市化发展的不同阶段,日本颁布实施了与当时的经济发展水平相对应的不同的住房政策,经历了住房卫生政策、住房社会政策的萌芽、发展型住房政策的建立、发展型住房政策的精细化等四个阶段。不同阶段的住房政策重点不同,住房政策目标也具有显著的差异[②]。

明治维新之后,日本城市化水平由 1889 年的 10% 增至 1920 年的 18%,相继出现东京、大阪等人口超百万的城市。同一时期,住房供应格局急剧变化,住房供给短缺严重、居住高度拥挤、贫民窟、卫生等住房问题不断恶化。针对这些住房问题,该时期的住房政策聚焦于改善居住环境卫生、保障基本公共安全等方面,具有鲜明的"住房卫生政策时代"特征。政府重点采取加强疾病管控、改造重点城市市政管网、提供清洁饮水等一系列公共卫生政策,旨在改善由于高密度居住而带来的公共卫生问题。

1921 至 1945 年期间,日本的城市化处于稳步发展阶段,城市化水平从 18% 提升至 37%。在经济萧条、二战战时政策等影响下,住房短缺、贫民区蔓延等仍是住房政策所要解决的首要问题。该时期日本政府通过有计划的城市规划与建设等住房干预政策,继续推动住房基础设施、卫生条件等方面改进。同时制定了包括《房租管制法》《住房政策纲要》《住房营团法》等一系列具有社会政策性质的住房政策,以缓解城市住房供需矛盾。

---

① Alex Schwartz. Housing Policy in United State: An introduction[M]. Routledge, 2010.
② 住田昌二等著. 社会中的住宅[M]. 东京:彰国社,1995.

　　1945 至 1970 年期间,随着战后经济复兴,日本开始进入快速城市化的发展阶段,该时期城市化年均增速约 1.5 个百分点。至 1970 年,城市化水平超过 70%,城市化进入成熟阶段。日本政府于 1951 年颁布了《公营住房法》,标志着日本政府开始着手调控住房供给。此后,日本政府建造大量的低标准公共住房,一定程度上缓解了住房危机。在经济增长提供的物质基础保障以及住房政策强力干预的共同影响下,日本基本解决了住房数量短缺问题,住房政策进入新阶段[①]。该阶段的住房政策可分为战后恢复(1945－1950 年)和高速城市化(1951－1970 年)两个时期。前期着重应急性的解决住房数量短缺的问题,后期重在建立系统化的住房供应干预政策。进入 20 世纪 60 年代,日本经济加速发展,人口进一步向城市集中,此外当时的木结构房屋质量低下,因此城市住房问题愈发严重。日本政府在 1966 年颁布了第一个比较完整的住房法规《城市住房计划法》,体现了日本政府将制定和实施住房建设五年计划作为改善住房状况的关键措施。

　　1970 年后,日本基本进入城市化成熟阶段。随着住房建设计划的落实,1968 年全国住房总数超过家庭户数,1973 年各都道府县的住房数超过家庭户,基本实现了"户均一套"的住房目标。从总量上看,城市化快速发展阶段住房供应不足的问题基本得到解决。1976 年至 2005 年期间,住房政策目标的重点旨在逐步提升居住环境及居住水准,随着家庭结构(少子化)、年龄结构(老龄化)、社会经济、存量住房状况的变化,2006 年日本政府通过了《居住生活基本法》,取代了重在住房数量的《住房建设规划法案》,日本住房政策的重点发生了调整和转变。《居住生活基本法》旨在推动从增加住房数量向提升住房、居住环境质量的转变。依据该法案,日本政府编制了《日本居住生活基本计划(2006－2015 年)》,确立了城市住房发展的四个基本原则,一是通过供给、建造、改善和管理高质量住房和配套设施,提高当前和今后日本居民的居住生活标准;二是塑造令居民引以为荣的优质居住环境;三是保护和提升购房自住人群的利益;四是关注有特殊住房需求人群的住房供给。

　　解决公民特别是中低收入阶层的居住问题,满足住房需求一直是住房政策的根本目标,但不同时期的时代背景和经济社会条件不同,各个国家也对各时期的住房政策目标做出了相应的调整。随着主要发达国家住房总量的供需矛盾逐步得到解决,住房政策目标出现了多元化的特征。从各国住房政策的发展历程来看,基本

---

　　①　王郁.城市管理创新:世界城市东京的发展战略[M]上海:同济大学出版社,2005.

经历了从重数量到重质量、关注可支付性、居住环境和社会融合的逐渐演变,住房政策的实施手段经历了由政府直接投资建造住房,以缓解住房短缺,发展到出售公共住房、推动公共住房的私有化,提供住房租金,发挥市场机制解决住房问题等的发展过程。与此同时,住房政策的支持对象则从发展初期的局限于低收入家庭,转向逐步将中等收入家庭以及老年家庭、单亲家庭等群体均纳入政策扶持对象之中,政策对象的扩大化特征较为明显。随着国家经济发达程度的不断提高,住房政策支持的覆盖面也随之扩大,特别是发达国家提出的促进住房自由的目标,最终成为住房政策目标发挥经济属性的前提。

5 我国住房政策的发展历程

5.1 房政策体系的现状

我国住房政策目标是建立与社会主义市场经济相适应的城镇住房制度,实现住房的商品化、社会化;加快住房建设,满足城镇居民不断增长的住房需求,保障居民最基本的居住权利。政策具体内容包括了改革城镇住房分配体制,取消实物分配,实行货币化分配;建立以经济适用房为主体,多层次的住房供给体系;扩大金融服务,促进住房商品化;培育和规范住房交易市场;明确住房是重要民生问题的定位,大力推行保障性住房政策,改善居民的基本居住条件,提高住房福利水平。其中,商品住房政策针对的是中高收入阶层,住房保障政策针对的目标群体是中低收入阶层[①]。

5.2 房政策的发展历程

表 6-5 住房政策特征

1949—1980 年	1980—2005 年	2005—至今
福利性住房制度时期	住房市场化时期	住房保障与市场化并重时期

---

① 《国务院关于进一步深化城镇住房制度改革促进住宅建设发展的通知》(1998.7.3)

（续表）

	1949—1980 年	1980—2005 年	2005—至今
问题	住房是居民基本权利、基本消费	住房是商品和投资对象	房地产泡沫兴起后对民生问题的严重影响
政策目标	保障居民基本住房需求	发展房地产行业，推动经济发展	保障民生，防控住房市场的投机过热，加大保障性住房供应
政策取向	政府主导：国家供给住房，抑制住房消费	市场供给；鼓励住房消费和投资；鼓励住房交易	政府与市场的多元供给
政策手段	国家中心型：国家直接供给；公共单位建设、管理；严禁住房交易（公房私租）	市场中心型：建立市场（私有化，使用者付费等）；财税性、补贴性的政策工具	多元供给：增加政府为主导的保障性住房供给的同时，培育保障性住房的市场开发渠道和租赁型住房市场

出处：笔者整理。

（1）1949—1980 年：福利性住房制度时期。

1980 年代的改革开放之前，我国的住房政策以完全的计划经济体制下对应的住房分配实物化和福利性住房供给为基本特征。从政策目标上看，住房政策目标是保障居民拥有基本的住房条件，逐步形成了以公有制为主导的国家住房供应制度。从政策取向来看，住房既被视为职工的福利应由政府供应，又被认为是基本消费，要尽量抑制，所以在此时期，政府住房方面的投资严重不足，从而导致了住房短缺。这一时期的住房政策通过国家制定计划，直接供给相关资源和行政命令的方式，推动政策目标的实现。不允许私人投资住房，住房市场完全不存在，公房的私租和私售均被严格禁止。

计划经济时期的住房政策是高福利的住房政策，住房建设资金完全来源于国家基本建设资金，其主要特点一是政府垄断住房的投资、建设、分配、管理和维修，几乎承担了全部住房责任；二是住房被视为职工的福利，只缴纳很低的租金；三是以单位为基础，按行政等级和技术职称、以实物形式进行分配。这一模式的缺点是城市住房租金政策和管理制度不合理，房源短缺，住房水平低下，且形成事实上的住房分配不公平。完全否定了住房的商品属性，不存在住房市场。

(2)1980—1998 年:住房政策改革初期。

从 1980 年代开始,单一的住房行政供给制的弊端显现,财政负担巨大,居住条件改善进展缓慢;约有一半的城镇居民家庭缺房或无房;城镇人口快速增长。此外随着我国工业化和城镇化发展步伐的加快,国家首次提出了允许私人购房的政策。

1978 年,针对城镇居民住房问题的严峻形势,邓小平提出探索住房供给商品化的建议。从改革试点开始到实物福利分房制度结束,历经近二十年,这期间住房政策具有双重属性,即福利分房和试点开发商品房的双轨并行。这一时期住房政策的改革可分为四个阶段。第一个阶段是优惠售房的试点阶段,主要措施是对新建住房实行补贴出售,对原有住房折价出售。第二阶段是改革实施的起步阶段,主要是从改革公房的低租金入手,将现行住房的实物福利分配制度逐步转变为货币工资分配制度,通过提高租金促进售房。第三阶段是改革深化阶段,提出建立与市场经济体制相适应的新的城镇住房制度,逐步实现住房商品化、社会化;加快住房建设,满足城镇居民不断增长的住房需求。第四阶段是住房实物福利分配的终结阶段,从 1998 年下半年起停止实物分房,进一步推进住房商品化。

(3)1998—2004 年:住房政策全面市场化时期。

福利性住房政策的终结是在 1999 年。国务院《关于进一步深化城镇住房制度改革加快住房建设的通知》明确指出,从 1998 年下半年开始,停止住房实物分配,逐步实现住房分配货币化。同时也提出了要建立以经济适用房为主体的多层次的住房供应体系,但是,随着住房信贷投入支持政策的实施和确立商品住房成为今后城镇住房的主要供给产品,住房供给市场化成为这个时期的主导性政策。以此为标志,住房政策改革全面展开。

随着实行了近四十年的住房实物分配制度从政策上退出历史舞台,福利分房制度终结,新的住房政策开启,实现了我国住房供给市场化的根本转变。但同时,过分的市场化催生房地产行业"泡沫化"的危险,住房价格大大超越国民收入承受能力,使中低收入群体难以承担。

综合改革初期和根本性改革时期的一系列的住房改革政策,旧的福利住房政策被住房市场化政策所取代。住房被视作商品和投资对象,主要通过市场获得,政府鼓励企业从事房地产开发和住房建设。住房领域各项政策的根本目标在于推动房地产经济的发展,土地出让、财政与金融性政策工具成为推动住房私有化、商品化和社会化的主要政策工具。但是,中低收入家庭的住房需求和住房问题被忽视,缺乏充分的政策关注和有效灵活的政策手段。

(4)2005 至今:住房保障和市场化并重时期。

2005 年两个"国八条"和 2006 年"国六条"及"九部委 15 条"的出台,我国住房政策的重心开始向保障性住房倾斜。采取了扩大普通商品住房的供应规模、严格控制被动性住房需求、加大对投机性和投资性购房需求的控制力度、加强对住房市场的监管和对住房市场交易秩序的整顿等措施,旨在努力防控住房市场的投机过热问题。

2007 年国发 24 号文件,明确住房问题是重要的民生问题,要加快建立健全以廉租住房制度为重点、多渠道解决城市低收入家庭住房困难的政策体系,释放了住房市场政策调控的重点从产业政策向公共政策回归的信号。2008 年 3 月完成了住房和城乡建设部的组建,从体制建设和政府职能调整的角度出发,凸显了保障性住房供给作为政府工作重点的意义。

2010 年 6 月,住建部等七部门发布《关于加快发展公共租赁住房的指导意见》,正式提出"大力发展公共租赁住房",以解决中等偏下收入群体、新职工、外来务工人员等人群的住房需求。公共租赁房随即在全国多个城市展开,并逐渐成为我国保障性住房的重要组成部分。2012 年 11 月,党的十八大报告再次强调了"建立市场配置和政府保障相结合的住房制度,加强保障性住房建设和管理"的原则。2013 年 12 月,住建部等在《关于公租住房和廉租房并轨运行》的通知中要求,"从2014 年起各地公共租赁住房和廉租房并轨运行,并轨后统称为公共租赁住房",开启了住房保障的新时代。随后,郑州、上海、合肥等城市开始探索经济适用房、廉租房、公共租赁住房"三房合一"的"大并轨"[1],以提高资源配置效率。这个阶段的住房政策纠正了住房政策改革以来过度追求住房供给市场化的弊端,采取了市场化供给与住房保障并重的策略,旨在有效回应不同社会阶层的多层次住房需求。

5.3　保障性住房政策的现状

中国保障性住房政策的建设是伴随着中国住房政策不断改革发展而得到逐步的完善,其演变基本遵循着从全面福利迅速转型为市场主导,再到当前的民生主导的路径。到目前为止,基本形成了以廉租住房、经济适用房、住房公积金及公共租

---

[1]　"住建部首肯地方取消经适房 郑州"三房合一"获肯定",http://news.dichan.sina.com.cn/2013/03/15/672581.html. 2013.3

赁住房为主体的住房保障体系①。

我国最初的住房保障实践是从 1980 年代的集资合作建房活动开始的。在住房政策改革初期的 1988 年,在没有改变以低租金为特征的住房福利基本制度的同时,国家颁布了《关于在全国城镇分期分批推行住房制度改革的实施方案的通知》,要求暂时没有进入改革行列的城镇先行推行集资建房和住房合作等以互助为特征的住房保障实践。之后一系列住房保障实践的推行成为解决困难家庭住房问题的主要手段,也是保障性住房政策的最初形式。

1994 年《国务院关于深化城镇住房制度改革的决定》在推行住房商品化和社会化改革的同时,要求建立以中低收入家庭为对象、具有社会保障性质的经济适用住房供应体系和以高收入家庭为对象的商品房供应体系,全面推行住房公积金制度。这一文件首次在国家住房制度改革中提出了住房保障的问题。随着经济适用住房制度的建立和推行,在没有改变原有低租金住房福利制度的情况下,中国初步形成了由经济适用住房、住房公积金和原有低租金公房共同构成的住房保障体系。

表 6-6　保障性住房政策发展历程(1998—至今)

时间阶段	政策发展特点	具体文件
1998—2002 年	保障住房政策体系基本形成:廉租房+经济适用房	1998 年:《国务院关于进一步深化城镇住房制度改革加快住房建设的通知》
2003—2006 年	保障性住房政策制度紧缩,发展步履蹒跚	2003 年:国务院 18 号文,将商品房作为住房供给的主要形式
2007—2009 年	保障性住房政策体系发展重新被提上议程	2007 年:《国务院关于解决城市低收入家庭住房困难的若干意见》 2008 年:《挂于促进房地产市场健康发展若干意见》 2009 年:制定保障性住房发展规划

---

① 吕萍,丁富军,马异观.快速城镇化过程中我国的住房政策[J].中国软科学,2010(08):25-36.

（续表）

时间阶段	政策发展特点	具体文件
2010 年后	住房保障体系的转型	2010 年:《国务院关于坚决遏制部分城市房价过快上涨的通知》《关于加快发展公共租赁住房的指导意见》 2011 年:《关于报送城镇保障性安居工程计划任务的通知》建立健全考核问责机制 2013 年:《国务院关于加强棚户区改造的意见》

出处:笔者整理。

1998 年国务院《关于进一步深化城镇住房制度改革加快住房建设的通知》的颁布实施,标志着多层次住房保障体系的初步确立。随着中国房地产业的发展,2003 年房价初步呈现泡沫化特征,随后国务院《关于促进房地产市场持续健康发展的通知》提出了完善住房供应政策,调整住房供应结构,逐步实现多数家庭购买或承租普通商品住房,这一变化使中国住房保障制度开始收缩。直到 2007 年,为了回应并解决持续攀升的房价引起的住房问题以及社会问题,国务院颁布了《国务院关于解决城市低收入家庭住房困难的若干意见》,提出让住房政策回归民生,加大保障性住房的建设。随后,廉租住房、经济适用住房和住房公积金政策都开始进行新的调整,中国住房保障性政策得到进一步完善,并形成了目前以经济适用房、廉租住房、公共租赁住房和住房公积金为主体的住房保障体系。

经济适用住房政策,指政府提供政策优惠,限定套型面积和销售价格,按照合理标准建设,面向城市低(中低)收入住房困难家庭供应,具有保障性质的政策性住房[①]。从 1994 年最初颁布实施以来,该政策几经变化和调整,直到 2007 年修订后的《经济适用住房管理办法》出台才基本完善起来,但实施效果并不理想。其主要特点是,宏观调控、分级决策,享受政府扶持政策,具有政府行为的属性;建设用地通过行政划拨,免受土地出金;减免大部分税费,享受低息贷款优惠;价格管制,按微利保本原则,实行政府指导价格;产权不完整,再转让受一定限制。

廉租住房政策,指政府和单位在住房领域履行社会保障职能,向具有城镇常住居民户口的最低收入家庭提供的租金相对低廉的普通住房。该政策具有调控住房

---

① 《国务院关于解决城市低收入家庭住房困难的若干意见》(国发[2007] 24 号,简称《意见》)出台。

市场和收入分配的双重功能。其主要特点是,供应对象的确定性即住房困难的最低收入家庭;实施方式的固定性即配租;租金标准远低于市场,且受政府的严格控制;禁止进入二手房市场和转租。从1998年《国发23号文件》首次提出最低收入家庭租赁由政府和单位提供的廉租房,建立廉租住房制度,该政策不断得到充实和完善,但实施效果与政策意图仍有较大差距。

公共租赁住房政策,指政府限定建设标准和租金水平,面向符合规定条件的城镇中等偏下收入住房困难家庭、新就业无房职工和在城镇稳定就业的外来务工人员出租的保障性住房。从2009年3月住建部第一次提出加快公租房建设的意见,中央和地方各级政府出台了一系列加快公租房建设的政策措施,2012年5月住建部发布《公共租赁住房管理办法》,公租房政策基本成熟。其主要特点是,供应对象为城市中低收入住房困难家庭;租金水平由市县人民政府根据住房市场租金水平和供应对象支付能力等因素合理确定,并定期调整;租赁合同期限一般为三至五年;只能用于承租人自住,不得出借、转租、闲置或从事其他经营活动;公租房的建设运营享受税收、信贷、政府补助等优惠政策;谁投资谁拥有,投资者权益可依法转让。目前大部分城市的公租房政策仅面向本地户籍人口和少数人才引进群体,政策效果较为有限。

住房公积金制度,指的是政府运用法律、经济和行政手段,对住房资金进行强制性储蓄,并由政府集中支配、定向用于住房建设和住房融资的管理制度。在我国,住房公积金,是指国家机关和事业单位、国有企业、城镇集体企业、外商投资企业、城镇私营企业及其他城镇企业和事业单位、民办非企业单位、社会团体及其在职职工,对等缴存的长期住房储蓄金。1991年5月上海首先建立住房公积金,1994年要求全面推行该制度。其主要特点是强制性、互助性和长期性;政府统一管理和支配;职工和单位共同承担缴费义务;免征个人所得税;享受优惠利率的公积金贷款等。住房公积金制度的存在切实帮助部分民众解决了住房问题,公积金制度在实际运行过程中逐渐显露一些制度设计的缺陷。主要问题在于住房公积金覆盖率低,保障功能范围小;低收入者只能存钱无法用钱;住房公积金管理中心运行中不安全行为;住房公积金监督管理机制不健全[①]等。因此,近年来国家与地方层面的住房公积金政策的改革已经开始起步。

---

① 陈峰,张妍.住房公积金到底支持谁购了房?——住房公积金制度存续的微观证据[J].财政研究,2018(09):93-105.

复习思考题

(1)住房与城市经济社会发展的关联性主要表现在哪些方面？

(2)住房问题的基本特征及其影响因素有哪些？

(3)住房政策的目的和意义是什么？

参考文献

[1] Clarke J J. The Law and Practice with Regard to Housing in England and Wales by Kingsley Wood[J]. Town Planning Review，1921(2)：120 - 125.

[2] Hole，V. A Social History of Housing 1815—1970[J]. Sociology，1981，15 (1)：147 - 148.

[3] Malpass P，Murie A. Housing policy and practice[M]. Macmillan Education UK，1999.

[4] Malpass P. Housing and the Welfare State[M]. Palgrave Macmillan，2005.

[5] Mason C. Doan. American Housing Production，1880—2000：A Concise History[M]. University Press of America，1997.

[6] Rodger R G，Swenarton M. Home Fit for Heroes：The Politics and Architecture of Early State Housing in Britain[J]. American Historical Review，1981，34(4).

[7] Rodger R. Housing in Urban Britain 1780 - 1914：Class，Capitalism and Construction[M]. Macmillan Education UK，1989.

[8] Stephens M. Hovels to high rise：State housing in Europe since 1850[J]. Habitat International，1994，18(4)：151 - 152.

[9] Susin S. Rent vouchers and the price of low-income housing[J]. Journal of Public Economics，1999，83(1)：109 - 152.

[10] Trotter S E. A Study of Public Housing in the United States[J]. The Journal of Finance，1958，13(3)：429 - 430.

[11] [美]保罗·诺克斯. 城市社会地理学导论[M]. 北京：商务印书馆，2005.

[12] [英]戴维·莫林斯. 英国住房政策[M]. 北京：中国建筑工业出版社，2012.

[13] 东京都住宅局. 东京都住宅总体规划. 2016.

［14］冯俊.住房与住房政策［M］.北京:中国建筑工业出版社,2014.

［15］景学成,沈炳熙.中国住房金融状况及政策取向［J］.金融研究,1997(3):44-
51.

［16］李文斌.美国不同时期的住房补贴政策:实施效果的评价及启发［J］.城市发
展研究,2007(3):77-80.

［17］刘玉亭,何深静,吴缚龙.英国的住房体系和住房政策［J］.城市规划,2007
(09):54-63.

［18］吕晖蓉.美、日住房金融体系的功能比较及启示［J］.财经科学,2012(02):29-
35.

［19］孟晓苏.住房政策的国际经验与启示［J］.中国软科学,1998(07):101-108.

［20］宋博通.从公共住房到租金优惠券——美国低收入阶层住房政策演化解析
［J］.城市规划学刊,2002(4):65-68.

［21］［日］尾岛俊雄.都市居住环境的再生——首都东京都转型［M］.东京:彰国
社,1999.

［22］［德］约翰·艾克豪夫.德国住房政策［M］.北京:中国建筑工业出版社,2012.

索　引